Christina Dodwell wurde 1951 in Nigeria geboren, ging aber in England zur Schule. Mit 24 Jahren machte sie sich auf ihre erste große Reise – eine dreijährige Durchquerung Afrikas. Viele weitere Reisen folgten: u. a. zu Fuß, zu Pferd und mit dem Kanu durch Papua-Neuguinea – eine Bootsfahrt den Kongo hinunter – als eine der ersten Touristinnen durch China – mit einem Ultraleichtflugzeug über Afrika und die in diesem Buch beschriebene Reise durch das sibirische Kamtschatka.

Sie ist Mitglied der Royal Geographical Society. In der britischen Presse wird sie als »Reisende im Sinne der exzentrischen viktorianischen Abenteuerinnen« bezeichnet.

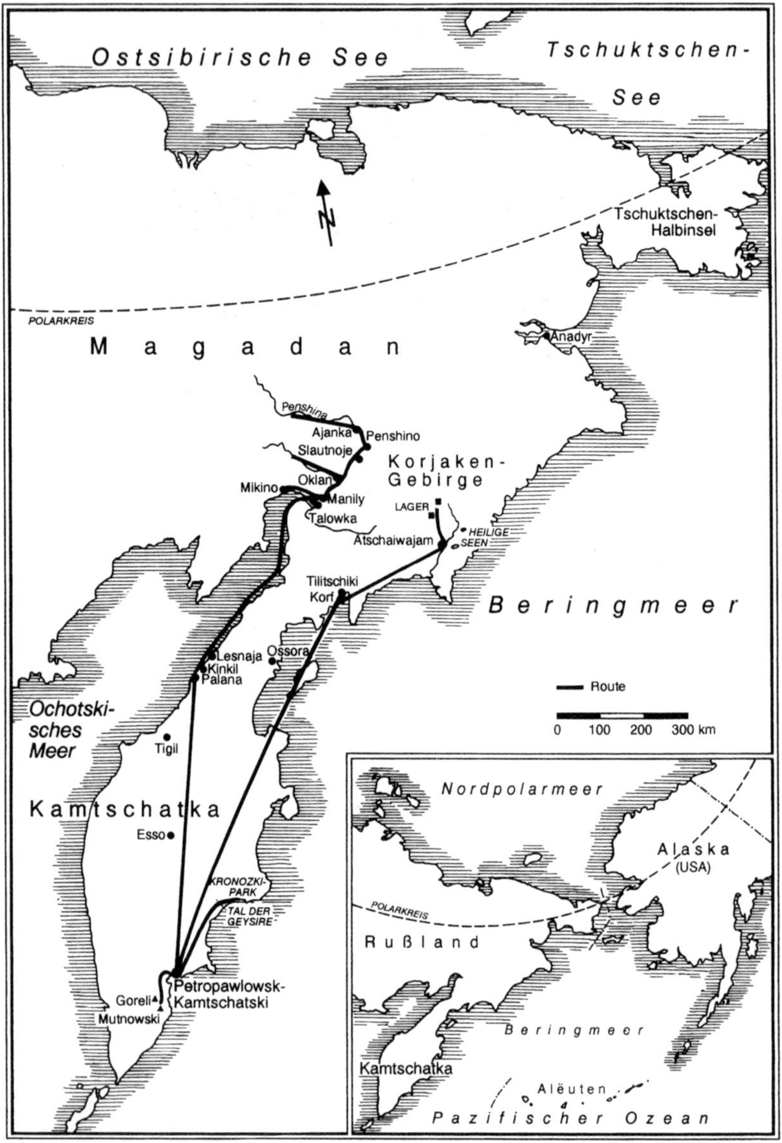

Ostsibirische See
Tschuktschen-
See
Tschuktschen-
Halbinsel
POLARKREIS
Magadan
Anadyr
Penshina
Ajanka
Penshino
Slautnoje
Korjaken-
Gebirge
Oklan
Mikino
Manily
LAGER
Talowka
HEILIGE
SEEN
Atschaiwajam
Tilitschiki
Korf
Beringmeer
Lesnaja
Ossora
Kinkil
Palana
Route
Ochotski-
sches
Meer
0 100 200 300 km
Tigil
Nordpolarmeer
Kamtschatka
Esso
Alaska
(USA)
KRONOZKI-
PARK
TAL DER
GEYSIRE
POLARKREIS
Rußland
Petropawlowsk-
Kamtschatski
Goreli
Mutnowski
Beringmeer
Kamtschatka
Alëuten
Pazifischer Ozean

Christina Dodwell

Jenseits von Sibirien

Mit Rentier-Nomaden durch die weiße Tundra

Aus dem Englischen von
Wolfgang Ferdinand Müller

Mit Fotos von
Christina Dodwell und Jan Oelker

SIERRA

Die Deutsche Bibliothek – CIP-Einheitsaufnahme
Ein Titeldatensatz für diese Publikation ist bei
Der Deutschen Bibliothek erhältlich

REISEN · MENSCHEN · ABENTEUER

Im Text ungekürzte Taschenbuchausgabe
1. Auflage 2000
SIERRA bei Frederking & Thaler Verlag, München
in der Verlagsgruppe Bertelsmann GmbH

Titel der Originalausgabe: Beyond Sibiria
Titelfoto: IFA-Bilderteam
Fotos: Christina Dodwell; im Farbteil S. 1, 2 u., 3 o., 5 o., 7 u. Jan Oelker
Karte: Isolde Notz-Köhler, München
Lektorat: Susanne Härtel, München
Umschlaggestaltung: Atelier Seidel, Altötting
Produktion: Sebastian Strohmaier, München
Druck und Bindung: Presse-Druck Augsburg
Papier: Das Papier wurde aus chlorfrei gebleichtem Zellstoff hergestellt
ISBN 3-89405-096-9
Printed in Germany

www.frederking-und-thaler.de

Inhalt

Seit dieser Reise durch den fernsten Südosten Sibiriens sind einige Jahre vergangen. Doch hat sich seither in dieser abgelegenen Region wenig verändert. Das Buch legt Zeugnis ab von einer Zeit, in der die Menschen dieser vergessenen Region voller Hoffnung in eine neue Zukunft blickten. Hat sich die Hoffnung inzwischen wenigstens zum Teil erfüllt?

1 Grenzer und Grenzland

Das sowjetische *Lunochod*, das erste Auto, das auf dem Mond spazierenfuhr, wurde auf Kamtschatka getestet, jener in Europa kaum bekannten, mehr als tausend Kilometer langen Halbinsel östlich von Sibirien, die südlich der Beringstraße ihren Anfang nimmt und wie der Daumen eines Riesen in den Pazifik und auf die im Südwesten gelegenen, zwischen Rußland und Japan umstrittenen Kurilen-Inseln weist.

Für die meisten Russen ist dieses Stück Land noch immer so weit weg wie der Mond und eine Kamtschatkareise genauso unwahrscheinlich wie ein Mondflug. Russische Schüler, habe ich gehört, nennen die letzte Bank im Klassenzimmer »Kamtschatka«. Mich begann dieses Synonym für völlige Weltabgeschiedenheit zu faszinieren, als mir bei meinen ersten Planungen zu einer eventuellen Sibirienreise bewußt wurde, daß hinter Sibirien ein Gebiet liegt, das fast so groß wie Indien ist: der Ferne Osten Rußlands, ein Land des Permafrosts und der Vulkane, der Rentierhirten und der Nachkommen von Gulag-Sträflingen, der Bären und Zobel, des Kaviars und des Goldes.

Als eines der wichtigsten Atomwaffentestgebiete der UdSSR war Kamtschatka für sowjetische wie für ausländische Touristen jahrzehntelang gesperrt. Viele von denen, die ich auf dieser Halbinsel kennenlernte, waren Kinder der Militärwissenschaftler, die während des kalten Krieges im Rahmen jenes gewaltigen und ruinösen Aufrüstungsprogramms dort gearbeitet hatten. Aber im Zeichen von Glasnost hat sich das alles inzwischen grundlegend geändert: Eine russische Schiffahrts- und Handelsgesellschaft erteilte mir die für ein Visum erforderliche Einladung »mit großem Vergnügen« und in der Hoffnung, daß der von dieser Ausländerin weltweit verbreitete Bericht über die Schönheiten ihres abgelegenen Territoriums nur nützlich sein könnte bei der Bewältigung seiner ungewissen Zukunft.

Bei meinen weiteren Recherchen merkte ich, daß es kein einziges modernes englisches Buch über Kamtschatka gab. Die einschlägigen älteren Titel in der Bibliothek der Royal Geographical Society in

London berichteten ausführlich und eingehend über dessen Ureinwohner und machten mich sehr neugierig darauf, wie jene traditionelle Seite kamtschadalischen Lebens sich mit der Welt von heute vertrug.

Ich mußte mir für meine Reise mindestens drei Monate Zeit nehmen, um auch die abgelegeneren und unzugänglicheren Regionen besuchen zu können. Die Behörden waren hilfsbereit, aber etwas ratlos angesichts meines Vorhabens und sehr entsetzt über meine Absicht, im Winter zu reisen. »Kommen Sie doch im Herbst, das ist die schönste und angenehmste Jahreszeit«, drängten sie. Aber ich erfahre ja nicht viel über ein Land, wenn ich nur dessen Schokoladenseite genieße. Selbst die lange Liste meiner früheren Extremtouren hat sie wohl nicht davon überzeugen können, daß meine Pläne ernst gemeint waren. Trotzdem konnte ich mein Visum schon zwei Monate später im russischen Konsulat abholen; nur schade, daß es Wort für Wort in Russisch geschrieben war, einer Sprache, die für mich damals noch ein Buch mit sieben Siegeln war.

Während ich noch mit meinen Kontaktleuten verhandelte, vertiefte ich mich weiter in die Geschichte der Halbinsel. Dabei wurde mir wieder bewußt, daß das riesige Russische Reich bis in die zweite Hälfte des 19. Jahrhunderts noch über Kamtschatka hinaus und bis nach Alaska gereicht hatte. Im Auftrag Peter des Großen hatte der dänische Kapitän Vitus Bering 1728 die später nach ihm benannte Meeresstraße zwischen Asien und Amerika entdeckt und dann 1741 die Südküste Alaskas erforscht. Die ersten Karten Nordwestamerikas wurden von Russen gezeichnet. Als sich die Region aber wider Erwarten nicht als das Land erwies, in dem Milch und Honig fließen, verkaufte Zar Alexander II. es 1867 für 7,2 Millionen Dollar (knapp 5 Dollar pro Quadratkilometer) an den US-Präsidenten Buchanan. Die Amerikaner spotteten damals über den unsinnigen Kauf dieser »Kiste voll Eis«. Es sollte noch ein Jahrhundert dauern, bis sie erkannten, was für eine reiche Ölquelle sie da erstanden hatten.

Noch heute haben die Rentierhirten Nordkamtschatkas mit ihren Inuit-Vettern von jenseits der Beringstraße kulturell weit mehr gemein als mit irgendeinem russischen Beamten, sei er nun aus dem fernen Moskau oder aus der Gebietshauptstadt Petropawlowsk-

Kamtschatski im Süden der Halbinsel. Diese verstreut lebenden Nomaden wollte ich nun besuchen und herausfinden, wieviel von ihrem traditionellen Lebensstil die erbarmungslose sowjetische Dampfwalze überlebt hatte.

Aber der Dreh- und Angelpunkt all meiner Planungen war das Problem der riesigen Entfernungen und des schwierigen Terrains. Petropawlowsk-Kamtschatski ist immerhin neun Zeitzonen von Moskau entfernt, und auf Kamtschatka selbst hat der Reisende mit zahlreichen logistischen Schwierigkeiten zu rechnen, die sich aus dem Mangel an Straßen und der Topographie dieses Landes mit seinen hoch aufragenden Vulkanketten und seiner end- und gestaltlosen Tundra ergeben. Am besten würde ich den Hunde- oder Rentierschlitten benutzen – ein weiteres Argument, das für eine Reise im Winter sprach. In Kamtschatka dauert der Winter sieben Monate, liegt noch bis in den Juni hinein Schnee.

Ich traf im März dort ein und machte mich gleich auf den Weg nach Palana, einer Stadt an der Westküste der Halbinsel, durch die das *Beringei*-Schlittenhunderennen führen sollte. Wie sich herausstellte, war ich dazu vierzehn Tage zu früh dran. Dafür hatte ich das Glück, von einer örtlichen Gesangs- und Tanzgruppe zu hören, die in Kürze zu einer zehntägigen Tour durch die – oft viele hundert Kilometer voneinander entfernten – Lager der Rentierzüchter in der Tundra Nordkamtschatkas aufbrechen wollte.

Wenn ich sie nur überreden könnte, mich mitzunehmen! Eine bessere Gelegenheit, die in der Wildnis verstreuten Nomaden zu besuchen, würde ich wohl nicht finden. Ich hatte Glück, sie waren einverstanden! Die großen Distanzen würden wir im Hubschrauber zurücklegen, aber dann – und für den Rest der Reise – würde die Fortbewegung etwas körperlichere Formen annehmen. Die Zeit bis zu unserem Aufbruch nutzte ich zum einen, um aus erster Hand zu erfahren, wie kalt es sein würde und ob meine Kleidung für diese Temperaturen warm genug wäre, und zum anderen, um die Fortbewegungsarten ein wenig einzuüben, die die Einheimischen praktizieren.

Sobald man sich auf den Schlitten setzt, ziehen die Hunde an. Makar und ich brausten durch die Außenbezirke Palanas, das zu dieser frühen Stunde noch schlief. Aus den kleinen Holzhäusern und den Lecks des städtischen Zentralheizungssystems, dessen Rohre sich an den Straßen entlangziehen und heißes Wasser von Haus zu Haus leiten, stiegen träge Dampfwölkchen auf. Durch diese morgendliche Idylle schlingerte wild unser Schlitten. Unsere Hunde gebärdeten sich wie wahnsinnig, wollten mit kratzenden Pfoten jede Abzweigung nehmen und jede Katze jagen, die in ihr Blickfeld geriet. Makar bremste hart und lehnte sich dazu auf den Stock, den er zwischen die Latten, Verstrebungen und Kufen des Schlittens geklemmt hatte und dessen scharfe Metallspitze eine tiefe Furche in den Schnee grub.

Als die Stadt hinter uns lag, schirrten wir noch zwei Hunde an, so daß unser Team jetzt aus acht Tieren bestand. Einer der Hunde sprang immer wieder an mir hoch und versuchte mir zärtlich das Gesicht zu lecken. Die Hunde hier sind sehr gutmütig, da man sie, aufgrund ihrer großen Bedeutung für die Menschen, gut behandelt.

Wir bogen von der Schneepiste auf einen schmalen Pfad ab, der einem vereisten Fluß folgte. Kahle Weiden hoben sich hart und dunkel gegen den leuchtenden Schnee ab. Die Ufer waren von Schneeskulpturen gesäumt, und von einer kleinen Brücke hing ein glitzernder Eiszapfenvorhang. Der Schlitten quietschte und knarrte, die Kufen zischten, und Makar schnalzte und zwitscherte seine Kommandos. Mit all diesen friedlichen Geräuschen im Ohr begann ich mich zu entspannen. Ich war froh, daß ich mich für eine Winterreise entschieden hatte.

Unser Ziel, ein Lagerplatz namens Starikowski (»An der Flußbiegung des Alten Mannes«), war eine Schlittenstunde entfernt. Der »Alte Mann«, das war Makar.

Plötzlich kam uns ein anderer Schlitten entgegen. Aber der Pfad war glücklicherweise für beide Parteien breit genug, und so trabten unsere Gespanne mit einem Minimum an feindseligem Geknurr aneinander vorüber. Die Schlittenführer begrüßten sich im Vorbeifahren, und unser Gegenüber neckte: »He, Makar, wie ich sehe, führst du noch eine Braut heim!«

Makar ist zwar schon einundsiebzig und hat eine Frau und sieben Kinder, witzelt aber immer wieder, es sei nun an der Zeit, daß er heirate. Er hatte ein typisches Korjakengesicht, mit dunklem Teint, vorstehenden Wangenknochen und einer ziemlich flachen Nase, fast wie ein nordamerikanischer Indianer. Die Korjaken leben im Nordwesten und sind die zweitgrößte ethnische Minderheit Kamtschatkas. Palana ist ihr wichtigstes Zentrum und der Verwaltungssitz des »Nationalen Kreises der Korjaken«.

Sie sind die Nachfahren der allerersten paläoasiatischen Bewohner Nordostasiens. Als die europäischen Höhlenmenschen ihre Bisons und Mammuts malten, schnitzten sich die Leute hier aus Mamutstoßzähnen Angelhaken und Spangen. Die anderen Überbleibsel der paläoasiatischen und paläosibirischen Völker auf Kamtschatka sind die Tschuktschen (sie stellen die größte Gruppe dar und besiedeln den Nordosten), die Ewenen im Norden und die verstreut lebenden Itelmen. Im Süden gab es noch die Kamtschadalen, deren Namen in alten Büchern aber auch für die Itelmen steht. Der Süden wurde einst von den Ainu bewohnt, die aber nach Japan auswanderten, als die Russen nach Kamtschatka kamen.

Ein leichter Schneefall setzte ein, mit Flocken so spitz wie winzige Dolche, die im Licht funkelten. Es war ziemlich kalt, so um – 20°C. Makar trug eine Kleidung aus Rentierfell und darüber genauso eine *Kurlanka* wie ich. Eine Kurlanka ist eine Art Einmannzelt, oben spitz und unten breit wie ein A, rundum geschlossen, damit keine Kälte eindringen kann, und mit einem Gürtel versehen, so daß sie schön warm hält. Sie wird aus Rentierfell geschneidert und mit Perlen verziert. Ich hatte unter meiner Kurlanka drei Paar Hosen an – Damart, Fleece, wetterfestes Gore-Tex – und darüber noch einige Damart- und Fleece-Schichten. Außerdem trug ich zwei Paar Socken, Fingerhandschuhe mit Fäustlingen darüber, eine Kapuze, einen Schal und eine Pelzmütze. Und trotzdem fror ich manchmal. Bei all meinen Reisen hier machten die Leute immer einen Riesenwirbel um meine Bekleidung – Ist ihr auch warm genug? Hat sie die richtigen Sachen an? – und zogen mir dies aus und das an und setzten mir jenes statt diesem auf.

Unter den Bäumen am Ufer des zugefrorenen Flusses kamen drei

Hütten in Sicht. Hunde bellten. Wir hatten die »Flußbiegung des Alten Mannes« erreicht. Neben der Eingangstür von Makars Hütte waren an Schnüren Streifen von Rentierspeck zum Trocknen aufgehängt. Hilin, Makars Frau, begrüßte uns freundlich. Alle ihre sieben Kinder sind echte Rentierleute und führen die traditionelle Lebensweise ihres Volkes fort. Die Töchter sind sehr geschickt in der Anfertigung korjakischer Bekleidung. Ich sah Suzwi (»Fluß«) zu, wie sie die Hautseite eines Rentierfells, das für ein Paar Stiefel bestimmt war, abschabte und von Fleischresten säuberte. Das dichte Fell von den Läufen des Rentiers schützt am besten vor Feuchtigkeit – Tierbeine genauso wie Menschenbeine. Suzwis Schaber bestand aus einem dicken, geraden Stock und einer Klinge aus blauem Obsidian, der von einem der vielen aktiven Vulkane Kamtschatkas stammte.

Auf Suzwis Wunsch versuchte ich, ein Fell für eine Kurlanka abzuschaben. Es war nicht leicht, ein Gespür für den richtigen Druck zu entwickeln, und ich fürchtete, ein Loch hineinzureißen. Weil das Fell schon ein paar Löcher aufwies, fragte ich sie scherzhaft, ob sie im Schlaf daran gearbeitet habe ... Aber nein, diese Löcher stammten von den Larven der Rachenbremsen, die ihre Eier unter der Haut der Rentiere ablegen.

»Aber das macht nichts, wir essen die Maden und flicken die Löcher«, meinte sie und erzählte, daß auch meine Kurlanka etliche solcher Löcher gehabt habe. Tatsächlich, man hatte sie fein säuberlich mit rubelgroßen Fellstücken geflickt, von denen manche mit Perlen geschmückt waren und Sonnenradmuster bildeten. Die Rückseite zierten zwei solcher Flicken. In ihrer Mitte waren Troddeln angebracht – Amulette, die vor Unglück und Krankheit schützen sollen.

Die typische Winterbekleidung besteht aus Außenhosen, bei denen die Haare nach außen gekehrt sind, und einer Innenhose mit den Haaren innen, was sehr gut isoliert, aber auch verdammt kitzlig ist. Junge Leute, stellte ich fest, tragen das dünne, weiche Fell junger Rentiere, alte Männer hingegen die steiferen Herbstfelle. Die Felle werden mit einer Mixtur aus Dung und Rentier-Urin eingerieben, um sie weich zu machen, dann mit einem Absud aus der kastanienbraunen Rinde des Erlenbusches gefärbt und schließlich über dem

Feuer geräuchert, damit sie wasserdicht werden. Rentierhaare sind hohl, wie die des Eisbären, und sorgen so für zusätzliche Wärmedämmung. Das einzige Problem ist, daß sie sehr spröde sind, daher leicht brechen und einem überallhin geraten.

Eine andere Tochter Hilins war dabei, aus Rentiersehnen Fäden zu drehen. Hilin war infolge eines Unfalls seit ihrer Kindheit Linkshänderin, was den Vorteil hatte, wie sie mir erklärte, daß sie für niemand anders je einen Faden hatte spinnen müssen, da ihre linksherum gedrehten Fäden sich ja aufzwirbelten, wenn ein Rechtshänder sie verarbeitete.

Bei unserem Mittagessen aus gekochtem Rentierfleisch, eingelegtem wildem Knoblauch (Bärenlauch) und Robbenspeckbrocken erzählte mir Hilin, wie sie als junge Frau eines Nachts zum erstenmal die Lichter der neuen russischen Siedlung von Palana gesehen – und sie für Sterne gehalten habe. Beim Anblick eines Schweins sei sie vor Staunen außer sich gewesen und habe beschlossen, das müsse ein Rentier ohne Fell sein!

Die russische Kolonisierung dieses entlegenen Erdenwinkels leiteten einige Kosaken während der Regierungszeit Iwan des Schrecklichen ein, der dem mächtigen Handelsgeschlecht der Stroganows uneingeschränkte Rechte auf Westsibirien eingeräumt hatte. Die Stroganows stellten eine Kosaken-Söldnertruppe auf, die nur 1600 Mann stark war und über nicht mehr als drei Kanonen verfügte, aber dennoch als Eroberer Sibiriens in die Geschichte eingehen sollte. Mein Geschichtsbuch aus der kommunistischen Ära ließ sich zu diesem Thema wie folgt aus: »Die Russen wurden von den Ureinwohnern als Befreier begrüßt. Alle Stämme erkannten die Autorität des Zaren an.« Das kam mir unwahrscheinlich vor; das einzig Wahre daran ist, daß sich die Korjaken nicht mit der Waffe in der Hand gegen die Russen verteidigten.

Am Nachmittag nahm mich Makar zum Eisfischen mit. Wir stapften auf den gefrorenen Fluß hinaus und gesellten uns zu drei Männern, die gerade ihre Angellöcher bohrten. »Du bist dran«, sagte einer von ihnen und schaufelte neben seinem Loch ein Stück der etwa einen halben Meter dicken Schneedecke weg, um das Eis freizulegen. Wenn der Bohrer eindringt, fördert er blitzende Eissplitter nach oben; je tiefer er sich frißt, desto anstrengender wird die Arbeit. Ich mußte das Loch ständig von Splittern säubern. Als ich etwa einen Meter tief gebohrt und fast den Wasserspiegel erreicht hatte, wurde das Eis schließlich so hart wie Eisen. Kaum war ich durch, da schoß das Wasser auch schon durch das Loch empor – so groß war der Druck, den die schwere Eisdecke auf den Fluß ausübte.

Makar stapfte von dannen und ließ mich mit den drei Männern zum Fischen zurück. Sie pulten einen Flußwurm aus seiner Sandröhre, befestigten ihn als Köder an meinem Angelhaken und schmirgelten meine künstliche Fliege glatt, damit sie schön glänzte. Die Angelschnur war um ein kleines Holzstück gewickelt. Die ganze Angeltechnik bestand darin, wie mir einer der Männer demonstrierte, die fünfzehn Meter Schnur langsam auszulassen und dann ebenso langsam wieder einzuholen, aber mit einem kleinen Ruck dann und wann, um den Köder aufblitzen zu lassen. Unter dem Eis sei es hell, und es gebe eine schnelle Strömung dort unten. Die eingeholten Schlingen der Angelschnur überzogen sich sofort mit Eis. Mein Haken blieb irgendwo hängen, und ich fing nichts.

Makar kam mit einem toten Rentier auf seinem Schlitten zurück und meinte, er habe nicht darauf bauen wollen, daß ich genug Fische für ein Abendessen finge, und habe deshalb ein bißchen Fleisch mitgebracht. Zwei junge Hunde verbissen sich in den Rentierdünndarm und lieferten sich damit ein Tauziehen. Jetzt ließen sich noch mehr von Makars Kindern bei uns blicken, darunter auch Inna, ein Mitglied der Tanzgruppe, mit der ich demnächst für zehn Tage auf Reisen gehen wollte.

Noch vor Einbruch der Dunkelheit zwängten sich die anderen in einen Pferdeschlitten und brausten nach Palana ab; ich blieb, um bei Makar und Hilin zu übernachten. Das Abendessen begann mit einer Schüssel voll Blutsuppe. Sie war frisch und dick; die Brocken, die darin schwammen, waren mir jedoch nicht ganz geheuer – Blutklumpen oder Gemüsestückchen? Es schmeckte aber ausgezeichnet, und Hilin sagte, ich würde danach gut schlafen. Wir saßen während des Essens auf der mit Stapeln von Rentierfellen bedeckten hölzernen Schlafplattform, die den größten Teil der Hütte einnahm.

Für die Nacht wurde ich unter so vielen Fellen begraben, daß ich mich kaum bewegen konnte. Aber es war sehr warm darunter. Es schneite die ganze Nacht. Die Temperatur sank auf – 30°C. Makar legte mehrmals Feuerholz nach und stellte dann um fünf Uhr morgens den Wasserkessel auf. Was gab es noch in dieser Nacht? Ein paar geräuschvolle Sitzungen auf dem Pißpott, den sie auch mir für alle Fälle angeboten hatten.

Beim Morgengrauen um acht Uhr war der Tee bereits fertig.

Als ich mir die Haare bürstete, war ich über die vielen weißen Haare überrascht, die sich in meiner Bürste sammelten. Das waren natürlich Rentierhaare, und sie fanden sich auch überall auf und in meinen Kleidern und selbst in meinem Tee. Zum Frühstück gab es Fisch und eine Kelle voll saurer, purpurroter Beeren aus einem Glaskrug, der so groß und gut gefüllt war, daß er wohl den ganzen Winter vorhalten würde.

Die Hunde waren unter dichtem Neuschnee begraben. Als ich hinausging, steckten sie auf einmal den Kopf durch die weiße Decke und blinzelten mich im Licht des frühen Tages an.

Ich borgte mir ein Paar Jägerskier aus Birkenholz, mit Lederschlaufen für die Fußspitzen und einer aus Drahtstückchen improvisierten Kabelzugbindung für die Fersen, und machte mich allein zu einer Tagestour auf. Ich glitt auf dem Fluß dahin und umging vorsichtig alle überhängenden Bäume, denn an diesen Stellen, hatte Makar mich gewarnt, konnte das Eis unter dem Schnee so dünn sein, daß es nicht trug.

Es war ein herrlicher, sonniger Tag mit einem frischen, nicht zu starken Wind. Die Jägerskier waren kürzer als Abfahrtskier, aber die auf die Laufflächen genagelten Seehundfellstreifen verhinderten ein Rückwärtsrutschen so gut wie jedes handelsübliche Steigfell.

Ich verließ den Fluß, stieg auf einen Hügel und blickte ins Tal hinunter, auf die zugefrorenen toten Flußarme, die Schlittenspuren, die Löcher der Eisfischer und die von Wind und Wetter gebeugten, verkümmerten Bäume. In den Hügeln fuhr ich anscheinend ständig über Wacholderbüsche hinweg, was auf Skiern nicht ganz leicht ist. Prompt machte ich auch ein paar Stürze. Zwecklos, mit diesen Skiern zu kanten, denn sie waren an den Seiten so abgerundet, daß sie überhaupt nicht griffen. Auch meine Kleidung war nicht gerade ideal.

Nachdem ich den Fluß wieder überquert hatte, fuhr ich durch Wiesen und Wälder und übte Gleitschritt und Abfahrt. Noch bevor ich die Sommerfahrspur erreichte, hörte ich Schlittengeräusche und einen mit der ganzen Kraft seiner tiefen Baßstimme singenden Mann. Ein Gespann mit zwölf Hunden kam um die Ecke gerauscht, auf dem Schlitten ihr massiger Herr und Meister, der eine riesige Rotfuchsmütze trug und aus voller Lunge sang. Seine Stimme füllte das ganze Tal.

2 Lieder und Tänze der Korjaken

Da waren wir nun, vierzehn Leute, und alle mit unterschiedlichen Pelzmützen: Fuchs, Vielfraß, Nerz, Rentier, Hund, Kaninchen; rund und flach, Pillbox und Mütze. Die Tanztruppe bestand aus vier jungen Frauen und vier Männern. Rotfuchsmütze war der Mann von Rentiermütze. Sie war eine Ewenin aus dem Norden und hatte ein flaches Gesicht mit hohen Wangenknochen und schmalen Augen, er ein dunkelhäutiger Korjake. Die Polarfuchsmütze gehörte Taja, der besten Sängerin der Gruppe. Unter den Männern war Sascha mit der Korjakenmütze der Talentierteste; er schrieb für einige ihrer Lieder die Texte und vertonte sie nach alten Weisen. Er sah meinen Blick auf seiner Mütze ruhen und reichte sie mir zu näherer Betrachtung. Sie kam mir wie eine Großmutterhaube vor, der jemand eine Krempe aus Wolfspelz verpaßt hat. Unter einer Mütze mit großen Ohrenklappen steckte Juri, ein bezaubernder junger Russe, über dessen Funktion ich mir noch nicht ganz im klaren war; Nadja, eine Lehrerin aus Tigil, einem Dorf in der Nähe von Palana, flog als meine Dolmetscherin mit; und dann war da noch Nikolai, Vorsitzender des Korjakischen Nationalverbandes, der mit den Rentierhirten, denen wir unterwegs begegnen würden, tausenderlei Dinge zu regeln hatte.

Wir flogen längs der Küste des Ochotskischen Meeres nach Norden, unter uns das Chaos des aufgebrochenen Meereises. Wir waren unterwegs nach Manily an der nördlichsten Spitze des Penshinskaja-Golfs. Hinter der Steilküste erstreckten sich niedrige, schneebedeckte Hügel, die mit Bäumen übersät waren. Alles wirkte menschenleer. Kamtschatka hat nur etwa 450 000 Einwohner, von denen die meisten im Süden leben. Der Norden hat außer Tundra und Rentieren nicht viel zu bieten.

Die Tänzerinnen und Tänzer spielten im Hubschrauber Karten. Sie gehen ein paarmal im Jahr auf Tour und geben sich deshalb in puncto Fliegen blasiert. Juri sorgte für lautstarke Unterhaltung und schallendes Gelachter. Er war ein extrovertierter Romantiker, der, so seine Worte, mit Liebesliedern aufgezogen worden sei. Nadja, die noch nie zuvor in einem Hubschrauber geflogen war, hatte ein kreidebleiches Gesicht. Was ihr aber noch weit mehr angst mache als das Fliegen, gestand sie, sei die Vorstellung, dolmetschen zu müssen.

Nach zweistündigem Flug tauchten die Häuser von Manily auf. Über den Schnee rings um die häßlichen Betonmietskasernen und den kleinen Sommerhafen zogen sich Streifen von Kohlenstaub. Zum Mittagessen gab es in der Kantine der Siedlung Nudelsuppe und kalten Fisch mit kaltem Reis. Nadja aß nur Brot, weil sie dem Essen nicht traute. Die anderen Frauen meinten, hier lauerten noch weit größere Gefahren als die einer Darminfektion. Als sie das letzte Mal hierherkamen, habe es zum Beispiel ein Erdbeben gegeben.

Dann flogen wir noch zwei Stunden nach Norden weiter, zu einem Zeltlager am Penshina, wo der erste Auftritt stattfinden sollte. Es war hier um einiges kälter als in Palana, – 35°C in der Nachmittagssonne. Die Kinder trugen Overalls aus Fell, die vom Kopf bis zu den Füßen reichten und an den Kapuzen noch die Original-Rentierohren hatten, so daß die Kleinen wie pummlige Rentierkälber aussahen.

Das Zelt bestand aus einem großen Holzstangengerüst und einer Abdeckung aus Rentierfellen, deren Haare nach außen zeigten. Wenn man es gut pflege, sagte unser Gastgeber, halte es ein Menschenleben lang. An der Innenseite waren ringsum Stiefel und andere Kleidungsstücke aus Rentierfell aufgehängt. Wir setzten uns auf fellbedeckte Matratzen aus Birkenzweigen rund um den Holzofen und tranken Tee, während die Nachbarn eintrafen. Ganze dreiundzwanzig Leute drängten sich schließlich in dem Zelt, als die jungen Frauen sich für ihren Auftritt fertigzumachen begannen, sich ihre Stirnbänder umlegten und ihre Kurlankas überzogen. Das Konzert würde im Freien stattfinden. Das Publikum kauerte sich auf Rentierschlitten, die dort im Halbkreis aufgefahren waren.

Der erste Tanz hieß »Rhythmus der Tundra«. Wie Möwen kreischend, knieten die Tänzerinnen nieder, legten die Hände auf den Rücken und ließen sie wie Flügel flattern. Als sie dann Vögel mimten, die im seichten Wasser baden, wurde das Kreischen zum Lied, mit einem melodischen Trällern als Refrain, und es wurde noch melodischer, als sie schließlich ihr Gefieder trockneten, sich in die Lüfte erhoben und ihre Kreise zogen. Rings um uns wölbte sich der blaue Himmel über einem niedrigen Horizont, und das Weiß des Schnees unter den geräuschlosen Schritten der Tänzerinnen verstärkte mein Gefühl von Weite und Offenheit, von unermeßlichem Raum. Juri erzählte mir, daß sie die Möwen, wenn sie sich zum Nestbau am Land niederließen, mit einem Frühlingsfest begrüßen. Eine der Frauen, eine Itelmin, zeigte in einem Soloauftritt einen alten Itelmentanz, der darstellte, wie eine junge Möwe ihre Flügel erprobt und fliegen lernt. Seine tiefere Bedeutung ist die Furcht des Menschen vor der Liebe – und sein Bedürfnis nach Liebe.

Der Tanz, den die Männer als nächstes darboten, war ein eindrucksvoller Ausdruck ihrer Korjakenseele. Sie hüpften und stampften auf den Boden, sprangen hoch in die Luft und schlugen dabei mit ernstem Gesicht die großen tamburinartigen Trommeln. Das anschließende Robbenballett war mit einem ausgiebigen Powackeln verbunden. Ein weiterer Tanz drehte sich um einen Tunichtgut von Jäger, den ein als Bär verkleideter Stammesgenosse in Angst und Schrecken versetzt, um ihn Mores zu lehren. Aber auch an tatsächliche Begebenheiten erinnerten manche Singspiele. Etwa das über den Mann, der sich beim Angeln mit der Lippe am eigenen Haken verfängt, was zwei Jahre zuvor dem Akkordeonspieler der Truppe passiert war.

Eher traditionellen Charakter hatte ein Tanz, der den Kampf zwischen einem Jäger und einem Vielfraß schilderte. Dabei hielt der Tänzer am ausgestreckten Arm eine Fellpuppe vor sich, die mit einem sehr realistisch zuschnappenden Gebiß ausgestattet war. Die beiden umkreisten und belauerten einander, bis der Jäger plötzlich durch einen Raben abgelenkt wurde, einen Vogel von großer magischer Bedeutung für die Korjaken. Als der Jäger seinen Speer fallen ließ, griff der Vielfraß an. Ein Kampf auf Leben und Tod begann – am Ende erlegte der Mann das Tier und brachte es seiner Frau nach Hause, damit sie aus dem Pelz ein paar warme Mützen schneidere.

Die Zuschauer waren zufrieden, die Jungen wie die Alten. Mein Nachbar schlug sich vor Begeisterung mit der Faust in die Hand. Jagd und Fischfang spielen im Leben eine ebenso beherrschende Rolle wie in ihren Tänzen. Wie Pjotr, der Musikant, erzählte, verbringt die Truppe den ganzen Herbst mit Jagen, Fischen und Beerensammeln, um Vorräte für den langen Winter anzulegen. Zu dieser Jahreszeit könnten sie aber ohnehin nicht auf Tournee gehen, denn im Herbst haben auch die Rentierzüchter alle Hände voll zu tun.

Dann folgte ein ungewöhnliches Solo von Danil. Er entlockte seiner *Wanjaja* oder Maultrommel Töne, die an das typische Geräusch eines dahinstürmenden Rentiers erinnerten, und sang dazu gleichzeitig mit Kehlstimme. Der Mensch habe zwei Stimmorgane, wurde mir erklärt, eines zum Sprechen und das andere zum Singen, das zwar bei den meisten verkümmert, bei einigen Korjaken aber gut ausgebildet sei. Das fremdartige, kehlige *Hai-ja-ha* war den Klängen des Brummeisens sehr, sehr ähnlich.

Nach dem Konzert gingen wir wieder ins Zelt, alle dreiundzwanzig, um uns an zartem gekochtem Renfleisch gütlich zu tun. Unser Gastgeber erzählte, die Familie werde am nächsten Tag ihr Lager verlegen. Von Lagerplatz zu Lagerplatz zu ziehen, war Teil ihres Lebens. Zu dieser Zeit des Jahres mußten sie alle zehn Tage weiterwandern, mal früher, mal später, je nachdem, wieviel Äsung die Rentiere unter dem Schnee freischarren konnten. Jede Rentierhirten-Brigade, die normalerweise aus einer etwa sechsköpfigen Familieneinheit besteht, hütet eine Herde von etwa tausend Tieren. Ein Junggeselle, der sich der Familie unseres Gastgebers angeschlossen hatte, heiratete später eine der beiden Schwestern. Er wurde dadurch nicht zum »Schwager« des Mannes der Schwester seiner Frau, sondern zum »alten Bruder danach« und zum »Mann der Schwester der Frau, der auf demselben Seeufer ein Herbstgefährte ist«. Was nichts anderes bedeutet, als daß die beiden einander bei jedem Kampf und bis in den Tod die Treue halten sollten.

»Was ist die beste Jahreszeit?« fragte ich. »Der Frühling«, antworteten sie, »wenn die Rentierkühe kalben.« Bis dahin waren es noch zwei Monate, und dieses Ereignis würden alle feiern.

Um fünf Uhr nachmittags kam unser Hubschrauber. Sein auch nach der Landung weiterlaufender Rotor wirbelte Wolken feinen Schnees auf. Wir hasteten durch den weißen Aufruhr und kletterten an

Bord. Die grimmige Kälte schnitt mir in die Haut und in die Kehle. Nachdem wir zwei Gruppen von Hirten bei ihren Lagern abgesetzt hatten, bot mir der Pilot, der auch Juri hieß, den Notsitz in der rundum verglasten Kanzel an. Er knotete mir die Finger um zwei Chassisteile, befahl »Festhalten!« und drückte die Helikopternase nach unten. Es war schon ein erstaunliches Gefühl, in diesem Glasball dreihundert Meter tief zu fallen, bevor Juri die Maschine wieder abfing, um über das weite Tal der Penshina mit ihren geschwungenen, fichtenbewachsenen Strominseln und den niedrigen Tafelbergen ringsum zu donnern. Alles war in Weiß gehüllt. Der Fluß verbreiterte sich nun zu einem See, wo das Eis sichtbar arbeitete, wo ständig Schollen zerbrachen, um sich neu zu bilden, und die dünn vereisten Partien azurblau leuchteten. Bahnen von neuem Flußeis zogen türkisfarbene Streifen durch eine Landschaft aus Schwarz und Weiß.

Wieder ging der Helikopter zum Sturzflug über, sauste dann, fünf Meter über dem Eis, den Fluß entlang und hopste dabei ab und an über kleine Inseln. Ein hundsgroßer Vielfraß galoppierte mit wogendem, zottigem Fell an einem Nebenarm entlang. Wir gingen wieder auf dreihundert Meter hinauf und zählten beim Weiterfliegen die Elche. Valeri, der Bordingenieur, sagte, vor ein paar Jahren hätten sie viele lebende Elche per Hubschrauber von Nord- nach Südkamtschatka gebracht. Diese Luftbrücke sei Teil eines Projekts zum Neuaufbau einer Elchpopulation im Süden der Halbinsel gewesen.

Ein hoher Berg mit gleißend weißen Abhängen tauchte vor uns auf. Wir donnerten geradewegs darauf zu, kletterten im Steilflug langsam empor, höher, höher!, überwanden den Gipfel und schossen dann jäh die andere Seite hinab, die Nase in einem verdammt haarigen Winkel. Ich griff hastig nach einem sicheren Halt und hätte gern gewußt, ob die Tanztruppe noch immer Karten spielte. Nadja mußte jetzt fürchterliche Angst haben! Vielleicht sollte ich den Piloten bitten, die Sache etwas ruhiger anzugehen? Aber ich ließ es bleiben, und so donnerte er in Baumhöhe über Berg und Tal vollends nach Manily. Was für ein Angeber! Ich vertraute zwar auf sein Können – mit seinen immerhin achttausend Flugstunden mußte er schließlich wissen, was er tat –, hatte aber dennoch ein mulmiges Gefühl, da ich ja wußte, daß viele dieser Hubschrauber Veteranen des Afghanistankrieges waren.

Beim Abendessen in der Kantine von Manily bat ich alle um Entschuldigung dafür, daß ich Juri zu diesen Kunstflügen ermutigt hatte. Sie meinten gutmütig, vielleicht hätte ich ja tief fliegen wollen, um die Mäuse zählen zu können. Lisa fügte hinzu, der Pilot habe ihnen schon öfters so übel mitgespielt, beispielsweise das eine Mal, als er hoch über einem Berg das Triebwerk abgestellt habe. »Plötzlich absolute Stille, kein Rotorengeräusch mehr. Wir glaubten, das sei das Ende. Und dann warf er den Motor wieder an. Aber wenn du ihn noch öfter dazu anstiftest, lassen wir dich irgendwo in der Tundra sitzen!«

Wir übernachteten in einer Art Wohnheim. Ich teilte mir mit den Tänzerinnen ein Zimmer. Inna, mit ihren zweiundzwanzig Jahren die jüngste von allen, war eine Tochter Makars von »der Flußbiegung des Alten Mannes«. Ihr Name bedeute »Stern«, sagte sie. Lisa dagegen hatte ihren Ewenen-Namen vergessen; ihre Großmutter habe ihn noch gewußt, sei jetzt aber tot. Wir wollten die Siedlung, wo Lisa zu Hause war, in der Woche darauf besuchen. Dann war da noch Larissa, die auf korjakisch Kaitschelg, »die Zarte, Zerbrechliche«, hieß. Wenn ich so an ihr Powackeln beim Robbenballett dachte, schien mir »zart« nicht ganz die richtige Bezeichnung für sie. Larissa war in dem kleinen Dorf Bilagawoi aufgewachsen, das 1973, als sie elf Jahre alt war, von den Behörden einfach geschlossen wurde. Man teilte die Leute in fünf Gruppen ein, um sie in anderen Dörfern oder Kolchosen anzusiedeln. Wer sich dazu bereit erklärte, durfte wählen, wohin er umziehen wollte. Die Alten, die sich weigerten, wurden zwangsumgesiedelt.

Die meisten Mitglieder der Tanztruppe waren ab ihrem siebten Lebensjahr in geschlossenen Internaten gewesen, Internatsschulen ohne Ausgangserlaubnis. Die einzige dort zugelassene Sprache war Russisch; es war ihnen streng verboten, ihre eigenen Sprachen zu sprechen. Sie wurden in russischer Geschichte und Kultur unterrichtet und mußten sich an eine Kost gewöhnen, die sich von ihrer bisherigen grundlegend unterschied. Wenn sie zu ihren heimatlichen Zelten zurückkehrten, während der Sommerferien, fühlten sich viele vom primitiven Lebensstil ihrer Familien peinlich berührt und verstanden nicht einmal mehr ihre eigene Sprache.

Sie waren sich einig, daß sie die Schule gehaßt hatten. Das sowjetische bzw. russische Konzept zur Integration der Korjaken und sonstigen Minderheiten ist alles andere als erfolgreich gewesen. Die Kinder dieser ethnischen Gruppen sind normalerweise schlechte Schüler. Sie verweigern sich einfach, weil sie spüren, daß der Lehrstoff für sie irrelevant ist. Die Jungen lernen dort kaum etwas, was einem künftigen Rentierzüchter irgendwie nützen könnte, was wiederum bedeutet, daß das alte Wissen und Können dieser Völker ausstirbt. Ganz davon abgesehen, daß ihnen niemand sagen kann, wie ihr künftiges Leben aussehen wird, wenn es einmal wirklich keine Rentiere mehr gibt. Wenn die Mädchen von der Schule abgehen, sind auch sie zu einem glücklichen und zufriedenen Leben in der Tundra nicht mehr fähig; sie beherrschen dann nicht einmal ihre traditionelle Art zu kochen. Und dabei wurden diese Mädchen geboren, um die Frauen von Rentierhirten zu werden. Wen sollen diese Jungen denn dann einmal heiraten? Nach offizieller kommunistischer Lehrmeinung wurden die kleinen Völker des Nordens »durch die Entstehung der Sowjetmacht, die ihnen den Weg zu materiellem Wohlstand ebnete, vor dem Aussterben bewahrt«. Betrachtete man diesen Vorgang ohne ideologische Brille, stellt er sich eher als kultureller Völkermord dar.

Aber es gibt einen Hoffnungsschimmer, und die Tanzgruppe ist ein Teil davon. Die Perestroika hat zu einer Wiederbelebung des Interesses an Kultur und Folklore geführt, und so werden heute Klassen eingerichtet, in denen den Kindern ihre eigene Sprache gelehrt wird. Am meisten hat wohl die Generation gelitten, der die Mitglieder der Tanzgruppe angehören. Wie Taja es anklagend ausdrückte: »Wie sollen wir unsere Kultur neu erlernen können? Unsere Kinder sind wie Blumen, man kann sie nicht einfach abreißen und dann wieder einpflanzen wollen.« Nadja schaltete sich ein und erzählte, wie wenig ihre Schüler in Tigil am üblichen Unterricht interessiert und wie begabt sie hingegen fürs Malen und für die traditionellen handwerklichen Arbeiten seien.

Seit Beginn unserer Reise fühlte Nadja sich wie ein Fisch auf dem Trockenen. Sie ließ beim Schlafen ihren Büstenhalter an, drehte sich Lockenwickler ins Haar und kam sich schmutzig vor, weil sie nirgendwo baden konnte. Sie hatte zu Hause zwar auch kein Bad, dafür aber eine Schwiegermutter mit Badezimmer, die sie hin und wieder besuchte. Die Betten in unseren Schlafräumen waren kaum sechzig Zentimeter breit und hingen in der Mitte fürchterlich durch. Aber es gab saubere, frisch gestärkte Leintücher und Steppdecken über den Federbetten. Nadja – sie war zweiunddreißig – erzählte, sie sei vorher noch nie von zu Hause weg gewesen. Ihr Vater stammte aus der Ukraine, ihre Mutter aus Rußland. Ihre graugrünen Augen und ihre Gesichtszüge hatten etwas sehr Germanisches. Wie kann eine Lehrerin, die in einem Dorf am Ende der Welt lebt, bloß so ein Softie sein? Ich neckte sie deswegen, und sie gab zu, daß sie sich nur in Begleitung ihres großen Polizistengatten in die Tundra wage. Sie war immer noch ganz nervös wegen der Dolmetscherei, hatte Angst vor dem Fliegen, vor der Kälte, vor der Wildnis, vor den Leuten – und Angst zu versagen.

Am Morgen starteten wir zu einem kurzen, dreißigminütigen Flug zu einem Lager südlich der Penshinamündung. Wir flogen an Klippen vorbei, in denen man, wie der Bordingenieur Valeri erzählte, ein paar Jahre zuvor ein Mammut gefunden hatte. Hier hatten also diese prähistorischen Tiere gelebt, bis sie dann nach Norden abgedrängt wurden und dort ausstarben.

Bevor wir das Korjakenzelt betreten konnten, in dem das Konzert stattfinden sollte, kam eine alte Frau herausgestürzt und stellte einen Behälter mit glimmenden Holzkohlen neben den Eingang. Wir mußten alle einen Faden oder ein Haarbüschel von unserer Kleidung in die Glut werfen, um symbolisch alles Unheil, jeden schlechten Einfluß draußen zu lassen, den wir sonst vielleicht in ihre Behausung hineingetragen hätten.

Lisa erzählte mir, daß jeder, der sein Zelt verläßt, um für eine Weile in einem anderen Lager zu leben, ein bißchen Glut vom heimischen Feuer mitnehmen muß, damit er wieder gesund nach Hause zurückkehrt. Die Korjaken glauben auch, daß man die

Geräusche des Feuers interpretieren kann. Ein langer lauter Pfeifton bedeutet, daß man alle Jagd- oder Angelausflüge auf später verschieben muß, weil einem sonst ein Unglück zustößt.

Es war ein großes Zelt, mit einem zweiten, kleineren als Eingangs- und Vorraum. »*Amtor, amtor*«, erwiderte ich den Gruß der Hirten. Nikolai, der Mann vom Korjakischen Nationalverband, hielt auf korjakisch eine Ansprache. Ich lauschte fasziniert dem Strom der fremden Klänge dieser Sprache und horchte auf die Wortenden mit ihren schnalzenden t-, d- und k-Lauten. Dann tauschten die Leute bei Suppe und Tee Neuigkeiten aus.

Ein alter Mann trat ins Zelt. Er war anscheinend in sehr kurzer Zeit von einem kilometerweit entfernten Weideplatz hierhergelaufen, schien aber nicht im mindesten außer Atem zu sein. Juri erklärte, der Mann habe magische Pilze gegessen, Fliegenpilze, die einen aufputschen und etwa drei Stunden lang halluzinieren lassen. Die Korjaken haben schon immer solche Pilze konsumiert, frisch und, wenn die Saison vorüber war, auch getrocknet. Die Stimmung war gut, man machte es sich auf den Matratzen aus Zweigen und Fellen bequem. Danil entlockte seinem Akkordeon mit sanften Fingern schwermütige kleine Melodien, und manchmal summte eine der Frauen einen Diskant dazu. Wenn jemand aufstand, wirbelte er eine Wolke von Staub und Rentierhaaren auf. Immer mehr Hirten trafen ein; als erstes nahmen sie ihre Schrotflinte von der Schulter und steckten sie, zum Schutz gegen das rauhe Wetter, unter ihre Schlittendecken.

Die Truppe hatte es nicht leicht, als sie schließlich anfing, weil es ständig zu Störungen kam: Hunde bellten, wenn Rentiere durchs Lager trotteten; der Pilzmann erging sich in Bemerkungen über jeden einzelnen Tanz; ein anderer alter Mann hatte ein schadhaftes Hörgerät, das laute Pfeiftöne von sich gab; und dann kam auch noch eine alte Frau mit einem Sack herein und begann, daraus Kleidungsstücke für meinen Sitznachbarn hervorzukramen. Das Pelzwerk schien ihm aber nicht zu gefallen. Er ließ die Frau schließlich den ganzen Sack auf den Boden ausleeren. Die Tänzer stolperten andauernd über einen dicken Ast, der aus der Matratze vorragte. Dann inszenierten sie einen Sketch über berauschende Pilze.

Da sah man zwei Männer, die eine Fußreise machen. Als sie müde werden, rasten sie ein wenig und finden berauschende Pilze. Der ältere der beiden ißt davon, der jüngere aber hat Angst, es ihm nachzutun, weil solche Pilze nur etwas für über Vierzigjährige sind. Sie setzen ihre Reise fort, indem sie im Zelt ihre engen Kreise drehen, bis sie einen Ast über ihren Pfad ragen sehen. Für den halluzinierenden Alten ist dieser Ast ein so dicker Baumstamm, daß er nur mit größter Mühe darüber hinwegklettern kann. Vor einem dünnen Rinnsal weicht er entsetzt zurück, hält es für einen breiten Strom und klagt seinem Freund: »Ich kann nicht schwimmen.« Der erklärt sich bereit, ihm hinüberzuhelfen, und trägt ihn huckepack ans andere Ufer. Die Geschichte endet damit, daß der alte Mann nach Hause geht und der junge eine Waldlichtung voller berauschender Pilze findet, die er für seine Großmutter pflückt.

Juri wartete mit der Idee auf, daß die Figur unseres Weihnachtsmanns, der ja mit einem Rentierschlitten durch die Lüfte fährt und die weiße und rote Farbe des Fliegenpilzes trägt, auf so eine Halluzination zurückgehen könnte.

Bei der letzten Nummer reihte sich Mr. Pilz bei den Tänzern ein. Er wollte gar nicht mehr aufhören zu tanzen und schlug dabei ständig eine Trommel, so sehr war er in seiner magischen Welt versunken. Wir versuchten alle, ihn durch Klatschen zu stoppen, und die Musikanten stellten ihre Instrumente ab, aber umsonst, er war völlig selbstvergessen. Also tanzte die Gruppe mit ihm zusammen eine Zugabe.

Die Sonne ging unter, aber von unserem Hubschrauber war nichts, aber auch gar nichts zu sehen. Nach dem Abendessen – es gab Rentiereintopf und Stockfischstreifen – gingen wir alle nach draußen, um den Himmel nach dem sehnlich erwarteten Hubschrauber abzusuchen. Ein rosaroter Sonnenuntergang. Zwanzig zahme Rentiere, Zugtiere für die Schlitten, trotteten ins Lager herein. Sie waren kleiner, als ich erwartet hatte, viel kleiner als Rinder. Einige hatten bereits ihr Geweih abgeworfen. Ohne die Geweihstangen hatten sie ziemlich häßliche Gesichter mit einer dicken Nase.

Die Familie unseres Gastgebers genoß einen guten Ruf als Schlittenbauer. Auf dem schneebedeckten Platz waren etwa zwanzig ihrer

Schlitten nebeneinander aufgereiht. Sie waren aus glattem, poliertem Birkenholz gemacht, dem härtesten und biegsamsten Holz dieser Region. Die an den Verbindungsstellen gerundeten Latten, Streben und Kufen werden mit Robbenhautriemen zusammengebunden, wodurch sie das notwendige Spiel haben. Genagelte Verbindungen würden bei dem Geholpere und in dieser Kälte brechen.

Genau wie bei den Autos, so gibt es auch bei Schlitten unterschiedliche Modelle, für jede Lebenssituation das passende. Das kleinste ist ein schmaler, sehr leichter Rennschlitten mit einer Länge von 250 Zentimetern, von denen aber fast die Hälfte für die Hörner draufgehen. Das sind die vorderen, anmutig auf- und zurückgebogenen Kufenabschnitte, die in die Seitenbretter übergehen und so für eine elastische Federung sorgen. Ein paar gebogene Holzstreben zwischen den Kufen und den Sitzbrettern – und die dazugehörigen Riemen – halten das Ganze zusammen. Dann gibt es einen breiteren, längeren Familienschlitten, mit breiten Kufen als Fußstellflächen, sodann ein Modell mit Seitenwänden für den Transport von großen, sperrigen Lasten und schließlich einen Mutter-und-Kind-Schlitten mit eingebautem Korb. Das Kind wird in Pelze verpackt in den Korb gesetzt, der so hoch ist, daß es nicht ständig herausklettern kann. Als ich nach dem Preis eines Schlittens fragte, konnte mir niemand Auskunft geben: Man tausche sie eben gegen andere Güter und Gefälligkeiten.

Die Dunkelheit brach herein; aber immer noch keine Spur von unserem Helikopter. So zogen wir uns ins Zelt zurück, wo ein paar alte Frauen begannen, die Stickereien und Perlenarbeiten an den Kostümen der Tänzerinnen einer kritischen Prüfung zu unterziehen, um sich zu vergewissern, daß alles der Tradition gemäß gemacht war. Ich saß neben der Frau, die den Kleidersack hereingebracht hatte, und probierte ein verziertes Stirnband, an dem lange, aus Perlen gefertigte Troddeln baumelten. Solche Perlen kämen aus Alaska, sagte sie, im Tausch gegen Pelze, und man brauche nur einen Tag, um von der Tschuktschenhalbinsel im Winter über das Eis der Beringstraße nach Alaska zu gehen. Da wird einem schlagartig klar, wie willkürlich doch diese politische Grenze zwischen Osten und Westen ist. Schließlich wurde Alaska erst 1867 an die Vereinigten Staaten verkauft, und vor dreißigtausend Jahren waren die beiden Kontinente sogar noch durch eine Landbrücke verbunden.

Es war bereits Nacht, als der Hubschrauber endlich landete. Als wir an Bord kletterten, kamen noch zwei Hunde und einige zusätzliche Korjaken mit. Ich ging nach hinten und fand neben einem toten Wolf einen Platz. Er hatte einen schönen, dichten cremefarbenen Pelz, mit einem Stich ins Schwarze; sein im Knurren erstarrter Fang zeigte zweieinhalb Zentimeter lange Eckzähne. Ich hoffte sehr, daß er auch wirklich tot war. Weil Anatolis cremefarbene Hundefellmütze während des ganzen Fluges vor mir auf und ab tanzte, hatte ich ständig das Gefühl, der Wolf bewege sich.

Pilot Juri war in Höchstform. Ich saß vorn in der Kanzel auf dem Autopiloten, als wir längs der Küste des Ochotskischen Meeres nach Norden brausten und dabei zahllose Eisberge und drei hohe, kegelförmige Felsinseln überflogen. Juri zeigte auf die höchste von ihnen und sagte, auf deren Spitze sei er einmal mit dem Hubschrauber gelandet, zum Aussteigen habe der Platz da aber nicht gereicht. Wir passierten einige Inseln mit steilen Vogelfelsen. Dort landeten sie im Sommer manchmal, um Vogeleier zu sammeln, Eier von Dreizehenmöwen, Eiderenten, Gänsen, Meerestauchenten, Alken (Papageientauchern, Horn- und Schopfalken), Kormoranen, Tordalken, Krabbentauchern und scharlachfüßigen schwarzen Lummen. Hier, sagte Juri, betrage der Unterschied zwischen Hoch- und Niedrigwasser atemberaubende vierzehn Meter.

Wir flogen nach Jurt Mikino am Mikino-Fluß und kamen gerade rechtzeitig zu einem Frühstück aus Rentierfleisch und *Aladir* (brotähnlichen Gebilden, die ich besonders gern mochte). Als ich sagte, die gäbe es bei uns in England nicht, fragte Larissa, wie man denn ohne Aladir überhaupt leben könne, und ich mußte zugeben: »Ja, wirklich, wie kann man ohne die leben?!«

In einer Hütte, zu der Nadja mich führte, zeigten mir zwei ältere Korjakinnen ihre Sammlung von schützenden Familientotems, die neben Schrotflinten und Geweihen bündelweise an einem Pfahl hingen. Die ältere der beiden nahm die ganze Kollektion herunter und breitete sie auf einem Rentierfell aus. Da waren vier große, flache Holzfiguren mit angedeuteten Beinen und Köpfen. Die größte war etwa einen halben Meter lang und über hundert Jahre alt. Die Totems seien so schmutzig, erklärte die Frau, weil man sie bei allen Festlichkeiten mit Rentierfett beschmiere, um sie zu füttern. Plötzlich begann sie, zwei von ihnen gegeneinanderzuschlagen, und sagte, wenn eine Familie von einem Unglück heimgesucht werde, wie etwa einer Erkrankung ihrer Rentiere, bestraften die Frauen die Totems, weil sie ihre Schutzpflicht nicht erfüllt hätten.

Diese Totems sind keine Gottheiten. Die Korjaken glauben, die Welt werde von einem Höchsten Wesen beherrscht, das Überfluß oder Not schicke, sich aber nicht um deren Auswirkungen kümmere. Es bleibe also den Menschen selbst überlassen, wie sie sich vor Verletzungen, Krankheiten und bösen Geistern schützen. Und da kommen nun die Totems ins Spiel. Reiche Korjaken haben große Totems und können ihr Familientotem auch mal einem armen Verwandten ausleihen, bis sich durch dessen Hilfe das Unheil wieder verzogen hat.

Kleine Steine, die man in Rentiermägen findet, spielten bei den medizinischen Ritualen eine große Rolle und mußten deshalb immer zur Hand sein, wenn man einen Schamanen zu einem Kranken rief. Das Schamanentum gehört inzwischen der Vergangenheit an. Die russischen Herren haben es unterdrückt und den Kojaken ihren Glauben daran »ausgeredet«. Ich habe die Leute oft nach den Schamanen gefragt und dabei viel über deren frühere Rolle erfahren, aber nichts über ihre mögliche Weiterexistenz.

Die Korjaken hingen der einfachsten Form des Schamanismus an, einer Mischung aus Aberglauben, Magie und Animismus. Es war eine Form des Sich-Arrangierens mit der äußeren Welt und ihrem inneren Sein. Zu den alltäglichen Pflichten eines Schamanen gehörte es, Kranke zu heilen, verirrte Rentiere wiederzufinden und Rat zu spenden. Er benutzte eine Trommel, wie die unserer Musikanten, um seine Tänze zu begleiten und sich in Trance zu versetzen, um die Geister zu beschwören und mit ihnen zu kommunizieren. Außer den informellen Schamanen in den Familien gab es Profis, die Rang und Namen hatten und für die Zeremonien bei speziellen Anlässen zuständig waren. Um zu ihnen zu gehören, bedurfte es übernatürlicher Gaben; manchmal konnte man diesen Status auch von seinen Vorfahren erben. Aber um ganz an die Spitze zu gelangen, brauchte man mehr als nur die Fähigkeit, sich effektvoll in Szene zu setzen. So wurde etwa ein junger Schamane, der die üblichen Tricks beherrschte – wie etwa einen Stock zu verschlucken, sich einen Dolch in den Leib zu bohren, glühende Kohlen zu essen und gleichzeitig an verschiedenen Orten präsent zu sein –, deswegen noch lange nicht als erstklassig betrachtet. Wohingegen eine inspirierte alte Frau, die diese Tricks nicht vollführte, in großem Ansehen stand und weithin berühmt war.

Einige der besten Schamanen waren instabile Persönlichkeiten, die abwechselnd unter nervösen Anfällen und Phasen völliger Erschöpfung litten. Sie konnten zwei oder auch drei Tage lang bewegungslos daliegen, ohne etwas zu essen oder zu trinken. Einmal las ich von einem jungen Mann, der mit zwanzig begann, Dinge zu hören und zu sehen, die den anderen verborgen waren. Er rang sechs Jahre mit sich und sprach mit niemandem über sein Zweites Gesicht, weil er fürchtete, ausgelacht und verspottet zu werden. Schließlich wurde er so krank, daß er sich schon an der Schwelle des Todes befand, genas aber, sobald er als Schamane aufzutreten begann. Obwohl man ihm häufig seine religiösen Requisiten konfiszierte und verbrannte – unter sowjetischer Herrschaft waren alle schamanistischen Praktiken und Objekte verboten –, übte er seine Kunst weiter aus. Denn sobald er damit aufhörte, wurde er erneut krank. Aber insgesamt verlor der Schamanismus in der kommunistischen Ära immer mehr an Bedeutung. Bis schließlich nur noch die Trommeln übrigblieben – das wichtigste Hilfsmittel der Schamanen ganz Kamtschatkas und Sibiriens sowie der amerikanischen Eskimos.

Bevor das Konzert begann, zogen zwei Musikanten, Anatoli und Fedja, eine *Wertuschka* auf, eine Birkenholzscheibe, die sich an einem langen Seil aus Walroßhaut dreht. Sie brummte und summte zwischen den beiden hin und her, als die sich eine Art Tauziehen lieferten, um das Seil zu zerreißen. Wenn es nicht am Tag seiner Herstellung reißt, müssen sie so lange weitermachen, bis es nachgibt. Das Ergebnis sind zwei supergeschmeidige Hochqualitätsseile, die wohl ein Menschenleben lang halten mögen.

Die surrende Birkenholzscheibe spielte auch in dem bei allen beliebten Hololo-Tanz eine Rolle. Dieser Tanz symbolisiert die drei- oder viertägigen Festlichkeiten, die am Jahresende nach der Rückkehr der Herden und dem großen Schlachten der überschüssigen Rentiere stattfinden.

Larissa nahm zwei hölzerne Totems, die zur Ausrüstung der Truppe gehörten, und ließ sie hinter ihrem Rücken tanzen, wobei sie sich um die eigene Achse drehte und niederkniete. Dann gab sie die Figuren an Danil weiter, der dasselbe vorführte. Während des Hololo können Totems den Geist eines Menschen aufsaugen, bis der Tänzer in Ekstase gerät. Als ich Danil darauf aufmerksam machte, daß eine der Figuren den Kopf verloren habe, meinte der, das spiele nicht die geringste Rolle.

Je länger unser Flug nach Ajanka dauerte, desto schlimmer wurde der Kerosingeruch, der einem lecken Benzinfaß entströmte, desto mehr hämmerte mein Kopf. Der Treibstoff dehnte sich aufgrund des verminderten Luftdrucks aus und hätte ohne dieses Leck das beim Start randvolle Faß vielleicht zur Explosion gebracht. Wir flogen zwar mit geöffneten Luken, konnten aber den Moment kaum erwarten, da wir in Ajanka neben ein paar Lärchen inmitten einer weiten Ebene landeten und über die Leiter ins Freie klettern konnten.

Wir waren nun weiter im Norden, ein gutes Stück oberhalb der Halbinsel. Hier, in den riesigen Einöden des Festlandes, war es bereits erheblich kälter, – 40°C, wie mir ein Blick auf mein Reisethermometer sagte, und das, obwohl wir uns noch südlich des Polarkreises befanden. Der Kältepol der Nordhalbkugel liegt im übrigen nicht am Nordpol, sondern etwa 2500 Kilometer weiter südlich, im jakutischen Oimjakon in Ostsibirien, wo im Winter Temperaturen von – 70°C normal sind. Eines der Probleme dabei ist, daß bei diesen Minusgraden Plastikschuhsohlen brechen, Gummi wie Glas splittert, Metall brüchig wird und einem die Zahnfüllungen herausfallen. Auch das Bauen ist hier, wegen des Dauerfrostbodens, mit einer Reihe von Schwierigkeiten verbunden. Die Häuser werden daher auf niedrigen Stelzen errichtet, damit ein Luftzwischenraum bleibt. Hier auf Kamtschatka hält man diese Stelzen wegen der Erdbebengefahr so niedrig wie möglich.

Ein *Buran* (die russische Antwort auf unser Skidoo) kam uns abholen. Nachdem sich so viele wie möglich auf das Schneemobil und den angehängten Schlitten gezwängt hatten, ging es zum Verwaltungsbüro, wo der Beamte unsere Papiere abstempelte und uns zu dem einzigen Hotel am Ort dirigierte. In der Rezeption hieß es, die Männer könnten bleiben, die Frauen aber nicht, weil man keine richtige Heizung und auch kein Geld habe, eine zu installieren. Diese ritterliche Geste verwies die Frauen auf ein recht spartanisches Wohnheim neben der Grundschule. Die Warmwasserleitung war am Heizkörper befestigt, zentralbeheizt über ein Rohr, an dem jedes Haus der Siedlung hing. Für das kalte Wasser hatten wir eine Pumpe mit einem Schwengel, den man eine ganze Zeit betätigen mußte, bis sie ein trübes Naß von sich gab.

Wir gingen in die Kantine des Dorfes, wo es richtige Hausmannskost gab. Als erste ausländische Besucherin Ajankas erregte ich einiges Aufsehen. Die Leute kamen in Scharen und wollten mich betrachten, wobei ich nur bedauerte, daß ich nicht drei Beine und eine blaue oder grüne Haut hatte, um für sie merkwürdiger und bemerkenswerter auszusehen. Später nahmen mich zwei kleine Grundschülerinnen mit nach Hause und stellten mich ihrem Onkel Semgon vor, einem Korjaken und Rentierhirten, der seine ganzen siebzig Lebensjahre in dieser Region verbracht hatte.

Eine richtiggehende Siedlung Ajanka gibt es erst seit den 40er Jahren; allerdings haben die Korjaken seit Urzeiten hier ihre saisonalen Lager aufgeschlagen. Ursprünglich diente Ajanka als Handelsposten für den Tausch von Inlands- und maritimen Gütern. Später kamen vom nahen Penshinskaja-Golf auf der im Sommer schiffbaren Penshina russische Dinghis mit ihren Waren hierher. In der Frühzeit der Kolonisierung hatten sie die Boote von der Küste aus treideln müssen, mit langen Seilen und gebeugtem Rücken in zweiwöchiger Arbeit den Fluß hinaufgeschleppt. Winters konnten sie auf den vereisten Flüssen ihre Rentierschlitten einsetzen.

Semgon meinte, seine Familie sei immer arm gewesen. Die Kollektivierung der Rentierhaltung habe für sie deshalb keine große

Veränderung gebracht. Semgon hatte hart gearbeitet und, als Meister der Rentierbrigade, sogar eine Medaille erhalten: Er war ein »Held der Sozialistischen Arbeit«. Seine Pension von monatlich vierundzwanzig Rubel reichte jetzt gerade noch aus, um ein bißchen Zucker und das tägliche Brot zu kaufen, für mehr auch nicht. Aber sein Motto war: Je weniger man hat, desto weniger braucht man. Selbst im Herbst, wenn alle Büsche in der Tundra mit Beeren reich beladen sind, meinte er, solle man nicht mehr pflücken, als man benötige: Nimm die Dinge nicht einfach, weil sie da sind, sondern laß an jedem Busch noch ein paar Beeren für die Vögel und die anderen Tiere übrig.

Einige Nachbarn tauchten auf, um mich in Augenschein zu nehmen. Juri, der auch mitgekommen war, erzählte, eine Freundin von ihm sei einmal bei einer PR-Aktion in Amerika dabeigewesen. Dort seien auch alle Leute zusammengelaufen, um sie anzugaffen. Sie habe sich wie ein Tier im Zoo gefühlt. Ich war inzwischen schon daran gewöhnt. Manchmal kam ich mir allerdings wie eine Riesin vor, da ich so viel größer bin als der durchschnittliche Korjake.

Beim Abendessen in der Kantine saß ich neben Nikolai, dem Vorsitzenden des Korjakischen Nationalverbands, der den Hirten unterwegs Vorträge über notwendige Veränderungen bei der Führung der Sowchosen gehalten hatte. Er erklärte, daß alle bedeutenden Tierhaltungs- und Fischereibetriebe noch immer staatlich geführt seien. Der Staat kaufe fast die gesamte Produktion Kamtschatkas an Rentierfleisch und Fischen zu festgesetzten Preisen auf.

Der Korjakische Nationalverband war zwei Jahre zuvor gegründet worden, um die Rechte der Ureinwohner, der Korjaken und anderer Völker, zu schützen, vor allem ihr Recht, Meeressäugetiere und alles übrige Wild zu jagen, und ihr Recht, zu fischen und Rentiere zu halten. Das Ziel war, auf Kamtschatka eine eigenständige Wirtschaft aufzubauen. Aber das wird erst dann gelingen, wenn sie die technischen und organisatorischen Voraussetzungen haben, um ihre Produkte an Ort und Stelle weiterzuverarbeiten. Joint-ventures mit dem Westen erscheinen als der einzige Weg, solche Projekte zu finanzieren. Aber da Kamtschatka nicht mit Bankgarantien aufwarten kann, dürften die entsprechenden ausländischen Investoren nur schwer anzulocken sein. Nikolai sagte, sie hätten der Zentralregierung eine ganze Anzahl unterschiedlicher Vorschläge unterbreitet und vor kurzem einen Föderationsvertrag unterzeichnet. Jetzt warteten sie ab, um zu sehen, was geschehen würde, meinte er mit vorsichtigem Optimismus.

Der Pilot ließ das Triebwerk warmlaufen. Die tiefste Temperatur, bei der sein Hubschrauber fliegen könne, sei – 55°C, das würde uns also wohl langen. Die Sonne hatte einen Halo, der fast wie ein Regenbogen aussah. Das sei ein Eisbogen, sagte Juri, der durch Beugung des Sonnenlichts an den Eiskristallen in der Atmosphäre entstehe, ein Phänomen, zu dem es nur bei Temperaturen unter – 50°C komme. Dann kann einem auch die ausgeatmete Luft vor dem Gesicht gefrieren. Wenn die winzigen Eiskristalle, die dabei entstehen, auf den Boden fallen, machen sie ein Geräusch, das die Sibirier »das Flüstern der Sterne« nennen.

In unseren Hubschrauber nach Werpenja stiegen auch sechs Hirten samt ihren Kindern, Körben, Fellbündeln und einigen Hunden ein. Eines der Kinder, ein vierjähriges Mädchen, das einen Overall mit weißen Ohren an der Kapuze trug, hieß auch Christina. Ich wollte wissen, wie sie zu ihrem Namen komme, und ihre Mutter erzählte mir, den habe schon ihre Großmutter gehabt.

Weil der Hubschrauber so voll war, bot mir Pilot Juri den Sitz neben sich an. Wir überflogen die Ebene, entfernten uns dabei von der Flußmündung und stiegen in eine Kette zerklüfteter, schneebedeckter Berge auf. Zwanzig Kilometer weiter erreichten wir ein breites Flußtal. Der Strom war mit unzähligen Inseln und Schlammbänken durchsetzt, und an seinen Ufern lagen Haufen angeschwemmter Baumstämme, die mit Schnee bedeckt waren. Der Fluß schlängelte sich unter unserer schnurgeraden Flugroute dahin. Von hier oben konnte man an ihren Spuren sehen, wo sie alle gewesen waren: die Eisfischer, die Jäger und ihr Wild. Als meine Augen eine tiefe und breite Fährte verfolgten, stellte ich plötzlich fest, daß sie zu den Hufen eines Elchs führte, der durch den Schnee und den Fluß galoppierte, daß es spritzte, und dann in den kahlen Wald abschwenkte, um unserem Hubschrauber zu entkommen. Juri zeigte mir einen anderen Elch, der ebenfalls vor dem Lärm der

Rotoren flüchtete und sich mit mächtigen Sätzen durch rumpfhohe Schneeverwehungen arbeitete.

Werpenja bestand aus drei verlassenen Hütten. Aber meine Gefährten richteten schnell alles gemütlich her, hackten Holz und brachten im Ofen ein Feuer in Gang, bevor das neunköpfige Publikum erschien.

Nikolai hielt seine Ansprache, diesmal auf russisch, so daß Nadja übersetzen mußte. Er erklärte, daß er kein Geld habe, um ihnen ihren Hütelohn auszubezahlen, und daß es auch am nächsten Zahltag kein Geld gäbe. Er sprach von steigenden Preisen und Kosten. Die Kassen der Verwaltung seien ganz einfach leer.

Die Leute hörten ihm gelassen zu, als er hinzufügte, daß es einen speziellen Notfonds für Waisen und andere gebe, die sich in einer echten Notlage befänden. Und was die Zukunft angehe, da gebe es neue Pläne, die staatlichen Rentierfarmen so zu reorganisieren, daß einzelne Privatpersonen oder Kollektive ganze Rentierherden pachten könnten. Überraschte Gesichter sahen ihn an, als er versuchte, das Konzept des Privatunternehmens zu erklären. Er schlug ihnen auch vor, *Pantui* (Bast von noch im Wachstum begriffenen Rentiergeweihen) für die Herstellung des Medikaments Pantocrin zu liefern, das bei Herz- und Gefäßerkrankungen verwendet werde. Natürlich verfügt Kamtschatka nicht über die Voraussetzungen, um dieses Medikament selbst herzustellen. Daher muß der Bast an pharmazeutische Unternehmen in Japan verkauft werden – und die, nicht die Rentierhirten, streichen dann den Profit ein.

Langsam kamen Fragen, als die Leute zu begreifen versuchten, was das alles nun im Klartext bedeutete. Sie fragten, wie es jetzt um ihre übliche Zuweisung an Zelten, Stiefeln und anderer Bekleidung stehe. Die Verwaltung habe ja nicht mehr die Mittel, um ihnen diese Dinge zur Verfügung zu stellen, und sie selbst bekämen, auch wenn sie das nötige Geld für ihre Ausrüstung hätten, in den Geschäften nur noch nutzlose Elektroartikel wie Bügeleisen und Videorecorder. Ziemlich verzweifelt versprach ihnen Nikolai, daß eine Kommission aus Petropawlowsk kommen und all ihre Probleme lösen werde. Ob er sich über sie lustig machen wolle, fragten sie. Diese leeren Versprechungen hörten sie nun schon seit Jahren!

Neuerdings konnte jede Familie bis zu tausend Rentiere aus Staatsbesitz pachten, mußte sich aber verpflichten, sie in eine landwirtschaftliche Genossenschaft einzubringen. Diese Regelung war vor drei Monaten in Kraft getreten, aber bis jetzt, wurde mir gesagt, habe niemand davon Gebrauch gemacht. Sie hatten dafür kein Geld und außerdem Angst vor dem Risiko. Wenn sie im Laufe eines Jahres keine Rentiere verlören, ackerte Nikolai weiter, gehörten alle Kälber der Familie. Einige Familien, behauptete er, seien schon dabei, sich ihre Herden aufzubauen, und zwar mit Rentieren, die sie vom Staat als Belohnung für ihre frühere gute Arbeit bekommen hätten. Von den anwesenden Männern hatte der eine zwanzig, der andere dreißig und der dritte fünfzig Tiere. Aber um wirtschaftlich überleben zu können, braucht man mindestens tausend Tiere sowie eine große Familie, die sich um die Herde kümmern kann. Außerdem tendieren Herden mit weniger als fünfhundert Tieren dazu, davonzulaufen und sich größeren Herden anzuschließen. Das war auch der Grund, warum Nikolai die Familien drängte, sich zusammenzutun und ihre privaten Herden gemeinsam aufzubauen.

Seine Ansprache hatte mich ziemlich verwirrt. Die Korjaken nahmen die Sache gelassener auf als jener ebenfalls anwesende russische Hirte, der mir erzählte, er habe sieben Jahre in der Tundra gelebt, nenne neun Rentiere sein eigen und wisse, daß er als Russe auf korjakischem Territorium weniger Rechte genieße als jeder andere hier.

Aber nun begann die Tanztruppe ihre Instrumente zu stimmen. Der Höhepunkt ihrer Darbietungen war ein brillanter kleiner Sketch zum Thema: »Wie die Verwaltung den Hirten und ihren Familien hilft, indem sie Ärzte, Friseure und Händler für sie einfliegt.« Wie? Der Doktor kommt ohne Medikamente, der Barbier hat nur die Zeit, seinem Klienten das halbe Gesicht zu rasieren, weil der Hubschrauberpilot ungeduldig zum Aufbruch drängt. In dem Sketch trat sogar eine Art Nikolai auf, der den Korjaken die aktuellen Nachrichten und die Politik erklärte, indem er ihnen mit einer Zeitung vor der Nase herumfuchtelte, während der Händler ihnen für ihre wertvollen Rentierprodukte so nutzlose Dinge wie einen elektrischen Ofen, ein Bügeleisen und Kölnisch Wasser gibt – und das alles natürlich zu Wucherpreisen. Diesen Sketch führte die Truppe in jedem Lager auf. Er brachte die Hirten unfehlbar zum Lachen, weil er so lebensecht war.

Bevor wir nach Ajanka zurückflogen, beluden wir den Hubschrauber mit Blöcken von gefrorenem Fleisch, genau wie der Händler in dem Sketch. Als ich mich auf meinen Sitz niederließ, fragte Juri, ob ich nicht mal den Steuerknüppel übernehmen wolle – wie wär's mit einem kleinen Versuch? –, wohl, weil ich ihm von meinen Abenteuern mit dem Ultraleichtflugzeug in Westafrika erzählt hatte. Da er mir seinen Hubschrauberschnellkurs auf russisch gab, war ich froh, daß ich ein paar Grundregeln des Fliegens noch von damals im Kopf hatte. Ich bewegte den Steuerknüppel vorsichtig hin und her. Der Hubschrauber sprach soweit ganz gut darauf an und hatte, wie ein Schiff, die Tendenz, eine einmal eingeleitete Drehbewegung eine ganze Zeitlang beizubehalten. Über den Bergen verfiel ich in ein Muster von langen Wellen- oder Schaukelbewegungen: langsames Absacken, Überkorrektur, Gegensteuerversuch und so weiter. Die Turbulenzen dort wirkten sich kaum auf das Flugverhalten des Hubschraubers aus, weil er durch sein Gewicht und seine Stabilisierungsflossen gut stabilisiert wurde, ganz im Gegensatz zu einem motorisierten Flugdrachen wie dem meinen, der ja fürchterlich auf und ab hüpfte. Es war ein berauschendes Gefühl für mich, wieder einmal selbst zu fliegen; aber als Ajanka in Sicht kam, gab ich Juri zu verstehen, daß meine Landungen immer miserabel gewesen waren, und ließ ihn wieder übernehmen.

Wir waren alle halbtot vor Hunger und stürmten gleich nach dem Aufsetzen das Café, um ganze Berge von Kartoffeln und Fleisch in uns hineinzustopfen. Dann machten sich die Frauen für ihren abendlichen Auftritt im »Club« bereit, einem Zentrum für heimische Unterhaltung und Kultur. Gab es das überhaupt in diesem Ajanka mit seinen schätzungsweise zweihundert Einwohnern? Dichterlesungen konnte ich mir hier nicht vorstellen.

Dann lernte ich den Kulturdirektor kennen, einen jungen Mann Anfang Zwanzig, der erst in der vergangenen Woche sein Amt angetreten hatte. Ich fragte ihn, ob ihn die Leute gut aufgenommen hätten. Na ja, sie seien freundlich mit ihm, wenn man beim Wodka zusammensäße, aber sonst würden sie kaum Notiz von ihm nehmen. Als die Frauen auf der kleinen Bühne sangen und die Musikanten ihre Trommeln schlugen, kam es zu einer absurden Szene: Der Kulturdirektor schleppte Nadja und mich in einen Vorraum, stellte den Fernseher an, zog irgendwo eine Gitarre hervor und begann, ohne sich auch nur im geringsten durch das Konzert oder den Fernseher stören zu lassen, wilde Rockmusik zu spielen. Er sei nach Ajanka gekommen, sagte er, weil er hier doppelt soviel verdiene wie anderswo, dreitausend Rubel oder dreihundert Dollar, Kost und Logis frei. Er wolle sich etwas zusammensparen, um nach England reisen und dort berühmte Rockgruppen kennenlernen zu können. Ich hoffte nur, daß er bald gesetzt und reif genug würde, um die korjakische Kultur zu genießen.

Ich hörte, wie der Rabentanz begann, und da ich den auf keinen Fall versäumen wollte, schlichen wir uns wieder in den Saal zurück. Zwei Männer stolzierten und krächzten auf der Bühne herum – eine perfekte Imitation der Raben, die es hier ja in jeder Siedlung in riesigen Schwärmen gibt und die inzwischen auch für mich ein vertrauter Anblick geworden waren. Diese beiden da fanden einen toten Fisch, packten ihn alle zwei mit dem Schnabel und zerrten und zerrten, um ihn dem anderen zu entreißen. Ihre Bewegungen und ihr ganzes Hin und Her bei dem Versuch, den Fisch zu verschlingen, war, wie andere Auftritte auch, ein seltsam theatralisches Ballett, das mit soviel Anmut und Begeisterung aufgeführt wurde, daß wir, die wir das ja schon früher gesehen hatten, auch jetzt wieder völlig verzückt waren.

Kein Korjake wird Raben etwas zuleide tun, da er fürchtet, bestraft zu werden, wenn er sie tötet oder auch nur stört. Das Krächzen eines Raben in der Nacht kündigt Unheil an. Der Große Rabe, der Bote des Höchsten Wesens, des Schöpfers aller Dinge, wurde einst auf die Erde gesandt, um die Menschen aus dem Chaos zu retten, der Unordnung in ihrem Leben ein Ende zu setzen. Zu jener Zeit, als der Große Rabe in dieser Welt lebte, waren die bösen Geister oder *Kalau* für die Menschen noch sichtbar. Sie nahmen groteske Gestalten an, wie etwa die eines Hundes mit einem menschlichen Kopf, und konnten durch das Feuer, das im Zelt oder in der Hütte brennt, in die Heimstätten der Menschen eindringen. Für die guten Geister haben die Korjaken keinen vergleichbaren Oberbegriff.

Die natürlichen Feinde der Kalau sind der Große Rabe und seine Kinder. Nach der Zeit des Großen Raben wurden die Kalau für die normalen Sterblichen unsichtbar, nicht aber für die Schamanen. Einige Berichte sagen, der Große Rabe und seine Familie seien zu Stein verwandelt worden, andere behaupten, sie hätten das Land der Korjaken verlassen und seien zu den Tschuktschen gegangen. An der Felsküste bei Manily gibt es eine heilige Stätte – dort war einst der Große Rabe zu Hause.

Von allen Legenden über den Großen Raben werden die am meisten geschätzt, die über seine derberen Abenteuer und seine Schläue und Verschlagenheit berichten. Auf der Bühne wurde nun die Geschichte von dem alten Mann getanzt, der dem Großen Raben seine Tochter zur Frau zu geben versprach, wenn der dafür eine lange Reise unternähme. Der Vater gab dem Vogel einen Sack voll Essen für unterwegs. Darauf ging der Große Rabe auf einen Berg, aß den ganzen Sack leer und sprang dann so lange auf und nieder, bis seine Füße mit Blasen bedeckt waren. Dann legte er sich schlafen und schlief ein paar Tage lang, bevor er zu dem alten Mann zurückkehrte, um seine Braut einzufordern. Korjaken verehren den Großen Raben zwar als Gott, halten es aber für ein böses Omen, wenn ein Rabe in ihr Haus fliegt – dann ist eine Opfergabe unumgänglich.

Am nächsten Morgen füllte sich der Hubschrauber mit einer Schar Korjaken, die alle über wichtige Gründe für eine Reise verfügten. Irgend jemand machte eine Bemerkung, und ich war überrascht, als Nadja sie mir übersetzte: »Wir sind ja so dicht gepackt wie Sardinen in der Dose!« Ich hätte nie gedacht, daß es diesen Ausdruck auch im Russischen gäbe. Aber ich war schon auf andere sprachliche Parallelen gestoßen, etwa bei abergläubischen Vorstellungen – »Wenn einem eine schwarze Katze über den Weg läuft ...« – oder bei Sprichwörtern wie: »Glück im Spiel, Pech in der Liebe«, wie die Kartenspieler sagten, und »Man muß Heu machen, wenn die Sonne scheint«.

Nadjas Angst vor dem Fliegen war im Schwinden begriffen. Sie ließ sich zu einem Nickerchen nieder, während die Tänzer und Musikanten Karten spielten und neckend zu ihr sagten, wenn sie nicht wach bleibe, würden sie mich auf den Pilotensitz schicken, damit sie alle wieder zu ihrem kleinen Spaziergang auf den Wänden und der Decke der Kabine kämen.

Wir setzten Nadja und die Truppe in einem Zeltlager ab, bevor wir weiterflogen, um von anderen über die unermeßliche Einöde verstreuten Lagern noch mehr Publikum herbeizuholen. Wieder durfte ich den Steuerknüppel übernehmen. Der leere Hubschrauber war schwerer zu fliegen. Juri versuchte, mir das Landen beizubringen. Vor allem müsse man beim Aufsetzen die Maschine immer wieder abheben lassen, damit die Reifen nicht anfrieren.

An einem anderen Tag flog eine russische Ärztin aus einer der Siedlungen mit. Sie wollte die Gelegenheit nutzen, in den zwei, drei Zeltlagern, zu denen wir unterwegs waren, einige ihrer früheren Patienten zu besuchen. In der Tundra bleiben die Korjaken vollkommen gesund, sobald sie aber länger in einer Siedlung leben, ziehen sie sich aufgrund der schlechten hygienischen Verhältnisse Infektionen zu. Der Wodka ist ein Problem für sich. Die Leute aus der Tundra vertragen ihn nicht, weil ihre traditionelle Kost frei von Zucker ist. Wer sich mit Pilzen berauscht, kommt mit Alkohol nicht zurecht.

Wir flogen den Penshina hinauf, sahen zwei Wölfe und landeten bei einem Zelt, um einen Hirten einsteigen zu lassen, der uns zum ersten Lager dirigieren sollte.

Während Nikolai in einem Zelt, das nach schlecht getrockneten Fellen roch, seine »Ich kann euch nicht bezahlen«-Rede hielt, steckten die Ärztin, ein paar Korjakinnen und ich die Köpfe zusammen, um Frauenangelegenheiten zu diskutieren. Zur Empfängisverhütung benutzen einige Korjakenfrauen die *Pizhmah*, eine zartgelbe Blume, die zur Familie der Doldengewächse (Umbelliferae) gehört, gefiederte Blätter und einen unverwechselbaren Geruch hat. Wenn sie nicht schwanger werden wollen, trinken sie täglich einen Teeaufguß davon. Sie reiben sich aber auch mit dieser Blume oder deren Saft die Haut ein, um sich gegen Stechmücken zu schützen.

Weil die Tochter unseres Gastgebers bald heiraten sollte, fragte ich sie über die traditionellen Formen korjakischer Eheschließung aus. Die Braut geht allein in ein Zelt, vor dessen Eingang sich ihre Verwandten in zwei Reihen aufstellen. Durch diesen Korridor muß der Bräutigam dann einen Spießrutenlauf machen, bei dem die Angehörigen der Braut mit Fäusten und Stöcken auf ihn einschlagen. Wenn sie ihn nicht leiden können, versuchen sie sogar manchmal, ihn zu töten! Im sechzehnten Jahrhundert berichtete der russische Entdecker Krascheninnikow, daß man dem unwillkommenen Freier das Gesicht zerkratzte und ihn an den Haaren wegzerrte. Dem Bräutigam war nur selten ein rascher Sieg beschieden. Manchmal konnte es ein Jahr dauern, bis er endlich verheiratet war, weil er nach jedem gescheiterten Versuch einige Zeit brauchte, um von seinen Verletzungen zu genesen. Ein glückloser Möchtegern-Bräutigam versuchte ganze sieben Jahre lang vergeblich, seine Auserwählte zu gewinnen – und wurde zum Krüppel dabei.

Inna sagte, wenn eine Frau den Bewerber liebe, bitte sie ihre Familie, ihn nicht allzusehr zu mißhandeln. Wenn der Bräutigam zur Braut vorgedrungen ist, reißt er ihr die Kleider vom Leib: Dieser Akt der Entblößung stellt die Eheschließungszeremonie dar. Ein Brautpreis wird nicht entrichtet, aber die Familie des Bräutigams erhält meist Geschenke, was angesichts der Leiden, die dem armen Burschen möglicherweise zugefügt wurden, nicht ganz unbegründet ist.

Aber im Grunde haben die Korjaken ein romantisches Gemüt. Lisa rezitierte ein Liebeslied, in dem eine Mutter ihrem Sohn rät: »Habe keine Angst, ihr deine Liebe zu gestehen. Denk immer an den Mann, der eine Frau liebte, ihr das aber nie mit Worten sagte. Er sagte ihr, sie sei die beste Frau auf der ganzen Welt, aber nie, daß er sie liebe. Und als er alt war, war sein Herz leer, weil er nie Worte der Liebe gefunden hatte. Die Frau hatte längst einen anderen geheiratet.«

Als Larissa mit den anderen Tänzerinnen hinausging, um sich für ihren Auftritt schön zu machen, sah ich trotz des unförmigen Gewandes, das sie trug, daß sie schwanger war. Die Ärztin sagte, bei den Korjakinnen dauere die Schwangerschaft nur selten volle neun

Monate, ihre Babys kämen meist als Siebenmonatskinder zur Welt. Die Frauen versuchten während der Schwangerschaft, so aktiv wie möglich zu bleiben, um ihre Kraft und Energie auf ihr ungeborenes Kind zu übertragen. Die schwangere Frau soll Steine oder Erdklumpen, die auf ihrem Weg liegen, beiseite kicken, um damit symbolisch alle Entbindungshemmnisse wegzuräumen und eine leichte Geburt zu haben. Wenn sie irgendwohin geht, soll sie nie auf halbem Wege kehrtmachen, weil sonst die Entbindung mittendrin ins Stocken kommen könnte. Tabu ist für sie auch, Rentierfett zu essen, weil es ihr im Magen dick werden oder »gefrieren« und dann den Embryo an der Innenwand der Gebärmutter festkleben könnte. Korjakinnen legen bei der Geburt eine stoische Ruhe an den Tag und schreien und stöhnen nie. Ich hatte gelesen, daß sie Spinnen äßen, wenn sie sich ein Kind wünschten, aber irgend jemand erklärte das für Unsinn, weil Spinnen heilig seien und nicht gegessen werden dürften.

Bei den an der Küste lebenden Korjaken gab es früher die Institution der Gruppenehe, die bis zu zehn Paare einschloß und diesen Ehegatten – meist Angehörige derselben Großfamilie, Brüder ausgeschlossen – Rechte auf alle übrigen Partner einräumte, wenn sie die verschiedenen Lager besuchten. Die Tschuktschen hatten eine ähnliche Regelung. Davon profitierten auch die ersten russischen Händler, die bei ihnen auftauchten. Sie bekamen eine Tschuktschenfrau für die Nacht angeboten, nachdem der Gastgeber ihr Lager vorher mit so vielen Biber-, Fuchs- und Marderfellen bedeckt hatte, daß die Händler für ihre Geschenke an Eisen, Wasserkesseln und Tabak genug an Gegenwert erhielten. Diesen Brauch gibt es heute nicht mehr, wohl aber Reste davon: Wenn der älteste Sohn stirbt, erwartet man von seinem nächstjüngeren Bruder, daß er dessen Witwe heiratet und für sie und ihre Kinder sorgt. Sollte er selbst schon verheiratet sein, hat ein jüngerer Bruder oder ein Cousin oder Neffe einzuspringen. Wenn die Frau viel älter ist als ihr neuer Ehemann, darf der noch um eine junge werben, um sie als Zweitfrau heimzuführen. Bei den Itelmen gab es eine Norm, wonach die Witwe vor ihrer Wiederverheiratung mit einem Dritten, vorzugsweise einem Fremden, sexuell verkehren mußte, um sich für die neue Ehe zu reinigen. Wenn die Frau alt war, fand sie natürlich nur schwer einen Freiwilligen. Das änderte sich, als die Kosaken kamen, die nur allzugern aushalfen, wie Krascheninnikow schreibt.

Ich sah der jungen Larissa beim Tanzen zu. Sie wackelte mit dem Hintern und kreischte anzüglich – ein unanständiger Sketch über eine junge Frau, die sich entscheiden muß, welchen ihrer beiden Bewerber sie heiraten soll.

Ich fragte meine Platznachbarin, ob die korjakischen Männer wirklich so furchtbar eifersüchtig seien. Ich hatte gelesen, daß sich die verheirateten Frauen so abstoßend wie möglich herrichteten – ständig mit ungekämmten Haaren, ungewaschenen Füßen und Händen und in abgetragener Kleidung herumliefen –, um ja keinen Anlaß zur Eifersucht zu geben. Unglücklicherweise war eben diese Frau, wie ich jetzt feststellte, ganz besonders ungekämmt und fett wie ein Faß; außerdem schielte sie auf beiden Augen. Sie bestritt heftig, daß ihr Mann eifersüchtig sei. Vielleicht hatte er auch keinen Grund dazu. Sicherheitshalber fügte sie hinzu, daß die Leute sich im Winter natürlich nicht sehr oft waschen würden und eben abgetragene Kleidung anhätten, weil sie nichts Neues bekämen.

Als der Helikopter auftauchte, um uns abzuholen, war das Konzert noch in vollem Gange. Es hatte erst spät begonnen, weil Nikolai für seine Rede zweimal so lange gebraucht hatte wie sonst. Also straffte man die letzten Tänze, ließ Ausschmückungen weg, stellte die Pointen in den Vordergrund. Bei der Szene mit dem Hubschrauber, der nutzlose Gaben bringt, mußten die Leute so schrecklich lachen, daß ihnen die Tränen die Backen hinunterliefen.

Theoretisch – Nikolai konnte sie ja nicht ausbezahlen – verdienten die Hirten zweitausend Rubel monatlich, ein gutes Gehalt im Vergleich zu dem anderer landwirtschaftlicher Arbeiter in Staatsdiensten. Selbst Juri verdiente nur sechstausend Rubel im Monat, was mir absurd vorkam, da er einer der erfahrensten Piloten Kamtschatkas war. Leitende Ärzte, Dentisten und Bergleute kamen bis auf achttausend Rubel. Nadja verdiente als Lehrerin fünftausend, weil sie einen Universitätsabschluß hatte und Überstunden machte. Die Gehaltserhöhungen, die sie bekämen, sagte sie, seien ja schön und gut, hielten aber mit der Inflation nicht Schritt. Im vergangenen Jahr hätten sich die Gehälter verdreifacht – die Preise aber verzehnfacht. Juri nannte die Rubelscheine »Bonbonpapierchen«, weil sie so bunt und wertlos seien.

Während wir zu Abend aßen, ging die Hubschrauberbesatzung ihre Maschine auftanken. Ich biß versehentlich auf einen Knochen, daß es knirschte. Ich mußte unbedingt aufpassen, mir auf Kamtschatka keinen Zahn abzubrechen, damit ich nicht auch solche Metalldinger verpaßt bekäme wie alle anderen hier! Die Ärztin erzählte, die Kinder hätten schwache Zähne, weil es ihnen an Vitaminen mangle; aber wenigstens bekämen sie wilden Knoblauch, halbgares Fleisch und Blutsuppe zu essen, eine Kost, die Zahnverfall verhindern helfe. Die traditionelle Form von Zahnpasta heißt »Baumtränen«. Das ist eine Art Harz, das man mit einem brennenden Streichholz erwärmt, bis es in eine Schüssel voll Wasser tränt, die dann zum Kochen aufs Feuer gestellt wird. Nach dem Abkühlen kaut man ein kleines Stück davon. Es ist so scharf wie Pfeffer und schmeckt harzig.

Auf dem Weg von Lager A zu Lager B überflogen wir eine weite Ebene. Sie war mit den Hufspuren der Rentierherden übersät, die dort gegrast hatten. Diesmal begannen die Mädchen sich laut und deutlich zu räuspern, als Nikolai Anstalten machte, seine Redezeit zu überziehen. Ich war ganz in meinen ersten Versuch vertieft, aus dem Inhalt von Rentierdärmen und Blut ein Gericht zuzubereiten. Man läßt das Gemisch ein paar Tage lang stehen, bis es sauer wird, und stellt es dann auf ein Regal im Freien, damit es gefriert. Wieder aufgetaut, ist es wie italienischer Käse, allerdings von recht bitterem Geschmack. Ich erkundigte mich, ob die Leute ihre Rentiermilch in irgendeiner Form konsumierten. Nicht oft, hieß es, sie sei zu fetthaltig. Ein anderes Gericht besteht aus dem sauren bzw. verfaulten Inneren von Fischköpfen. Sie werden halbiert, mit frischem Kaviar bedeckt, in einen Glaskrug getan, der so lange in einem warmen Loch aufbewahrt wird, bis sie schlecht werden, d. h. gegessen werden können.

Im Wohnheim von Saoundra war nicht mehr Platz für uns alle, aber zum Glück gab es noch eine zweite Pension. Daß dieser Ort überhaupt existierte, war schon erstaunlich genug, aber noch erstaunlicher, daß er gleich zwei Gästehäuser hatte. Saoundra war kleiner als mein Heimatdorf. An der Kreuzung hatten ein paar Kinder eine Eisburg gebaut, und nicht weit davon stand ein kleiner Schneemann, einer der wenigen, die ich bislang gesehen hatte. Aber Nadja sagte, das sei kein Schneemann, sondern eine *Sneknaja-Baba*, eine Schneefrau.

Lisa fing sich eine Erkältung ein und gab sie an uns alle und wahrscheinlich auch an viele der Hirtenfamilien weiter, die für jeden per Hubschrauber übertragenen Bazillus empfänglich sind. Einen Tag lang ging es mir fürchterlich, ich konnte keinen klaren Gedanken mehr fassen, so dick war mein Kopf, und meine Nase lief ununterbrochen. Mein Vorrat an Toilettenpapier war begrenzt. Ich hatte mir für Kamtschatka zwar etwa hundert Filmrollen, aber nur drei Rollen Klopapier eingepackt. Ich fühlte mich einen Tag lang hundeelend, hatte kaum noch für irgend etwas Interesse, nicht einmal fürs Fliegen, merkte aber dann doch auf, als wir an einem Schamanenberg vorüberflogen.

Schamanenberge sind heilig. Dieser hier, in der Nähe von Slautnoje, wird wegen der alten, versteinerten Holzflöße verehrt, die in der Nähe seines Gipfels liegen sollen und Kamtschatka seinen Platz in der Legende von der Sintflut zuweisen. Niemand weiß, wer diese Fahrzeuge einst gebaut hat. Es soll sich aber um Katamarane aus zwei etwa vier Meter langen, durch Querstangen verbundenen Baumstämmen handeln. Angeblich finden sich solche Floßreste auf mehreren Bergen Nordkamtschatkas. Leider war der, über den wir jetzt flogen, schneebedeckt, so daß wir nichts ausmachen konnten.

Als wir in Oklan landeten, um dort zu übernachten, wandten wir eine neue Taktik an: Statt wie früher nach dem Aussteigen gleich vom Hubschrauber wegzulaufen – und dabei die eisigen Schneewirbel mit voller Wucht ins Gesicht zu bekommen –, blieben wir unter den Rotoren in Deckung, wo es sehr viel weniger zieht, bis der Hubschrauber aufgestiegen war und davonflog.

Der Generator des Dorfes war ausgefallen, aber Juri brachte ihn wieder in Gang. Da es hier kein Hotel oder Gästehaus gab, verteilten wir uns auf mehrere Familien. Hier war Lisa geboren und aufgewachsen, so daß sie jeden kannte.

Trotz des allgegenwärtigen Kohlenstaubs, der den Schnee schmutzig machte und sogar die Hunde ergrauen ließ, war Oklan ein anziehender Ort. Seine Existenz verdankte er dem Goldbergbau. Jedes der kleinen Holzhäuser stand für sich, einige waren von einem eingezäunten Garten, alle von viel freiem Platz umgeben. Es machte mir noch immer großen Spaß, über die nur wenige Zentimeter aus dem Schnee ragenden Gartenzäune hinwegzuschreiten, die erst nach der Schneeschmelze im Frühling zu wirklichen Barrieren werden würden. Nachdem wir Lisas weitverzweigte Familie kennengelernt hatten, gingen wir alle in den Dorfladen. In jeder Siedlung gibt es so einen Laden, und die ganze Truppe hatte den meisten von ihnen einen Besuch abgestattet. Ich hatte mich da eher herausgehalten, weil ich das Einkaufen hasse, nicht über die Gutscheine verfügte, die man für die Staatsläden benötigt, und von dem, was da auf den halbleeren Regalen stand, beim besten Willen nichts gebrauchen konnte. »Mangel« war das bei den Russen gängige Wort zur Erklärung all diesen leeren Raums. Und es mangelte an allem.

»Wie soll man den Kindern Kleidung nähen oder ein Kleid flicken, wenn man keine Nadel kaufen kann?« fragte Lisa.

»Ein ganzes Jahr lang war in den Läden unserer Stadt nicht eine Zahnbürste zu haben«, warf Larissa ein und fügte hinzu: »Wie fändest du das, wenn du nur ein Paar Schlüpfer im Jahr kaufen könntest?«

Im Laden von Oklan gab es drei Kleider, ein paar Hosen für Jungen, Plastikblumen, Käsereiben, Seife, Spülbürsten, zwei Sorten Wasserhähne, ein Rohrverbindungsstück, einen Autoscheinwerfer, verschiedene Gartenwerkzeuge, einen Volleyball, Jägerskier, Gummistiefel, Schlittschuhe und noch ein paar Dinge mehr. Alles, was ich eventuell hätte brauchen können, war in Juris Augen schlechte Qualität und altmodisch. Aber meine Gefährten kauften ein, als ob Weihnachten vor der Tür stünde. Ich rechnete die Rubelpreise im Kopf um und stellte fest, daß die Skier anderthalb Dollar und die Schlittschuhe achtzig Cent kosteten. Ich dachte die ganze Zeit, ich hätte die Preise falsch gelesen. Die Mädchen kauften Angelhaken und Zangen, Raspeln und Litzen, während die Männer Reißverschlüsse erstanden und sich über die Farben von Knöpfen den Kopf zerbrachen. Danil kaufte rollenweise Elektrokabel, um sein Haus ans Stromnetz anschließen zu können, und Pjotr einen Sack Plastikplanen für sein Gewächshaus.

Nadja, Juri und ich aßen bei Freunden von Lisa zu Abend. Sie hatten einen gefrorenen toten Wolf vor der Feuerstelle liegen. Er sah wie ein großer, zum Schlafen zusammengerollter Hund aus. Unser Gastgeber Wolodja sagte, als er vom Fischen zurückgekommen sei, habe er zwei tote junge Wölfe gefunden. So wie er die Sache verstand, hatte der eine der beiden einen Vielfraß zur Strecke gebracht und dann seine Beute gegen den anderen verteidigen müssen. Dabei hatten sie sich gegenseitig den Garaus gemacht. Er hatte den einen Kadaver Freunden geschenkt und den anderen seiner Frau mitgebracht, damit sie das Fell zu Mützen verarbeite. Sie war eine gute Mützenmacherin. Die letzte hatte sie aus den Daunen eines Leibit-Schwans gemacht, den die Rote Liste Rußlands, die solche Dinge registriert, als geschützte Art führt. Er lebt den Sommer über in der Tundra. Aber für eine Mützenmacherin ist ein toter Leibit ein Geschenk des Himmels.

Der Wolf würde ein paar Tage brauchen, um aufzutauen. Er besaß einen dunkleren Pelz als der, den ich neulich gesehen hatte. Das liege daran, sagte Wolodja, daß es sich um ein junges Tier handelte. Ich fragte, ob sie auch das Fleisch verwendeten; aber er meinte, es rieche normalerweise so schlecht, daß selbst die Katze es verschmähe.

Die Wölfe sind für ihre Schläue berühmt. Wolodja beschrieb mir, wie sie in die Zeltlager hereinkriechen und so tun, als ob sie Hunde wären, damit sie Futter bekommen. Oder wie sie sich unter Felsen verbergen und tarnen, wenn man sie jagt, und wie sie ihre Beute mit dem Blick ihrer seltsamen Augen hypnotisieren. Eine bei den Korjaken weitverbreitete Geschichte erzählt von einem Wolfsrudel, das eine Rentierherde in einen Hohlweg hetzte, der zu einem steilen Abhang führte. Dann teilte sich das Rudel. Die eine Hälfte drängte die Rentiere zum Fuß des Abhangs hinunter, während die andere in einer schnurgeraden Linie quer über den oberen Hang rannte, um dessen Schneedecke zu durchbrechen und eine Lawine auszulösen. Die Rentiere wurden verschüttet und tiefgefroren. Als der Schnee nach und nach abschmolz, wurde eine Kadaverschicht nach der anderen freigelegt, und die Wölfe hatten so einen Fleischvorrat, der den ganzen Winter vorhielt.

Wolodja gab Internatskindern Tanzunterricht, in traditionellen Korjakentänzen ebenso wie in Ballett, und seine Frau kochte für die Schüler. Als wir uns nach dem Abendessen noch unterhielten, ließen sie nebenher Kassetten mit Korjakenmusik laufen. Ihr Rhythmus, der an das Hämmern eines Zuges auf losen Gleisen erinnerte, ließ mich schläfrig hin und her schaukeln.

Von Oklan flogen wir durch ein Tal in die Berge hinein, um die sich unzählige vereiste Bäche schlängelten. Sie würden sich bei der Schneeschmelze alle in schäumende Wildwasser verwandeln. Dann ließen wir die Berge hinter uns und flogen über eine endlose Ebene, die völlig unbewohnt war. Ich fragte Juri, ob er je eine Panne gehabt habe.

»O ja, wir haben schon oft in der Wildnis übernachten müssen, sogar im Winter. Deshalb ist der Hubschrauber auch mit Schlafsäcken und Lebensmitteln für drei Tage ausgestattet, alles da, bloß keine Stewardeß.«

Er erzählte mir eine lehrreiche Geschichte von einem Mann, der sich bei einer solchen unfreiwilligen Übernachtung mit einem Mückenschutzmittel einreiben wollte, sich aber aus Versehen, weil von den jeweiligen Tuben die Etiketten abgegangen waren, das Gesicht mit Gummikleber einschmierte. Als seine Gefährten ihn am nächsten Morgen sahen, waren sie entsetzt: Was sie vor sich hatten, war das verrunzelte und verschrumpelte Gesicht eines Hundertjährigen! Als der Rettungshubschrauber endlich eintraf, mußte der arme Mann schleunigst ins Krankenhaus geflogen und dort mit Spiritus gesäubert werden.

Der Abschied von Juri würde mir schwerfallen, aber das war heute sein letzter Tag mit uns. Er ging in Urlaub und würde noch an diesem Abend durch einen anderen Piloten abgelöst. Wir legten in dem Dorf, in dem Danil aufgewachsen war, eine Pause von fünf Minuten ein und flogen dann zu einem aus vier Zelten bestehenden Lager mit dem unromantischen Namen »Hauptbasis«. Es war die

Basis der Rentierhirten und bot mir erstmals Gelegenheit, das vielseitigste Geschöpf des hohen Nordens – die Antwort der Tundra auf das Kamel – näher in Augenschein zu nehmen.

Als Juri, Nadja und ich beschlossen, einen Tag lang eine Rentierherde zu hüten, gingen wir davon aus, daß zumindest einer der Hirten uns Gesellschaft leisten würde. Aber wir waren kaum gelandet, da kletterten sie schon allesamt in den Hubschrauber und verkündeten, sie seien auf dem Weg zum Konzert. »Fühlt euch ganz wie zu Hause, macht es euch gemütlich«, meinten sie nur. Vor dem Zelt standen ein paar Rennschlitten und ein Stapel Eisblöcke, ihr Wasservorrat. Ihre einfachen Holzskier und ihre Schneeschuhe mit der aus Walroßriemen geflochtenen Trittfläche hatten sie zu Wigwams zusammengestellt, damit sie nicht unterm Neuschnee verlorengingen.

Im Zelt brannte ein gemütliches Feuer, und das Teewasser war schon heiß. Wir fanden auch ein paar Lassos aus gedrillter Walroßhaut; sie verjüngen sich zum Schlaufenende hin und haben einen Drahtknoten, der der Schlinge das nötige Gewicht gibt. Juri zeigte mir, wie man sie aufrollt. Dann steckten wir ein Geweih in den Schnee und übten mit dem achtzehn Meter langen Lasso. Wir schafften einige Beinahe-Treffer.

Nicht weit von uns graste die Herde. Als wir auf sie zugingen, wichen die meisten Rentiere, die ja ungezähmt waren, zurück. Aber ein paar Zugtiere kamen uns zu begrüßen und rieben ihre schneeverkrusteten Schnauzen an unseren Händen; von ihren Barthaaren baumelten Eisklumpen. Wir trieben den Rest der Herde zurück. Aber die Tiere ließen sich nicht beirren und drangen ins Lager ein, wo dann zwei von ihnen einen leeren Salzsack entdeckten, von dem sie nicht mehr lassen wollten. Als Nadja, die sich während der ersten Stunde hinter uns versteckt und gesagt hatte, sie habe Angst vor den Rentierkühen, endlich mit ihrem Theater aufhörte, mußte sie das Salz bewachen. Sie schlug jedesmal wild mit den Armen um sich, wenn sich die Tiere näherten. Ich konnte nur einen Schnappschuß von ihr machen, dann fror meine Kamera ein.

Die Herde war ständig in Bewegung und zog mit Glockengeläut

im Kreis herum. Nur wenige der Tiere besaßen noch ihr Geweih, die meisten hatten es entweder abgeworfen oder für die *Pantui*-Gewinnung hergeben müssen. Rentiere sind Paarzeher (wie Rinder) und kommen im Schnee hervorragend zurecht, weil ihre Hufe an der Unterseite leicht gekerbt sind. Außerdem berühren beim Auftreten auch ihre zwei hornbedeckten Afterzehen, die an den Fesselgelenken sitzen, den Boden. Beim Gehen machen die Rentiere ein charakteristisches, klapperndes Geräusch, das durch eine Bewegung von Sehnen zustande kommt, nicht, wie man früher dachte, durch Zusammenschlagen der gespreizten Hufe. Sie rufen einander mit einem seltsamen, kehligen *Urg! Urg!* Wie die Schafe, so drängt es auch die Rentiere immer zur Herde, die von bestimmten alten Kühen angeführt wird. Für uns gab es hier wenig zu tun, solange die Herde nicht auseinanderlief oder von Wölfen bedroht wurde.

Während Nadja das Mittagessen zubereitete, sprach Juri über die Kollektivierung. Die Bauern Zentralrußlands seien mit der Waffe des Hungers in die Kolchosen gezwungen worden. Die Bauern als Landeigentümer? Das sei für den Kommunismus ganz und gar inakzeptabel gewesen. Stalin habe den Hunger als Mittel benutzt, ihren Widerstand zu brechen. Seine fünfundzwanzigjährige Schrekkensherrschaft habe schätzungsweise fünfzig Millionen Menschen das Leben gekostet, eine schier unglaubliche, aber wohl zutreffende Zahl.

Der sanfte Juri war früher Leiter einer kommunistischen Jugendgruppe gewesen. »Wir trugen alle rote Halstücher und mußten in jedem Aufsatz ein paar Zeilen Lenin zitieren.«

Es sei ein militanter und militaristischer Kommunismus gewesen. Man habe den Leuten erzählt, sie seien von einer Welt von Feinden umgeben, und habe das Land in ein einziges Militärlager verwandelt. Arbeitslosigkeit habe es nicht gegeben, weil das Militär alle überschüssigen Arbeitskräfte aufsaugte. Aber um diese Streitkräfte zu beschäftigen, habe Rußland sich Feinde aufbauen müssen. »Man hat uns gelehrt, vor euch Westlern Angst zu haben, aber auch Mitleid mit euch, wegen eurer Arbeitslosigkeit, euren hohen Preisen und Steuern.« Sie hätten geglaubt, ihr Land habe den höchsten Lebensstandard der Welt.

Wie kam es zu dieser Selbsttäuschung? Sie seien eben durch die Propaganda hinters Licht geführt worden. »Das Ganze baute auf einer Lüge auf, die besagte, in fünf Jahren sei alles besser. Die Perestroika hat die Seifenblase zum Platzen gebracht, beziehungsweise dafür gesorgt, daß der Schock gemildert wurde, als sie dann platzte. Als Gorbatschow erkannte, daß der Kommunismus tot war und die Partei vor dem Zusammenbruch stand, tischte er uns neue Versprechungen auf und setzte wertvolle Devisen zur Finanzierung seiner Pläne ein. Wir halten nichts mehr von Gorbatschow. Auch von Jelzin nicht. Zuerst hat er gesagt: keine Steuern. Da war er ein Held für uns. Aber dann hat er auf alle Waren eine Steuer von dreißig Prozent eingeführt.«

Nadja faßte zusammen: »Vor ein paar Jahren dachten wir, die Lage sei schlecht, aber jetzt ist sie noch schlechter. Und wer weiß, was die Zukunft bringt? Als wir unsere Helden von einst als Schurken entlarvten, haben wir die Vergangenheit verloren, an die wir geglaubt hatten. Jetzt haben wir keine Vergangenheit und auch keine Zukunft mehr. Die Geduld ist Teil unseres Nationalcharakters, aber vielleicht sind siebzig Jahre genug.«

Als wir im Pilotenheim von Talowka abstiegen, kam es mir so vor, als ob wir schon mal dort gewesen wären, denn es war wirklich genauso gebaut wie das in der vorhergehenden Siedlung. Am nächsten Morgen besuchten wir den Direktor der Rentier-Sowchose, die wir besichtigen wollten, in seinem Büro. Sie ist eine von elf Sowchosen im Korjakischen Autonomen Gebiet und besitzt einen langen, schmalen Streifen Land, der in der Nähe von Manily beginnt und sich über die ganze Landenge bis zur Ostküste Kamtschatkas erstreckt. Ihr gehören 14 500 Rentiere, die in sechs Herden zusammengefaßt sind, von denen eine jede ihre eigene Migrationsroute hat. Die Herden sind den Winter über an der Westküste und beginnen Ende Mai ihre zweimonatige Wanderung zur Ostküste, wo es weniger Stechmücken gibt und wo sie durch fleißiges Meerwassertrinken aufgebaut und in Form gebracht werden. Ich dachte an Nikolais »Ich kann euch nicht bezahlen«-Ansprache und fragte den Direktor nach seinen Problemen. Er hob etwas ratlos die Hände.

»Wenn wir einen Abnehmer für unser Fleisch fänden, könnten wir unsere Arbeiter bezahlen. Wohin aber können wir frisches Rentierfleisch verkaufen? Dieses Jahr werden wir viertausend Tiere schlachten – und am Ende vielleicht einen Großteil des Fleisches wegwerfen müssen. Früher hat der Staat unser ganzes Fleisch aufgekauft, aber nun wurde die Abnahmemenge halbiert, wegen der unerschwinglichen Transportkosten. Trotzdem sind wir gesetzlich verpflichtet, unsere Herdengröße zu halten.

Wir haben keine Konservenfabriken und Tiefkühlanlagen, keine wirtschaftlich interessanten Verarbeitungs- oder Transportmöglichkeiten. Es gibt weit und breit nicht eine große Stadt! Bis nach Petropawlowsk sind es fünfzehnhundert Kilometer. Nordkamtschatka hat weder einen internationalen Handelsflughafen noch einen internationalen Seehafen. Die Transsibirische Eisenbahn müßte um die Hälfte verlängert werden, um uns zu erreichen. Flugzeuge können bei uns nicht landen, nur Hubschrauber, aber für Fleisch wäre die Luftfracht viel zu teuer.

Der Staat kauft uns das Fleisch für zwölf Rubel pro Kilo ab. Das haben sie uns jedenfalls bisher bezahlt. Wenn man die Transportkosten und die vielen Steuern dazurechnet, kommt man auf einen Endpreis, den kein Russe mehr bezahlen kann. Und alle diese Preise steigen ständig, außer dem Abnahmepreis für unser Fleisch. Der Staat hat uns Ausgleichszahlungen versprochen, und das über drei aufeinanderfolgende Regierungswechsel hinweg, aber davon haben wir nie auch nur einen Rubel gesehen. Wir müssen ihnen glauben, daß sie ihr Wort halten werden. Was bleibt uns denn anderes übrig, als weiter an die Lügen zu glauben?«

Ich brachte den japanischen Markt im Süden ins Spiel.

»Der Export nach Japan ist am leichtesten«, räumte er ein. »Die Japaner kaufen schon jetzt so viel Fisch, wie Kamtschatka verkaufen kann. Aber an unserem Fleisch haben sie kein Interesse. Und alles, was über die Zentralregierung läuft, wird auf jeder Zwischenstufe mit hohen Steuern und Abgaben belegt. Der Verwaltung dieser Sowchose ist es gelungen, Pantui im Wert von einer Million Rubel an japanische Pantocrin-Hersteller zu verkaufen. Aber das Geld, das haben wir nie bekommen.«

Er schloß resigniert: »Der Staat hat uns gesagt, wir sollten uns neue Märkte erschließen. Aber wir haben keine Kontakte, keine Erfahrungen in dem Geschäft und kein Konzept. Während der letzten siebzig Jahre hat es bei uns keinen freien Markt gegeben, und wir haben seit langem vergessen, wie man Handel treibt. Im nächsten Monat findet in Moskau ein Sonderkongreß statt, auf dem alle diese Probleme diskutiert werden sollen. Aber wir werden nicht hinfahren, weil wir die Fahrtkosten nicht bezahlen können.«

Bevor ich ging, bat ich ihn um seine Visitenkarte, aber er lachte nur und fragte, unter welchem Namen sein Land wohl heute laufe.

Auf dem Rückflug nach Palana gerieten wir in einen Schneesturm. Mit einer Sichtweite von nur zwanzig Metern tasteten wir uns, ständig unter Kliffhöhe und nur knapp über dem aufgebrochenen Meereis, an der Küste entlang.

Außer mir kehrten nun alle nach Hause zurück. Nadja war glücklich darüber, beteuerte aber immer wieder, wie sehr sie die Tour genossen habe. Sie erinnerte sich an den Buchtitel *Zehn Tage, die die Welt erschütterten* und sagte, auch ihre Welt sei jetzt nicht mehr dieselbe wie zuvor. Ich bewunderte Nadja inzwischen. Sie aß jetzt das ganz normale korjakische Essen und hatte all die schrecklichen Ängste, Unsicherheiten überwunden, von denen sie zu Beginn unserer Reise geplagt worden war. Ich hatte in der vergangenen Nacht von uns beiden geträumt: Wir standen mit zwei Kamelen am Rande einer riesigen Schneewüste. Ich schlug vor, auf unseren Tieren durch diese Wüste hindurch zu reiten, und sie antwortete: »Ich bin bereit.« Als ich ihr jetzt meinen Traum erzählte, erwiderte sie: »Ja, natürlich wäre ich bereit.«

Nadja kehrte in das Itelmendorf Tigil zurück. Alle anderen aber wohnten in Palana. Ich würde sie also wiedersehen, denn ich hatte vor, Palana während der nächsten beiden Wochen als Basis für meine Reisen zu benutzen.

3 Palana

In Palana wohnte ich bei der dicken Taja zur Pension, einer reizenden, fetten Russin, einer Riesin von Frau, die mir bei unserer ersten Begegnung nicht etwa die Hand schüttelte, sondern mich in die Arme nahm und abküßte. Sie nahm mich zu sich nach Hause, bemutterte mich und war wie eine Freundin zu mir. Ihr Heim war eine dieser Standardmietwohnungen, die alle nach demselben Schema gebaut waren. Taja meinte, das solle Ausdruck von gesellschaftlicher Gleichheit sein. Die Zimmer waren klein. Als wir in der Küche an einem winzigen Tisch am Fenster zu viert zum Mittagessen Platz genommen hatten, konnten wir uns kaum mehr bewegen, so eng war es. Aber das Essen war köstlich. Taja ließ ein paar Scheiben Schweineschmalz zergehen, um Schalotten und große Stücke frisches Rentierfleisch zu braten, die wir mit rotem Heidelbeersaft und Wodka hinunterspülten. Wowa, ihr Mann, war zum Fischen gegangen. Er fange selten etwas, meinte sie, probiere es aber immer wieder von neuem.

Taja litt an Krampfadern und war daher in ihrem Aktionsradius eingeschränkt, zog aber im Sommer vor dem Küchenfenster Gemüse und hatte in meinem Zimmer ein paar Töpfe mit Schnittlauch stehen, von dem sie oft eine Handvoll abschnitt, kleinhackte und mit der Bemerkung »Viitamiiiene« über unsere Suppe streute, weil es ja bis zum Sommer kein frisches Gemüse in Palana gebe und der Sommer hier viel zu kurz sei, um mit Erfolg Gemüse anzubauen. Sogar das Mehl für ihr Brot wird importiert.

In ihrem Zimmer bewahrte die dicke Taja das eingemachte Obst und Gemüse vom letzten Jahr auf. Alle Schränke waren bis oben voll mit Einmachgläsern, von denen die meisten, dank Tajas sicherem Geschmack, wundervolle Leckereien enthielten, Maroschka etwa, süße gelbe Tundrabeeren, die wie Guaven schmecken, oder Brusnika, eine rote Heidelbeere, sowie Vogelbeeren, die nach dem ersten Frost am besten sind. Taja hatte die seltene Kniznika am liebsten, die wie eine purpurrote Himbeere aussieht. Köstlich sind auch die Dschumelis, die Beeren eines Geißblattgewächses, das Kamtschatka-Traube genannt wird und mit seinem dunklen Schimmer die herbstlichen Wiesen wie mit einem blauen Schleier überzieht. Im Herbst sammeln hier alle Beeren, so viele Eimer und Körbe voll, wie sie für die kargen Wintermonate verarbeiten und lagern können.

Als damals meine Freunde und Bekannten in England von meinem Entschluß erfuhren, nach Kamtschatka zu reisen, warnten sie mich, daß ich dort im Spätwinter nichts als verfaulten Fisch zu essen bekäme. Was für eine abschreckende Vorstellung! Und dann hatte ich noch in einem Buch gelesen: »Wenn es März wird und die Kamtschadalen ihre ganzen Fischvorräte verzehrt haben, beginnen sie die Fische zu essen, die sie normalerweise an ihre Hunde verfüttern.« Aber die dicke Taja und ihr genauso dicker Mann Wowa schienen einen Großteil ihrer Zeit mit Essen zu verbringen. Sie aßen zu Abend, wenn er um sechs Uhr nach Hause kam, und dann nochmals um neun, und manchmal gab es um Mitternacht noch ein richtiges Festmahl. Während unseres Gesprächs fuhrwerkte Taja ständig in der Küche herum und holte irgendwelche Krüge und Gläser aus dem Kühlschrank und sagte, hier, probier das doch mal.

Es schneite kräftig. Am Abend schlug Taja vor, gemeinsam ins *Banjo* zu gehen, und bat mich, aus ihrem umfangreichen Sortiment neckischer Schrubb-Artikel ein paar Sachen einzupacken: eine Raspel, um die Haut aufzufrischen, ein langes Band mit Holzkugeln, Birkenzweige und etwas, das wie ein Bündel Därme aussah. Im Banjo erhielten wir ein Badetuch und gingen dann in einen Umkleide- und Ruheraum. Wir zogen uns aus und begaben uns in einen warmen, dampferfüllten Raum mit Steinfußboden und großen metallenen Wassereimern. Um mich im Dampf nicht zu verirren, folgte ich einfach Tajas nackten Formen.

Sie führte mich zu einer kleinen Sauna mit stufenförmig angeordneten Holzbänken, auf denen sich viel schwitzendes, schwabbeliges Fleisch drängte. Ihre bunten Wollmützen hatten die Frauen immer noch auf dem Kopf, einige saßen sogar mit vollem Make-up da.

Es war beruhigend für mich, hier die geschmeidigen Formen von Lisa, Taja und Inna aus der Tanzgruppe zu entdecken. Man machte uns Platz und redete mir gut zu, mich auf die alleroberste Bank zu setzen. Ich taufte die Ränge »Nigeria«, »Kamerun«, »Kongo« und »Gabun« – in aufsteigender Reihenfolge – und arbeitete mich langsam bis »Gabun« empor, wo es unerträglich heiß war. Daß den Leuten diese Schwitzerei gefällt, kann ich mir nur mit Masochismus erklären; sie sind alle verrückt. Nach mehreren Saunagängen – inklusive gegenseitigem Auspeitschen mit Birkenzweigen, Duschen, Einseifen, Abspritzen mit dem Kaltwasser-Hochdruck-Strahl, ein paar Tassen Kräutertee, einer Honig-Gesichtsmaske und einer Salz-Ganzkörperfriktion – war ich wie betäubt und ließ mir schließlich noch für zwanzig Rubel eine Massage verpassen.

Der Masseur arbeitete nach der Akupressurmethode. Durch sanften Druck auf meinen Ellbogen befreite er mich von meinen hartnäckigen Kopfschmerzen. Und gegen den Husten, die Ursache allen Übels, rieb er mir eine Salbe namens »Roter Stern« (wie Tigerbalsam) an verschiedenen Körperstellen ein. Bei Fieber, sagte er, solle man die oberen Rückenwirbel massieren, bei Stirnhöhlenproblemen die Stelle zwischen den Augenbrauen, und gegen Müdigkeit und Erschöpfung helfe, sich die Nase eine Minute lang mit Wodka einzureiben, und zwar so fest, daß man vor Schmerz aufschreie.

Zu Hause gab Taja mir vier Stapel Photos zum Anschauen. Sie zeigten ihr einziges Kind, eine junge Frau von inzwischen einundzwanzig Jahren, die sechs Monate zuvor geheiratet hatte und weggezogen war. Ein Bild, auf dem das Brautpaar zu sehen war, wie es, ohne die Hände zu Hilfe zu nehmen, in einen großen Brotlaib biß, erregte meine Neugier.

»Ein russischer Brauch«, erklärte Taja. »Danach zünden sie auf dem Boden, neben einer Schüssel voll Wasser, ein Feuer an und springen durch einen Reifen.«

Nach den Photos stürzte sich Taja mit großem Vergnügen auf meinen Sprachführer: »Wünschen Sie eine Dauerwelle? Möchten Sie sich die Haare färben oder blau tönen lassen?« Ich konnte es mir aussuchen. Sie hatte früher als Friseuse und Kosmetikerin gearbeitet. Ich hielt bei »kosmetische Gesichtsbehandlung« inne. Und schon zauberte sie einen Topf mit einer Mixtur aus Ginsengsamen und Öl hervor, mit der sie mir mit sanftem Druck Schlangenlinien aufs Gesicht malte. Das war sehr entspannend.

Es wurde Mitternacht, bis wir ins Bett gingen. Die ganze Nacht über wütete ein Schneesturm. Um sieben Uhr morgens wurde ich durch ein paar Hunde und Raben geweckt, die sich um irgendwelche Knochen zankten. Raben sind nützliche Aasfresser, töten aber auch die Jungen anderer Vögel und machen sich im Herbst über die Gänseeier und -küken her. Raben sind kluge Tiere. Die Leute hier sagen, sie könnten zählen, und natürlich wird man ihnen, wenn man ein Korjake ist, nicht zu nahe treten.

Ich beobachtete die Raben durch einen Riß im Store. Taja zeigte lachend auf den Riß und die Löcher in den Ärmeln ihres Kleides. Es hatte einmal – das war viele Jahre her – lange Ärmel gehabt; als die Manschetten durchgescheuert waren, kürzte sie die Ärmel auf Ellbogenlänge. Jetzt würde sie wieder mit der Schere drangehen, ein kurzärmliges Kleid daraus machen und dann, wenn die Ärmel vollends abgetragen wären, ein ärmelloses. Das Problem sei nicht, daß die Sachen zu teuer wären, sondern daß es sie schlicht und einfach nicht gebe. Die Lebenshaltungskosten stiegen auch, aber zumindest hielten sich die Mieten noch in vernünftigem Rahmen. Tajas Wohnung kostete fünfzehn Rubel monatlich; für ein Haus hätte sie hier in Palana nur fünf Rubel mehr bezahlen müssen.

Heute war ein kirchlicher Feiertag, auch wenn es in Palana keine Kirche gab. Wie Taja sagte, war es eine Sünde, an diesem Tag schlecht über jemanden zu reden oder normale Hausarbeiten zu erledigen, wie etwa den Boden aufzuwischen. Da ich im Banjo erfahren hatte, daß Alexandra, Tajas Nachbarin, den Skilift von Palana unter sich hatte, nutzte ich den Tag auf meine Weise und ging Ski fahren.

In der Hütte unten am Skihang suchte ich mir ein Paar ziemlich kurze Skier aus, da ich etwas aus der Übung war. Für den Aufstieg gab es einen Schlepplift, ein Drahtseil mit einem Anker dran, den man sich zwischen die Beine schob. Und schon ging es los – aber die Balance nicht verlieren! Alexandra hänselte mich, weil ich so wakkelte und den Anker losließ, bevor wir ganz oben waren. Sie machte kehrt und sauste mit einem »Fahr mir nach!« an mir vorbei und den Hang hinunter. Sie war ehemalige Olympiateilnehmerin, Sportlehrerin und sowjetischer Slalom-Champion des Jahres 1965. Der Skihang von Palana war ihr Kind, ein Projekt, das sie mit einer kleinen Finanzspritze der Regionalregierung aufgebaut hatte. Inzwischen besaß sie eine gutgehende Skischule für hundert bis hundertfünfzig Kinder. Die Piste war schmal und mit Baumstümpfen und aus dem Schnee ragenden Ästen übersät. Ich erreichte mehr schlecht als recht den Fuß des Abhangs, fuhr wieder hinauf und hielt diesmal irgendwie bis zum Liftende durch. Aber das sollte ich gleich bereuen, denn der obere Hangabschnitt war ein steiles Chaos aus Schneebuckeln, Matsch, Ästen und Felsbrocken. Ich stürzte oft bei dieser Abfahrt, sprang aber gleich wieder hoch, fuhr schnell weiter und hoffte nur, daß ich Alexandra nicht erzählt hatte, ich könne Ski fahren. Im Laufe dieses Morgens wurde mir klar: Wenn einer hier mit seinen Skiern zurechtkam, dann brauchte er nirgendwo mehr Angst zu haben. Als ich mittags durchgefroren und kleinlaut nach Hause kam, rührte Taja mir einen Löffel Spezial-Geißblatt-Marmelade in den Tee, um mir eine Freude zu bereiten und mich aufzumuntern.

Am Nachmittag ging ich mit Juri und seinem Sohn auf einen Angelausflug. Wir hatten Jägerskier untergeschnallt und jeder einen Schlitten mit unserer Ausrüstung im Schlepptau. Einen Schlitten zu ziehen, ist im Prinzip recht einfach, wird aber schwieriger, wenn man auf Skiern dahingleitet und das Seil einen bei jedem Schritt nach hinten reißt. Bergauf ging es ja ganz gut, aber bergab wurde es heikel, weil ich dann den Schlitten mit meinen Stöcken ständig daran hindern mußte, mich zu überholen. Juri fuhr ohne Stöcke, weil ein Jäger ja beide Hände für seine Flinte frei haben muß.

Wir machten an einer Stelle halt, wo der Fluß sich zwischen erlenbestandenen Inseln hindurchschlängelte. Als erstes mußten wir unsere Skier vom Schnee reinigen, da er sonst anfrieren würde und später nur schwer zu entfernen wäre. Dann bohrten wir ein paar Löcher ins Eis. Anstelle des Knirschens und Krachens, das die Bohrer im trockenen Eis an »der Flußbiegung des Alten Mannes« von sich gegeben hatten, erzeugten sie jetzt ein feuchtes, schlabbriges Geräusch. Als die Fische immer noch nicht anbeißen wollten, zündete Juri ein Feuer an, um Tee zu kochen. Der kam mir sehr gelegen, ebenso wie der Imbiß aus Brot und Kaviar, den wir auf dem aus umgedrehten Skiern improvisierten Campingtisch ausbreiteten. Auf Kamtschatka wird der Kaviar nicht hauchdünn auf einen Toast gestrichen wie bei uns, sondern mit dem Löffel gegessen. Obwohl von allen »Kaviar« genannt, handelt es sich dabei in Wirklichkeit um Lachsrogen, rote und etwa erbsengroße Körner. Er hat nicht die Qualität des schwarzen Kaviars, dafür aber auch nicht dessen Preis. Hier kostete er nur 250 Rubel pro Liter (etwa vier Mark). Anderswo in Rußland war er teurer, vor allem in der Ukraine und in Weißrußland, wo er als angebliches Mittel gegen Strahlenschäden gegessen wird.

Als wir nach Palana zurückkamen, setzte ein Schneesturm ein, der dann die ganze Nacht und auch den folgenden Tag über tobte. Er konnte uns jedoch nicht im Haus halten, weil ich mir nämlich unbedingt ein Paar hüfthohe Gummi-Watstiefel kaufen wollte und die dicke Taja ihre Haushaltsbesorgungen nicht verschieben konnte. Palana brüstet sich, gleich mehrere Läden zu besitzen. Aber die staatlichen Geschäfte hier waren genauso leer wie die im Norden. Wir nahmen zuerst die Lebensmittelläden in Angriff. Sie sind die leersten von allen, haben aber sofort ganze Schlangen von Leuten vor der Tür, wenn sie mal irgend etwas geliefert bekommen. Wir kauften *Gorbi-Bush-Huhn*, das wir einem Deal mit Amerika verdankten, aber teurer bezahlen mußten als staatliches Fleisch.

Taja zog ständig Bündel von *Talons*, Lebensmittelgutscheinen, aus der Tasche und zeigte sie mir, während wir uns nach Brot anstellten. Die monatliche Zuteilung pro Person betrug derzeit 50 Gramm Tee, 500 Gramm Reis, 1 Kilo Zucker, 500 Gramm Butter, 500 Gramm Mehl, 300 Gramm Zwieback, eine halbe Tafel Schokolade, 200 Gramm Pralinen, 200 Gramm andere Süßigkeiten, ein kleines Paket Waschpulver (für drei Monate) und eine Tube Shampoo (für sechs Monate). Eier waren keine *Talon*-Ware, daher war ihr Stückpreis auch von einem halben Rubel vor der Perestroika bis auf einundzwanzig heute geklettert. Dieses Couponsystem war auf Kamtschatka nun schon seit zweieinhalb Jahren in Kraft. Allerdings waren bestimmte Dinge, Zucker beispielsweise, schon vorher rationiert gewesen, wenn auch weniger streng. Mit diesen Coupons kann man zu staatlichen Preisen einkaufen: das Kilo Kalbfleisch 60 Rubel; Schweinefleisch 80 Rubel; Rindfleisch 50 Rubel. Wenn einem die Coupons ausgegangen sind, kann man in den privaten Läden zu höheren Preisen einkaufen. »Kamtschatka gibt sein Gold und seinen Kaviar für Coupons her«, sagten ein paar der über die steigenden Preise empörten Schlangensteherinnen. Es war irgendwie komisch, die Frauen, die mir zuletzt im Banjo nackt gegenübergesessen hatten, nun dick vermummt zu sehen. Sie erinnerten sich alle an mich; ich hatte dagegen Mühe, sie einzuordnen. Auf welcher dampfumwogten Bank hatten sie gesessen?

Mein Russisch machte sich zwar, war aber immer noch recht elementar. Manchmal schrien die Leute mich an, weil sie mich für schwerhörig hielten. Die einfachste Lösung für mich war dann, ihnen meinen Sprachführer zu überreichen. Aber der war auch keine sehr große Hilfe, weil er für die Geschäftsleute und deren Gattinnen geschrieben war, die Moskau besuchten. Als ich die Wörter, die ich suchte, auch diesmal nicht fand und nur meine Zeit damit vertat, ein paar so deplazierte Kapitel wie »Vom Flughafen zum Hotel«, »Beim Friseur« und »Ein Abend in der Oper« durchzuackern, verlor ich die Geduld und riß die Hälfte der Seiten aus dem Buch. »Nein, wirf sie nicht weg«, bat Taja, und tatsächlich waren alle ganz erpicht auf diese nutzlosen Blätter – etwas, das man sich ansehen konnte. Was Palanas Buchladen betrifft, nun, ich ging auf einen Sprung hinein, während Taja in der Schlange blieb, fand aber weder eine Postkarte noch irgendeinen modernen Roman, sondern nur altmodische Lehrbücher und veraltete Erbauungsliteratur.

Frischen Fisch bekamen wir nur, weil Tajas Freundin, die in einem Fischgeschäft arbeitete, für uns ein bißchen zur Seite getan hatte. Das Kaufhaus, in dem wir nach Watstiefeln suchten, hatte nicht ein Paar vorrätig. Das Sortiment an Haushaltsartikeln bestand aus drei Modellen von Lampenschirmen und zwei Sorten Vorhangstoff. »Siehst du nun, wie wir leben?« explodierte Taja. »Warum sich überhaupt Gedanken übers Einkaufen machen? Es gibt ja doch nie etwas!«

In einem privaten Geschäft fanden wir einen ganzen Stapel von Watstiefeln; ein Paar kostete mich 125 Rubel.

Danach saßen wir am Küchenfenster und tranken Tee. Ein Bekannter Tajas leistete uns dabei Gesellschaft. Als er ging, verwechselte er den Ausgang mit der Tür des Vorratsschranks und marschierte voll in diesen Schrank hinein, der mit all den Sachen bis obenhin vollgestopft war, die wegzuwerfen Taja nicht übers Herz gebracht hatte, von der überzähligen Winterkleidung und den Gläsern mit noch mehr Beeren ganz zu schweigen. So begann all das von den Schrankbrettern herabzufallen, als der arme Kerl mit schamrotem Gesicht aus der Küche stürzte und durch die Wohnungstür verschwand.

Taja sagte, Inflation und Arbeitslosigkeit hätten, im Vergleich zu kommunistischen Zeiten, zu einer unglaublichen Zunahme der Einbruchsdiebstähle geführt. Aus der Wohnung des Banjo-Assistenten hätten sie alles, aber auch alles mitgenommen, sogar seinen Wintervorrat an Konserven; aber seine Nachbarn würden alle zusammenlegen und ihm abgeben, was sie erübrigen konnten.

Die dicke Taja hatte ihr Badezimmer neu gekachelt. Es war als nette Überraschung gemeint, bescherte uns aber durch die Ausdünstungen des frischen Kitts einen quälenden Husten. Das schien mir der richtige Moment, um nach Lesnaja weiterzuziehen, einem hundertzwanzig Kilometer weiter nördlich gelegenen Pelzhandelsdorf, das in den Handelsbeziehungen zwischen Küsten- und Rentierkorjaken als Güterumschlagplatz eine wichtige Rolle spielte. Meine Reisegefährten, mit denen ich mir einen *Buran* und einen normalen Schlitten teilte, waren der Trapper Jena und sein Freund Juri Z, der die Schule von Lesnaja leitete und behauptete, etwas Englisch zu sprechen, dem ich aber nur mit großer Mühe folgen konnte.

Als wir aufbrachen, tobte ein Schneesturm. Der Tag entwickelte sich zu einer Mischung aus Farce und Alptraum: Wir verirrten uns immer wieder im *Whiteout*, brachen durch Eisbrücken, taumelten in Schneeverwehungen hinein und hätten fast noch in der Wildnis übernachten müssen. Bei diesem fürchterlichen Sturm spürte ich zum erstenmal, wie gemein diese Kälte weh tun kann, die sich auch durch meine drei Schichten von Pelzbekleidung nicht abhalten ließ! Es war vielleicht gut, daß ich damals noch nichts von dem Tod der drei Menschen wußte, die zwei Monate zuvor auch mit dem Motorschlitten zwischen Palana und Lesnaja unterwegs gewesen waren, auch in so einen Schneesturm gerieten und seither verschwunden waren.

Als sich am Abend das Licht davonstahl und das undurchdringliche Weiß blau wurde, stoppte Jena den Buran, kramte ein Stück Draht hervor und machte sich an eine provisorische Reparatur unseres Scheinwerfers. Wie würde die Dunkelheit bei einem Whiteout aussehen? Vor der nächsten, halb eingestürzten Eisbrücke hielten wir gar nicht erst an. Wir schlugen bloß ein Kreuz, bevor wir über den verbliebenen, einen Meter breiten Abschnitt fuhren, und quälten uns dann durch tiefen Pulverschnee den anderen Uferhang hinauf. Als der Motor heißlief, packte Jena einfach Schnee drauf. Uns ging langsam der Treibstoff aus. In diesem Gelände schluckte der Motor einfach zuviel.

Spät am Abend kämpften wir uns endlich nach Lesnaja hinein. Ich übernachtete bei Jena. Während der folgenden Tage lernte ich eine Menge einheimischer Trapper kennen. Die Männer von der Küste tauschten ihren Fisch und ihren Walroß- und Walspeck gegen Rentierfelle, indes ich im Tresorraum der Jagdabteilung in einem Pelzstapel wühlte – Nerz, Hermelin, Zobel, Rotfuchs, Vielfraß und Luchs –, bei dessen Anblick die Einkäufer von Harrods in London glänzende Augen bekommen hätten. Die kleineren Nerzfelle, sowohl die vom gewöhnlichen wie die vom gelben Nerz, der auf Kamtschatka fast weiß ist, waren wie winzige Briefumschläge aufgeklappt. In einem Schuppen wurden gerade Bärenfelle gesäubert und dann zum Gerben in Bottiche voller Wasser und Rindenlohe getaucht, um anschließend erneut abgekratzt und geschmeidig gemacht zu werden. Ein Jäger, der in fünf Jahren fünfzig Bären erlegt hatte, erzählte mir, er bekomme für ein Fell 106 Rubel (knapp ein Dollar). Wie konnte er für 106 Rubel einen Bären töten? Aber so sinnlos, wie mir das vorkam, so sinnlos kam ihm meine Frage vor. Vielleicht hatte ich auch bei Juris sehr inadäquater Dolmetscherei etwas falsch verstanden. Sehr viel wertvoller ist hingegen die Galle des Bären, die von den Japanern und Koreanern als Mittel gegen Magenbeschwerden geschätzt wird. Momentan lag der Grammpreis bei 50 Dollar, und so ein Bär hat durchschnittlich 50 Gramm Gallenflüssigkeit. Wie lange, fragte ich mich, würde es dauern, bis man die Bären für Dollars ausgerottet hatte?

Juri Z verkörperte ein Zehntel der russischen Minorität Lesnajas, die ihrerseits ein Zehntel der Einwohnerschaft Lesnajas darstellte. Er verachtete alles Korjakische aus tiefstem Herzen, schimpfte, wie schmutzig die Korjaken seien, und mißbilligte mein Interesse an ihnen. Eines Tages schleppte er mich gewaltsam zu seiner Schule. In einem großen Klassenzimmer hämmerte seine Frau auf einem Klavier herum und trällerte dazu ein russisches Lied, während ihre fünf Schüler mit gelangweiltem Blick ins Leere starrten. Als ich erschien, zwang sie fünf von ihnen, mir etwas vorzusingen. Sie verzogen das Gesicht, um die Noten zu treffen, und runzelten vor lauter Konzentration die Stirn. In anderen Klassenzimmern blickten Kinder in häßlicher Standardkleidung ausdruckslos auf ihre Bücher. An Schulbüchern und Schulmaterial schien kein Mangel zu herrschen. Die Klassenzimmer waren luftig und mit archäologischen Funden aus der Region, wie etwa altsteinzeitlichen Beilen, geschmückt. Die Lehrer gaben sich gewiß Mühe, bei ihren Schülern Interesse zu wecken. Ich erteilte den höheren Klassen ein bißchen Englischunterricht und bekam viele Fragen über das Leben in England gestellt. Juri beklagte die erschreckend hohe Rate von Schulversagern – die Kinder lehnten es einfach ab, kleine Russen zu werden. Es komme nur selten vor, daß eines die Hochschulreife erlange.

Jena borgte mir ein Paar schmaler Tourenskier, und dann fuhren wir zu einer heiligen Stätte auf einem Bergsattel. Die Wollfäden oder kleinen Stoffbänder, die an den Zweigen der Bäume dort befestigt waren, zeigten, wie heilig dieser Platz für die Korjaken noch immer war. Jena bat mich, die Augen zu schließen und die Luft ganz tief einzuatmen. Bevor wir gingen, meinte er, sollten wir eine Opfergabe darbringen. So nahm jeder von uns ein Streichholz, polierte es und warf es in Richtung auf den Felsen hinter uns. »Das ist eine Macht, die älter ist als wir«, sagte Jena. »Wenn du hier ein Pendel über den Boden hältst, wird es ausschlagen und sich im Kreise drehen.«

Am Nachmittag sah ich mir Lesnaja etwas näher an. Es steht über einem felsigen Abhang an einem Fluß, ist aber nicht mehr als eine langweilige Ansammlung von Holzbauwerken, kleinen Einfamilienhäusern und ein paar Mietskasernen. So machte ich mich zum Fuß des Felsens auf, wo ein paar Dutzend Schlittenhunde angepflockt waren, und zwar so, daß jedes Tier gerade außerhalb der Reichweite des nächsten war. In der Nähe standen ein paar Pfahlhütten, in denen das Fischfutter für die Hunde gelagert wurde. Dort traf ich einen Korjaken, den seine Freunde »Lenin« nannten. Er erklärte sich bereit, mich am nächsten Tag zu einem – von den Behörden offiziell geräumten – Dorf namens Kinkil mitzunehmen. Theoretisch sollte da eigentlich niemand mehr wohnen, da alle korjakischen Einwohner Kinkils auf behördliche Anordnung umgesiedelt worden waren. Lenin mixte gerade in einem Faß Hundefutter. Die Zutaten: kleine halbverfaulte Fische und eine übelriechende Soße. Zu dieser Fischpampe gab er noch Brocken von Robbenfleisch. Das Ganze sah fürchterlich aus. Aber die Hunde gierten danach und sprangen vor Aufregung in die Luft. Juri tauchte mit mißbilligendem Blick auf, half mir aber bei meinen Verhandlungen mit Lenin.

An diesem Abend gingen Jena, seine Frau Vera und ich zu Juri zum Essen. Ellen hatte sich mit dem Kochen gewaltige Mühe gegeben. Auf unseren Tellern häuften sich Leckereien wie Tomaten, Erbsen und Büchsenananas, die hier normalerweise für ganz besondere Anlässe gehortet werden. Vera aß kaum etwas, sie stocherte nur mit der Gabel auf ihrem Teller herum. Sie empfand offensichtlich eine so tiefe Abneigung gegen Ellen, daß sie sogar deren Essen ablehnte. Aber als der Nachtisch kam, war es vorbei mit ihrer Zurückhaltung. Dem matschigen Kuchen mit Beerenbelag konnte auch sie nicht widerstehen. Jeder von uns, Vera eingeschlossen, nahm sich drei Portionen. Aber was sollte ich mit dem Sirup anfangen, mit dem man mir den kleinen Teller füllte? Die anderen aßen ihn mit dem Löffel, also rührte ich ihn in meinen Kaffee, mit dem er sich ganz gut zu vertragen schien.

Juri beschloß, Dias vorzuführen. Ich bestand darauf, daß er Bilder über Kamtschatka zeigte, weil ich wußte, daß dann die Show garantiert nicht lange dauern würde. Um zwei Uhr morgens waren wir wieder zu Hause.

Es schneite heftig, als ich aufwachte. Aber das schreckte Lenin nicht ab. Er tauchte bald darauf mit seinen acht Hunden auf, deren Geschirr von vielen Schnurstückchen zusammengehalten wurde. Wie üblich wollten alle sichergehen, daß ich warm genug angezogen war. Sie zogen mir Kleidungsstücke ihrer Machart über, weil sie für meine modernen Sachen nur Verachtung übrig hatten. Dabei hätte ich die gern wieder einmal angezogen, aber den Leuten war es lieber, wenn ich nach ihrer Façon selig wurde.

Wir setzten uns rittlings auf den Schlitten und ließen das Dorf in hellem Aufruhr zurück, weil unser Gespann – acht knurrende, bellende und zähnefletschende Wüteriche – auf jeden fremden Hund, der in sein Blickfeld geriet, Jagd machte. Es war der Rudelinstinkt, der sie auf jeden potentiellen Herausforderer hetzte, und seinetwegen hätten wir auch fast einen Baum zwischen die Hörner unseres Schlittens genommen. Das Gespann verhedderte sich fürchterlich in der Zugleine. Wir konnten aber erst daran denken, sie wieder zu entwirren, als das letzte Haus hinter uns lag. Als wir dazu anhielten, ging einer der Hunde mit einem Satz auf seinen Nachbarn los, ein kleines schwarzes Hündchen, das sich auch gleich duckte und die Unterwerfungsstellung einnahm, während der ältere drohend knurrte. Das Hündchen war neun Monate alt und dabei, sich einzuarbeiten. Lenin spannte es neben einen ältlichen Hund mit braunem geflecktem Fell, und dann fuhren wir wieder los. Sein bestes Tier, sagte Lenin, sei Taiga, eine klug bis gerissen aussehende Vierjährige, die zu seinen Leithunden gehörte. Sein ältestes Tier war der liebenswürdige, neun Jahre alte Adam.

Schlittenhunde bildet man ab dem sechsten Lebensmonat aus, indem man sie mit erfahrenen Hunden zusammenspannt. Das leichtsinnige, noch unerfahrene Hundegesindel läuft in der Mitte und der faulste direkt vor dem Schlitten. Lenins Gespann war eine bunte Mischung aus Laikis und Laiki-Trapper-Kreuzungen. Er hatte einen sehr lebendigen und geräuschvollen Fahrstil, sprach ständig zu den Hunden und lenkte sie mit einer Serie von Schnalzlauten, Rabenschreien, Schneehuhnrufen, Pfiffen, Grunzern und Wörtern mit Stakkato-Endungen: *Zit, Omnitzah* (kluger Junge), *Periot* (noch mal!). Und zwischendrin redete er darüber, wie die

Welt zu verbessern sei, und über all die großen und kleinen Probleme der Jäger und Trapper. Das war auch der Grund, weshalb man ihn Lenin nannte: weil er der Welt vorschreiben wollte, wie sie sich zu drehen habe.

Wir überquerten eine zugefrorene Flußmündung und fuhren dann an der Küste entlang, wobei wir das eisbedeckte Meer ständig in Sichtweite behielten. Das war immer noch das Ochotskische Meer, was soviel wie »Jägermeer« heißt. Bei Reisen übers Meereis, machte Lenin klar, fahre man besser mit dem Hundegespann als mit dem Buran, weil die Hunde spüren, fühlen könnten, wo das Eis gefährlich sei. Der flache Strand dehnte sich aus zu einer Ebene, aus der sich ein paar Küstenberge erhoben. Auf dem höchsten der drei Berge, die vor uns lagen, hätten sich einmal Korjaken und Itelmen eine Schlacht geliefert, sagte Lenin; die Schädel der Gefallenen seien noch heute auf dessen Gipfel aufgeschichtet.

Es schneite immer noch in großen Flocken. Die Pfoten unserer Hunde verklumpten sich zunehmend mit Eis. Wir hielten an, um nochmals zwei von ihnen umzuspannen, und stellten dabei einen roten, Chow-Chow-ähnlichen Hund neben das schwarze Hündchen. Lenin erklärte, daß er sie oft von einer Seite auf die andere wechseln lasse, damit ihre Muskeln nicht einseitig ermüdeten.

Plötzlich brauste uns ein anderer Schlitten entgegen. Als die beiden Gespanne zum Stehen kamen, waren die Nasen der jeweiligen Leithunde nur noch einen Meter voneinander entfernt. Es schien keine klare Regel dafür zu geben, wie wir aneinander vorbeizufahren hätten. Einige Hunde knurrten und wollten kämpfen. Der andere Mann blieb sitzen und wartete darauf, daß Lenin sein Gespann um ihn herum manövrierte. Lenin brüllte Taiga an, die auf der linken Seite lief, und dann glitten wir mit viel Geschrei vorbei. Wenn sich ein Hunde- und ein Rentiergespann begegnen, kommt es manchmal zu Blutvergießen: Die Hunde können die Rentiere in Stücke reißen. Aber Lenin meinte, hier gebe es glücklicherweise keine Rentiergespanne. In den Küstenebenen habe man genug Fisch für die Hundegespanne, und erst weiter im Landesinneren, wo es keinen billigen Fisch gebe, würden Hunde unpraktisch, übernähmen die Rentiere deren Aufgabe.

Bald darauf schlug Lenin mir vor, mal das Lenken auszuprobieren, und so tauschten wir die Plätze. Der Großteil des Gespanns schien gut zu ziehen. Aber ein Biest von einer verschlagenen Hündin wurde jedesmal langsamer, wenn sie sich unbeobachtet wähnte. Alle anderen Zugseile waren straff, und hangabwärts verfiel das Gespann in einen schönen Galopp. Nachdem ich über einige Kilometer Lenins Kommandolaute imitiert hatte, probierte ich die »Schneller-schneller«-Laute. Als der Schlitten so dahinzischte, mußten wir uns manchmal an einer Seite hinauslehnen, um seine Kippbewegungen auszugleichen. Plötzlich kam Adam, der älteste Hund, zu Fall. Der Chow-Chow hinter ihm sprang über ihn hinweg, Lenin griff nach der Bremsstange, und wir beide warfen unser ganzes Gewicht nach links, als der Schlitten herumschleuderte und die Hunde mit einem Ruck zum Stehen brachte. Um dem alten Adam zu helfen, hakte Lenin dessen Halsband an einem zweiten Seil ein, so daß er mittrotten konnte, ohne ziehen zu müssen. Das Halsband des schwarzen Hündchens band er so am Hauptseil fest, daß es nach vorne blicken mußte und gar nicht erst versuchen konnte, sich umzudrehen.

Als wir landeinwärts, in Richtung auf die Küstenberge abbogen, zeigte Lenin auf eine dünne Stelle im Meereis und sagte, dort habe vor Jahren einmal ein Wal das Eis durchstoßen und sei dann an Land geschwommen, um zu sterben – zur großen Freude der hiesigen Fischer. Aus irgendwelchen unerfindlichen Gründen stranden in regelmäßigen Abständen immer wieder Wale an den Küsten Kamtschatkas. Manche Leute meinen, sie würden durch Magnetpole, geheime Radarsender oder durch die von U-Booten ausgesandten Ultraschallwellen desorientiert und daher mit der Küste kollidieren.

»Du Großer Fisch, Krieger du im Kettenhemd, so riesig wie ein Land im Meer, wir können dir nicht helfen«, zitierte Lenin einen hiesigen Dichter.

Die Küstenkorjaken feiern alljährlich ein Walfest. Die Idee dabei ist, daß der Geist des getöteten Wals ins Meer zurückkehrt und ihnen im nächsten Jahr einen neuen Wal bringt. Wenn der Geist des Wales wie ein guter Gast behandelt wird, bringt er vielleicht sogar mehrere seiner lebenden Verwandten. Also gibt man ihm auf seine

Reise symbolisch eine Wegzehrung mit, die meist aus Pudding besteht.

Wir fuhren nun mit dem Rücken zum Sturm, so war er leichter zu ertragen. Dafür wurde die Schneedecke matschig, was die überschäumende Begeisterung unserer Hunde ebenso dämpfte wie die Schneeverwehungen, durch sie sich hindurchkämpfen mußten. Wir hielten oft an und ließen sie verschnaufen. Dann wälzten sie sich wie toll vor Freude auf dem Rücken und schaufelten sich das Maul voll Schnee, um ihre Zunge zu kühlen.

Weit hinten tauchte Kinkil auf, ein paar verschneite Dächer und alte hölzerne Vorratshütten auf Stelzen. Wir kamen an einem kleinen, vernachlässigten Friedhof mit Holzkreuzen vorbei. Dort seien wohl Ewenen beerdigt, meinte Lenin, denn die Korjaken verbrannten ihre Toten. Vor der Einäscherung durchbohrten sie den Leichnam mit einem Dolch, um sicherzugehen, daß er wirklich tot sei, und bedeckten dann sein Gesicht mit Ruß, damit er die Lebenden nicht mehr sehen könne. Nach der Feuerbestattung gingen sie im Zickzack und ohne sich umzudrehen zu ihren Hütten zurück, um den Geist des Verstorbenen abzuschütteln. Zu Hause nahmen sie die Glut aus der Feuerstelle des Toten und schütteten sie vor die Tür. Dann räucherten sie sein Haus aus, um alle verbliebenen Geister zu ersticken und zu verhindern, daß die Hauptseele des Toten zurückkehre. Neben seiner Hauptseele (*Ujitschit*) besitzt ein Korjake noch eine zweite Seele, den Atem (*Wujitschi*), und eine dritte, den Schatten (*Wujil-Wujil*). Die Hauptseele wandert noch eine Zeitlang auf der Erde umher, bevor sie ins Jenseits eingeht.

Lenin erzählte, einige alte Leute aus Kinkil seien einfach gestorben, als sie ihr Dorf auf Anordnung der Behörden verlassen sollten. Zur selben Zeit seien in dieser Gegend noch zwei Dörfer geräumt worden; in eines von ihnen kehrten aber nun wieder ein paar Menschen zurück.

In Kinkil standen nur noch fünf Holzhütten; der Dorfladen war ein Jahr zuvor eingestürzt. Hier wohnte jetzt niemand mehr als der alte Maxim und seine Frau.

Zu unserem gemeinsamen Mittagessen trug jeder seinen Teil bei: Ich hatte etwas gefrorenes Rentierfleisch aus Talowka mitgebracht,

Lenin stellte den Tee und den Zucker, Maxim ein bißchen geräucherten Lachs. Maxim erzählte, sie hätten sich mit Robbenfleisch und Robbentran mehr schlecht als recht durch den Winter gebracht; den Tran brauche er auch, um seine Stiefel zu imprägnieren. Im Fluß könnten sie nicht mehr angeln, weil das Eis dort drei Meter dick sei, viel zu dick für den Bohrer. Und seit er einmal in einem Hungerwinter das Fleisch eines von ihm erlegten Bären gegessen habe, sei seine Gesundheit nicht mehr gut. Die meisten kamtschadalischen Bären sind von Trichinen befallen. Der Verzehr von rohem oder ungenügend gekochtem, trichinösem Fleisch ruft beim Menschen eine schwere Parasiteninfektion, die Trichinose, hervor, die seine Eingeweide, insbesondere die Leber, schädigt. Wenn die Trichinenlarven über die Blutgefäße ins Hirn gelangen, kann es zu einer Hirn- oder Hirnhautentzündung kommen, häufig mit Wahnsinn und Tod als Folge. Bei Maxim hatten sich die Würmer schon in Herz und Lunge breitgemacht.

Wir spannten die Hunde an, und ich lenkte wieder. Lenin sagte: »Gib ihnen mal ein paar Befehle auf englisch!« Also munterte ich sie britisch auf, mit »Trot on«, »At-a-boy« und »Gidd-i-up« (»Weiter so«, »Was für ein Kerl«, »Schneller, schneller«). Wir hielten ein gutes Tempo und legten dreimal einen anständigen Galopp vor. Das heizte den Hunden ordentlich ein. Sobald wir die Fahrt verlangsamten, legten sie sich auf den Rücken und wälzten sich herzhaft im Schnee. Wir spielten ihnen kleine Streiche, um sie auf dem letzten Stück anzutreiben – der Schrei: »Ein Hase, da läuft ein Hase« überlistete ihre Müdigkeit allemal –, und so zogen sie uns begeistert nach Lesnaja zurück.

Am nächsten Tag machte ich mich wieder mit Lenin auf den Weg, um ein Hirtenlager zu besuchen. Wir fuhren durch dichten, tief verschneiten Wald und gelangten dann in offenes Waldland, das man Waldtundra nennt. Wir kamen schnell voran, und ich hatte keine Probleme mit dem Lenken, außer einmal, als Max Ali biß. Max greift unweigerlich jeden Gespannachbarn an. An diesem Punkt flog ein Hubschrauber knapp über uns hinweg, und ich konnte gerade noch erkennen, wer uns da aus einer Luke so begeistert zuwinkte: Es war die dicke Taja, die von den örtlichen Behörden aus ihrem Vorruhestand gerissen und zum Haareschneiden in die abgelegenen Lager der Rentierhirten abkommandiert worden war.

Wir fanden unser Lager in einer Birkenlichtung. Alle jungen Männer, die nicht völlig vom Alkohol benebelt waren, kamen heraus, um uns zu begrüßen. Es war eine deprimierende Szene. Sie schimpften wild auf die Russen und sagten immer wieder, wie sehr sie sie haßten. Aber während sie herumgrölten, sah ich an den Etiketten der leeren Flaschen, daß sie Kölnisch Wasser getrunken hatten, wie sie das hier oft tun, wenn der Wodka ausgegangen ist. In dem ganzen verkommenen Lager gab es nichts Frisches zu essen. Man bot uns ein bißchen Fisch an, der eindeutig verfault war. Zum Abschied schenkten sie mir ein Jagdmesser mit einem Renhorngriff und ich ihnen eine Mundharmonika. Einer spielte darauf, während ein anderer unfreiwillig den Beweis für die Schärfe des Messers lieferte, indem er sich damit in den Finger schnitt, worauf alle ihm halfen, die Wunde zu verbinden.

Wir fuhren durch offenes Hügelland weiter. Lenin lenkte. Als wir über den Kamm eines Hügels glitten, entdeckten die Hunde in nur etwa hundert Meter Entfernung drei Rentiere und begannen sofort zu kläffen und an ihrem Geschirr zu zerren. Lenin behielt sie im Griff, bis eines der unseligen Geschirrflickschnürchen riß und der übellaunige Max freikam. Wie ein Blitz schoß er hinter den flüchtenden Rentieren her, die ständig einbrachen und sich durch den tiefen Schnee kämpften, während Max auf dem Harsch nur so dahinflog. Lenin und ich zogen die Bremsen an und versuchten verzweifelt, die restlichen sieben Hunde zu halten. Aber dann ging alles sehr schnell. Während ich mich mit meinem ganzen Gewicht auf den Bremsstock lehnte, rannte Lenin hinter Max her, der inzwischen dem Rentier auf den Rücken gesprungen war. Das brach zusammen, kam wieder auf die Beine, schüttelte den Hund ab und hetzte weiter. Meine sieben Hunde heulten und jaulten und zerrten an dem Schlitten. Ich klammerte mich an den Stock.

Das verfolgte Rentier war jung, keineswegs stark, und hatte dem Jagdinstinkt und der Erfahrung dieses alten Hundes nicht viel entgegenzusetzen. Mit dem zweiten Sprung warf Max das Rentier in den Schnee und biß ihm die Kehle durch. Das war nun wirklich zuviel für die Leithunde! Sie legten sich seitlich ins Geschirr und zogen ruckartig am Schlitten. Ich klebte immer noch an der Bremse, aber die war nur dazu gedacht, die Vorwärtsfahrt zu bremsen. Der seitliche Ruck riß sowohl mich wie den Stock vom Boden, und sofort schloß sich die ganze Meute der Jagd an. Die nutzlose Bremse in der einen Hand, klammerte ich mich mit der anderen am Schlitten fest. Immer schneller wurde ich über den Boden geschleift, meine Kleidung füllte sich mit Schnee, die Hunde bellten. Auf einem verharschten Stück gab mein Arm nach, und ich ließ los.

Ohne mir die Zeit zu nehmen, mir den Schnee aus dem Gesicht zu wischen, rannte ich den Hunden nach, so schnell ich in meiner unbequemen Kleidung nur konnte, den Bremsstock noch immer in der Hand. Auch Lenin jagte hinter dem Schlitten her. Er brüllte, schrie und befahl Taiga, anzuhalten, und endlich wurde sie langsamer. Die Hunde tobten durcheinander. Ihre Zugleinen waren völlig verheddert, als ich sie erreichte. Ich sprang auf den Schlitten, bohrte den Bremsstock wieder ein und schnappte nach Luft. Dann kam Lenin. Von Max und dem Rentier keine Spur. Als wir schnell über den Hügelkamm zurückfuhren, sahen wir Max noch immer an seiner Beute zerren. Diesmal gelang es Lenin, Max einzufangen, während ich es gerade noch schaffte, die anderen sieben im Griff zu behalten.

Als wir ein paar Stunden später nach Lesnaja zurückfuhren, ließ Lenin mich wieder lenken. Genau vor mir auf dem Schlitten lagen die Gedärme und der Magen des Rentiers, und bei jeder Erschütterung schlitterte und schleuderte das Gedärm schleimig umher. Wenn so ein paar Darmschlingen vom Schlitten glitten und durch den Schnee schleiften, mußte ich sie schnell einfangen, bevor sie unter die Kufen kamen. Jeder Knick in dem wieder aufgehäuften Darm bewirkte, daß noch mehr von seinem Inhalt über meine Beine quoll. »Das ist nur verdautes Gemüse«, tröstete ich mich. Zum Glück hatte Lenin den Hirten nichts für das tote Rentier bezahlen müssen. Sie hatten ihm sogar dessen Magen zum Geschenk gemacht; das Fleisch würde in ihre Vorratshütte wandern. Lenin hatte sie wohl gehörig angepfiffen und ihnen gesagt, was für nichtsnutzige Hirten sie seien. Als Jährling hätte das Rentier dreißig Kilo wiegen müssen, es kam aber nur auf magere zwanzig Kilo. Es war einfach unterernährt, weil die Hirten keine Lust gehabt hatten, die Herde zu einer frischen Weide zu treiben. Als wir wieder in Lesnaja waren, schnitten wir das Gedärm den Hunden in ihr Futter.

Lenin sagte, wir bräuchten für die Rückfahrt nach Palana zwei zusätzliche Schlittenhunde. Die würden wir uns vom Postboten borgen, einem Herrn Billows Nakent, den wir gleich aufsuchten. Billows ging jeden Monat einmal mit dem Hundeschlitten auf seine achthundert Kilometer lange Post-Tour. Bei gutem Wetter, sagte er, schaffe er die Landenge im Norden der Halbinsel in zwei Tagen. Herr Nakent, fünfundsechzig Jahre alt, war sein ganzes Leben lang Postmeister gewesen. Er hatte auch das örtliche Fernsprechamt unter sich, mit seiner Frau als Stellvertreterin. Seine Tochter verkaufte in einem Kiosk Briefmarken, konnte mir aber vor lauter Schüchternheit nicht sagen, was sie kosteten. Ich schrieb ein paar Postkarten nach Hause und hätte gern gewußt, wann sie wohl ankommen würden.

Ich hatte mir bei dem einen oder anderen Schnee- und Schweißbad eine Erkältung und einen Husten geholt. Lenin bestand darauf, daß ich »Goldene Wurzel« trank. Er nahm mich zu sich nach Hause, wo er sie dann sogleich zubereitete, indem er sie schabte und zerkleinerte und mit Wasser aufbrühte. Dieser Tee schmeckte wie Tintenfisch, aber Lenin schwor, daß er jede Krankheit heile, und ließ mich ein paar Tassen davon trinken. Bei der vierten wurde ich sehr lustig. Bei der fünften führte ich die vier Bewegungen des Hololo-Tanzes vor, komplett mit Trommelbegleitung. Alle fünf Töchter Lenins machten mit. Am nächsten Morgen wachte ich mit einem fürchterlichen Schädel und einem noch schlimmeren Husten auf.

Der Nachtfrost hatte nicht ausgereicht, um die Schneedecke fest werden zu lassen. Da es für die lange Schlittenfahrt nach Palana zu matschig war, hielt ich nach einem alternativen Transportmittel Ausschau.

Am Abend zuvor war ein *Wezdehod* angekommen, aus dem nun ein paar Fenster und Baumaterialien für ein neues Geschäft abgeladen wurden. Ein Wezdehod ist ein panzerähnliches Geländefahrzeug mit Raupenketten, das es fast mit jedem Terrain aufnehmen kann. Der Fahrer sagte, er breche in ein paar Stunden wieder nach Palana auf und habe noch genug Platz für mich. So nutzte ich den Vormittag, um mich zu erholen, sicherlich die einzige Aktivität, zu der ich fähig war. Mein Kopf dröhnte bei jeder Bewegung, mein Gehirn wurde von einem Schraubstock zerquetscht. Vera meinte, die »Goldene Wurzel« erhöhe den Blutdruck, und ich hätte wohl eine Überdosis abbekommen. Ich fühlte mich, als ob ich einen gigantischen Kater hätte.

Der Wezdehod hatte auch die neuen Zeitungen mitgebracht. Vera sagte, sie seien schon eine Woche alt, was mir für einen Ort, der so aus der Welt war wie Lesnaja, als gar nicht so schlecht erschien; aber Vera fand das mies.

Als dann mein Gepäck hinten verstaut war, kletterte ich ins Führerhaus hinauf, das so breit war, daß fünf, sechs Erwachsene nebeneinander sitzen konnten, und dessen Windschutzscheiben mir einen großartigen Ausblick auf einen bleifarbenen Himmel gaben. Die Maschine hämmerte ohrenbetäubend, alle Meßinstrumente waren tot, fast wenigstens, denn gelegentlich flackerten sie zu hektischer Aktivität auf. Dann fuhren wir los, querten Flüsse und Ströme und tasteten uns dabei auf Eisbrücken vor, die mir für jeden Absturz gut schienen. Ich konnte nicht verstehen, wie sie unser Gewicht aushielten, und bezweifelte, daß unsere Raupen viel von ihnen übrigließen. In der Waldtundra gab sich der Wezdehod wie ein Rammbock und zermalmte einfach alles, was ihm im Wege stand. Drinnen hörte man es nicht einmal, wenn die kleinen Stämme unter ihm zersplitterten, sondern nur, wenn sie gegen die Windschutzscheiben schlugen. Als wir einmal zwischen zwei robusten Baumstämmen durch mußten, wurde es verdammt eng. Der Fahrer hatte ihnen schon bei der Herfahrt tiefe Wunden geschlagen, aber eine andere Spur als diese gab es nicht. Die Wezdehods stellen sicherlich eine schwere Bedrohung für die Waldtundra dar. Aber normale Straßen kann man auf Kamtschatka wegen der Erdbebengefahr und des Dauerfrostbodens nicht bauen. Wenn die oberste Bodenschicht im Sommer auftaut und sich in Matsch verwandelt, versinken und kollabieren die Fundamente von Brücken und Straßen. Man kann zwar mit kerosingefüllten metallenen Stützpfeilern – das Kerosin taut nicht auf – oder mit hohlen Betonpfeilern Brücken bauen. Aber damit sind noch nicht alle Probleme gelöst, denn wenn die Flüsse nach der Schneeschmelze anschwellen und riesige Eisschollen mit sich führen, können sie leicht eine Brücke mit sich reißen.

Da brach mit lautem Knall eine Metallplatte der Raupenkette. Als wir für die Reparatur anhielten, ergoß sich ein Strom von zwanzig Leuten aus dem Mittelteil des Wezdehods: Luft schöpfen! Ich sah mir die Raupenketten an, jede gut einen Meter breit, zwei Zentimeter dicker Gummi mit aufgeschraubten Metallrippen. Drei davon waren gebrochen und mußten mit zusätzlichen Schrauben neu befestigt werden. Zu jeder Kette gehörten sechs Räder, plus zwei große gezähnte Antriebsräder. Von seinem Kampf gegen Bäume und Felsen waren dem Vehikel nicht nur Kratzer, sondern tiefe Beulen und Narben geblieben.

Bei einer eingestürzten Eisbrücke fuhren wir einfach über die meterbreite Lücke hinweg. Kein Problem. Wir überwanden noch zwei Ströme und kletterten dann, um nicht am Flußeis entlangfahren zu müssen, die Hügel empor, was zu jähen Perspektivenänderungen – von Gipfel- zu Talblick – führte, wenn wir über die Kämme kippten.

Um zehn Uhr nachts waren wir an der Bushaltestelle von Palana. Die dicke Taja erwartete mich schon, mit einem kleinen Schlitten für mein Gepäck. Sie umarmte mich, zu Hause stand eines ihrer Spezial-*Gorbi-Bush*-Huhn-Gerichte bereit. Leider hatte ihr Mann inzwischen mit einem schlimmen Husten (von den Kittausdünstungen, denke ich) ins Krankenhaus müssen. Aber jetzt war er wieder da, mit Husten. Auch ich hustete noch ziemlich und hatte Kopfschmerzen von dem Tee. Daher kramte Taja all ihre Medizinfläschchen hervor: Wodka und Wacholderbeeren, Würzelchen und Bärengalle, Pilze und Ginseng-Samen sowie kleingeschnittene und getrocknete Kräuter. Einige Fläschen waren mit Etiketten versehen, aber bei weitem nicht alle. Sie sagte, Lenin habe mir »Rhodiola Rosea« gegeben, und deren Wirkungen könnten wir mit einem Tee aus Gänseblümchen, wilden Hagebutten und den pulverisierten

Blättern der schwarzen Johannisbeere bekämpfen. Sie rieb mich auch mit Ginseng-Öl ein. Aber so richtig gut habe ich danach trotzdem nicht geschlafen.

Das Beringei-Schlittenhunderennen sollte am nächsten Tag durch Palana kommen. Es wurde erst zum zweiten Mal durchgeführt, verstand sich aber als das längste Schlittenhunderennen der Welt, da es über eine Distanz von 1980 Kilometern geht; das von Iditarod in Alaska bringt es nämlich nur auf 1738 Kilometer. Zehn Hundegespanne waren vor einer Woche in einem kleinen Ort im Landesinneren mit dem unwahrscheinlichen Namen »Esso« gestartet. Sie würden von Palana aus drei weitere Wochen benötigen, um die Ziellinie in Marco zu erreichen.

In Anbetracht meiner noch frischen Erfahrungen als Hundeschlittenführerin schlug Wowa vor, gemeinsam mit einem Buran zum Palana-Fluß hinunterzufahren, um die Ankunft der Teams zu beobachten. Dort gesellte sich der Geologe Wolodja zu uns, dessen Gesellschaft mir durch ihre Einladung zu meiner Einreiseerlaubnis verholfen hatte. Diese Einladung, sagte er, habe jemanden einen Fernsehapparat gekostet. Ich hatte wirklich Glück gehabt, diese Erlaubnis zu bekommen.

Zwei Gespanne mit je dreizehn Hunden kamen in Sicht. Sie lagen eng beieinander und gingen unter den anfeuernden Rufen der braungebrannten, mit Rauhreif bedeckten *Musher* zum Endspurt über. Wir spornten sie lautstark an und warteten dann auf die nächsten. Aber die ließen lang auf sich warten. Zu allem Übel fiel auch noch der Buran dauernd aus, weil der Keilriemen gerissen war. Auch nach der behelfsmäßigen Reparatur spuckte der Motor jedesmal öligen Rauch aus, wenn Wowa ihn zu starten versuchte. Das Zugseil, das er zum Anwerfen benutzte, löste sich schon in einzelne Fäden auf und riß beim dritten Versuch denn auch mittendurch. Als ich mich schließlich mit Wolodja zu Fuß auf den zehn Kilometer langen Heimweg machte, sagte Wowa immer noch: »Er springt gleich an!«

Wolodja erzählte mir von den verschiedenen heiligen Steinen, die es in Palana gebe und denen man seit der Altsteinzeit Opergaben darbringe. Einer sehe aus wie eine schwangere Frau; wenn ein Mann es schaffe, ihn anzuheben, sei ihm ein langes Leben gewiß. Von anderen sage man, daß sie sich auf geheimnisvolle Weise und aus nur ihnen bekannten Gründen bewegen, es aber nicht schätzen, von den Menschen aus deren Gründen bewegt zu werden. Einem Stein in Tilitschiki habe es so mißfallen, in ein Denkmal eingebaut zu werden, daß die Lastwagenfahrer, die ihn transportierten, bald danach bei einem Unfall ums Leben gekommen seien, und der älteste Sohn der Familie, die als Wächter für das Denkmal zuständig seien, sei auf See geblieben.

Dann sprach Wolodja in seiner melancholischen russischen Art über die Weite und Einsamkeit der Tundra. »Ein farbloser Tag folgt dem andern, und du beginnst zu befürchten, daß du für immer in diesem grenzenlosen Raum verschwinden könntest, im Universum vergessen. Man darf sich selbst auf keinen Fall für ein vergängliches Wesen halten. Man muß glauben, daß man ewig existiert. Sonst wird man von der Tundra überwältigt.«

Unsere Haare waren weiß von Rauhreif, nichts Ungewöhnliches hier; ich gewöhnte mich langsam daran, daß meine Wimpern ständig eisverkrustet waren. Die Dunkelheit brach herein, als wir nach Palana hineinmarschierten und die Ziellinie des Schlittenrennens überquerten. Ein paar Leute, die dort auf die Ankunft weiterer Gespanne warteten, hatten ein Feuer angezündet, um sich daran zu wärmen. Das Hauptproblem, sagte ein Musher, sei die schlechte Streckenmarkierung. Sie war auch schuld daran, daß sich das Hauptfeld verirrte und erst nach Mitternacht eintraf. Verständlich, daß die Schlittenführer wütend waren. Der letzte Schlitten kam um sechs Uhr morgens an.

Der nächste Tag war ein Ruhetag. Aber am Abend betranken sich alle so fürchterlich mit Wodka, daß am folgenden Morgen nur ein Teilnehmer zum Start erschien. Also wurde das Rennen um noch einen Tag unterbrochen.

An diesem Tag feierte Tanja, eine Zahnärztin, die neben der dicken Taja wohnte, ihren Geburtstag. Sie lud uns beide zu einer Party mit großem Mittagessen ein. Die dicke Taja zwängte sich in ein paillettenbesetztes, schwarzes Samtkleid und in ihre Strumpfhosen, eine Rarität auf Kamtschatka. Sie habe gehört, meinte sie neidisch, daß die Frauen im Westen es sich leisten könnten, Strumpfhosen nach einmaligem Tragen wegzuwerfen. Unsinn, sagte ich.

Eigentlich sollte jeder eine Blume als Geschenk mitbringen, da Taja keine Blumen hatte, kamen wir mit ein paar Schnittlauchröhrchen. Taja schenkte Tanja zudem vier kleine Teller, ich ein kleines Stück Seife und einen Lippenstift, jemand anderes etwas Nähzeug und der nächste einen Bratenwender. Die Gästeschar war eine interessante Mischung unterschiedlicher Nationalitäten: Wawik kam aus Kamtschatka, Sascha aus Weißrußland, Taja war Russin, und Luda kam aus der Ukraine (ihr Mann war acht Jahre zuvor dort ausgewiesen worden). Wer seine Wohnung im Westen weiterhin behalten konnte, hatte Anspruch auf drei Monate Heimaturlaub im Jahr und bekam, als Ausgleich dafür, daß er in einer so abgelegenen Gegend wie Kamtschatka arbeitete, eine ansehnliche Gehaltszulage.

Rußland hat stets versucht, eine Wanderungsbewegung in Richtung Osten in Gang zu setzen, und auch die UdSSR unter Gorbatschow erklärte den Fernen Osten zum großen Pionierziel. Im 19. Jahrhundert, als Rußland Alaska kolonisierte, waren solche Siedler unentbehrlich. 1817 lebten bereits sechshundert Russen in Alaska. Die ersten Karten Nordwestamerikas wurden von Russen erstellt und die ersten Goldfunde dort von russischen Kolonisten gemacht.

Die Tafel war reich gedeckt: Einen großen Schweinebraten gab es da, Schüsseln voll Kaviar und Fisch, dann Käse, Pilze, gefüllte Eier, Schweineschmalz, geraspelte Karotten und Sauerkohl. Wir ließen Tanja mit bulgarischem Whisky und russischem Wodka hochleben. Natürlich leerte dabei jeder sein Glas auf einen Zug. Am vierten konnte ich nur noch nippen.

Hauptgesprächsthema und Anlaß zahlreicher Klagen war ein Problem, das sie alle bewegte: die Lebensbedingungen in Rußland, die steigenden Preise und der allgemeine Mangel. Das Problem, das mich bewegte, bestand hingegen in dem auffälligen Mangel an Namensvielfalt, der in Rußland herrscht. Jeder schien sich seinen Namen aus dem Kontingent der zehn gebräuchlichsten auszuwählen. Wladimir wird zu Wolodja umgewandelt oder zu Wowa und Wawik abgekürzt. Juri erzählte, in seiner Klasse habe es vier Juris gegeben, was mir durchaus glaubwürdig erschien, da ich selbst schon drei Juris kennengelernt hatte. Mit einem Blick in die Runde stellte ich fest, daß die verheirateten Russen ihren Ehering an der rechten Hand trugen, die geschiedenen dagegen an der linken. Ich trage einen Ring aus drei ineinandergreifenden Reifen, der bei uns »Russischer Ring« genannt wird, eine Bezeichnung, mit der aber keiner der anwesenden Russen etwas anfangen konnte. Von der Ehe kamen wir bald auf das Thema Jungfrauen. Sascha erzählte, Kamtschatka habe von Katharina der Großen einst den Befehl bekommen, ihr sechs einheimische Jungfrauen zu schicken. Die Jungfrauen seien ausgewählt und auf ihre lange Reise geschickt worden, die in der Tat so lang war, daß alle diese kamtschadalischen Jungfrauen bereits auf halbem Wege schwanger und, als sie schließlich den Zarenhof erreichten, Mütter mehrerer Kinder gewesen seien.

Am nächsten Morgen ging ich mit Taja um acht zum Stadtplatz, um den Start zur nächsten Etappe des Beringei mitzuerleben. Es traten nur noch fünf Gespanne an; ein Musher zog einigen seiner Hunde selbstgemachte lederne Pfotenschützer an. Aber die Luft war raus aus der ganzen Sache, denn der Sieger des Rennens stand praktisch jetzt schon fest: Es war Radiwelow, ein Russe von der Tschuktschenhalbinsel, dem keiner mehr seine Führungsposition streitig machen konnte, da er über mehr Erfahrung, Kondition und Leistungswillen verfügte als alle anderen zusammengenommen. Nun fuhr jeweils ein Gespann zum Countdown an die Startlinie – »Zehn, neun, acht ... drei, zwei, eins, null!« – und ab ging die Fahrt! Die Nummer zwei startete sehr schnell und schlug die falsche Richtung ein. Einige Zuschauer eilten herbei, um den Schlitten stoppen und das Gespann wenden zu helfen.

Viktor, ein hochgewachsener Russe, der in Rennhunde vernarrt war, hielt nicht viel von diesem Beringei, an dem kein einziger erfahrener Rennhund teilnehme. Richtige Rennhunde schafften 150–200 Kilometer pro Tag und hielten dieses Tempo über die ganzen 1800 Kilometer durch. Die hier brächten es nur auf

50–70 Kilometer am Tag. Die führende Position im internationalen Rennsport nähmen heute zwar die Schlittenlenker Alaskas und Kanadas ein, die über die neuesten technischen Errungenschaften verfügten, ihren Ursprung habe die jahrhundertealte Tradition der Schlittenhunderennen aber in Sibirien und auf der Tschuktschenhalbinsel. Dann zählte er mir ein paar Kniffe auf, mit denen die alten Hasen ihre Konkurrenten austricksen: zum Beispiel Dörrfischbröckchen ausstreuen, um die Hunde der Verfolger abzulenken, oder den Schlitten eines Rivalen mit Bärenfett einreiben, damit dessen Hunde sich ständig umdrehen und so nur langsam vorankommen.

Als das letzte Team angeschirrt wurde, entwischte einer der Hunde und verschwand, einem der Stadthunde dicht auf den Fersen, in einer angrenzenden Gasse. Erst nach einer einstündigen Verfolgungsjagd war er eingefangen und angeschirrt, konnte der Schlitten wieder auf die Strecke gehen.

Viktor erzählte, er bilde derzeit vierundzwanzig erwachsene und zehn junge Hunde aus. Die würde er mir gern im Laufe des Tages zeigen. Beim Mittagessen – es gab gebratenen Lachs, Räucherlachs, Lachskaviar und Salat – berichtete er uns, wie er 1987 zum erstenmal nach Palana gekommen sei: auf Skiern, zwanzig Tage habe er von Ossora bis hierher gebraucht. Vierzig Kilometer vor der Stadt traf er damals einen befreundeten Trapper, der mit dem Hundeschlitten unterwegs war. Und von dem Augenblick an war er von der Idee besessen, einen eigenen Schlitten zu haben. Er versuchte, sich in Palana niederzulassen, hatte aber ständig Schwierigkeiten mit den Behörden. Irgend jemand ließ ihn sogar polizeilich überwachen. Deshalb belud er eines Nachts seinen Schlitten, spannte die Hunde an und verschwand in der Tundra. Die Polizei suchte drei Monate lang vergeblich nach ihm, während er Nordkamtschatka auf die harte Tour kennenlernte. Aber nach seiner Rückkehr nach Palana habe er keine Probleme mehr mit der Polizei gehabt. Vielleicht habe er damit ja seine Lehrzeit absolviert.

Auf dem Weg zu den Hunden erzählte Viktor die romantische Geschichte eines befreundeten Mushers, der mit dem Inuitmädchen, das er zum »Geburtstag geschenkt bekommen« hatte, durchbrannte und es heiratete, obwohl dessen Vater mit einem Wezdehod die Verfolgung aufgenommen hatte. Viktor war einer der Trauzeugen.

Viktor hatte nie den nötigen Sponsor gefunden, um mit einem eigenen Gespann am »Yukon-Quest«-Rennen von Fairbanks nach Whitehorse teilzunehmen, und war deshalb Hundeführer beim berühmten Doug-Bowers-Team geworden. Dort hatte er auch sein Englisch gelernt. Wir kamen in das Dorf, wo seine Hunde untergebracht waren, und bewunderten die zehn Jungtiere, die alle aus demselben Wurf stammten und ein knappes Jahr alt waren. Zwei von ihnen waren groß und hatten eine weiße Banditen-Markierung um die Augen und auf der Stirn, die anderen acht waren kleiner. Und die, meinte Viktor, seien die besseren Zugtiere, weil sie mehr Kraft und Leistungsreserven hätten. Große Hunde ermüdeten schnell und brauchten mehr Futter. Vier der Jungtiere waren Hündinnen – »intelligenter als Rüden« –, zwei von ihnen sollten einmal Leithunde werden. »Mein bestes Mädchen ist Mutscha, die ›Stechmücke‹. Beim Sprint ist sie bis zu dreißig Stundenkilometer schnell.«

Er versorgte auch zwei Hunde, die aus dem Beringei-Rennen genommen werden mußten: Der eine hatte einen Lemming gefressen und dann binnen fünfundzwanzig Kilometern Lähmungen in den Hinterbeinen bekommen. Der andere, ein Korjakenhund, hatte ein zu schwaches Herz, um länger am Rennen teilzunehmen, wie der Tierarzt meinte; als Arbeitshund sei er aber weiter einsetzbar. Neben ihm war ein schöner roter Rüde angebunden, der an einen Chow-Chow erinnerte. Der komme von der Tschuktschenhalbinsel, erklärte Viktor, als Leihgabe, um die Hündinnen der hiesigen Trapper zu decken und frisches Blut in deren Zucht einzubringen.

Dann zeigte er mir seinen Rennschlitten, der aber nicht nach Korjakenart gebaut war. Er war dreieinhalb Meter lang und wog sechzehn Kilo. Auf einem Korjaken- oder Tschuktschenschlitten sitzt man, auch rittlings, bei diesem Rennschlitten aber steht man hinten auf den Kufenenden. Die Bremse, ein halbkreisförmiges Metallstück mit zwei langen Zähnen, wird mit dem Fuß bedient. Für die Korjaken und Tschuktschen ist ein Schlitten ein ganz normales

Transportmittel. Schlittensport und Sportschlitten – das sind für sie ganze neue Ideen. Daß man in Alaska keinen Begriff von einem Arbeitshund hatte und nur Sporthunde kannte, hatte Viktor sehr verwirrt.

Auch das Futter ist unterschiedlich: Rennhunde fressen keinen Fisch; sie werden mit Rentierfleisch, Weizenschrot und Walfleisch gefüttert. Viktor hatte etwas schwammigen, gelben Speck und fasriges, rotes Fleisch von einem erst kürzlich gestrandeten Wal. Wie Lenin, so wußte auch Viktor über die Wale im Ochotskischen Meer gut Bescheid. Einmal, als er mit seinem Schlitten vor der Steilküste über die zugefrorene See fuhr, sah er diesen Riesen so fasziniert bei ihren Spielen zu, daß er nicht merkte, wie die Flut einsetzte. Das Wasser stieg und überflutete das Eis. Die Hunde paddelten voran, das Wasser wurde immer tiefer, nirgendwo ein Weg die Steilküste hinauf. In seiner Verzweiflung spannte Viktor schließlich die Hunde aus und schaffte es auch, sie einen nach dem anderen auf die Kliffkante hochzuwerfen, bevor er selbst die Steilwand erklomm und seinen vollbeladenen, 250 Kilo schweren Schlitten nachzog.

Wir standen vor dem Walspeck in Viktors Vorratshütte. An der Wand gegenüber lag vor einem Haufen gefrorener Rentiereingeweide ein dunkles Etwas, das ich mir nun näher ansah.

»Was hast du mit dem toten Hund vor?«

»Er ist gefroren. Ich bewahre ihn bis zur Jagdsaison auf, um ihn dann als Köder zu benutzen. Einen toten Hund auslegen ist, als ob man ein Restaurant für Füchse aufmacht.«

In einem anderen Schuppen fertigten zwei Männer Schneeschuhe an. Sie flochten dazu Birkenholzrahmen mit Riemen aus Walroßhaut kunstvoll aus, wobei sie achtgaben, daß die so entstehende Stiefelauflage die nötige Spannung hatte. Je nach Größe und Gewicht des Benutzers und der Schnee- oder Geländebeschaffenheit müssen die Schneeschuhe unterschiedlich konstruiert sein. Schneeschuhe fürs Gebirge haben zwei Metallzacken, die ein Abrutschen auf dem Eis verhindern sollen. Auf russisch heißen Schneeschuhe *Sneg-o-stoep*, was, wörtlich übersetzt, »Schneeschritt« bedeutet. Die Korjaken sagen *Lapka* dazu, was soviel wie »Schwimmfuß« heißt, wie bei einer Ente oder einem Kormoran.

Eine neue Kufe entstand: Ihr Vorderende wurde gerade zu dem typischen Schlittenhorn gebogen. Um dem Holz die für eine so enge Krümmung erforderliche Elastizität zu geben, war es stundenlang in einer mit heißem Wasser gefüllten Metallröhre gedämpft worden. Nun wurde es in einer entsprechenden Holzform gebogen und so getrocknet.

Zum Tee gingen wir in Viktors Wohnung, eine richtige Junggesellenbude mit Stiefeln, die auf den Heizkörpern, und zehn Paar Socken, die im Badezimmer trockneten, aber ordentlich an ihren Haken aufgehängten Hundegeschirren. Während er den Tee zubereitete, sah ich mir sein Photoalbum an. Es zeigte eine ganze Serie von Freundinnen. Taja sagte, alle Mädchen flögen auf Viktor, weil er jung, reich und unternehmungslustig sei. In der Tat, er war vierunddreißig, geschieden und sah gut aus; bei mir löste es allerdings ein seltsames Gefühl aus, wenn er beim Lächeln seinen kompletten Satz glänzender Stahlzähne entblößte. Viktors Vater züchtete im Altai-Gebirge Bienen, und wir rührten uns nun seinen Honig löffelweise in den Tee.

Das Tauwetter hielt an, doch konnte es jederzeit wieder gefrieren. Der Schnee fiel in Massen, bildete aber bei nur – 5°C keine feste Decke. Irgendwann sagte die dicke Taja: »Heute ist ein Feiertag, Prowodizimai. Das bedeutet ›Winter ade, jetzt ist das Schlimmste vorbei‹. Wir werden auf dem Stadtplatz eine Frauenpuppe verbrennen.« Der Winter (*Siema* auf russisch) ist hier weiblichen Geschlechts.

Wir gingen zum Hauptplatz, der immer noch von einer Leninstatue beherrscht wurde. Eine Menschenmenge drängte sich um die behelfsmäßige Tribüne vor dem Verwaltungsgebäude des Korjakischen Nationalverbandes, das früher einmal die Zentrale der Kommunistischen Partei beherbergte. Mehrere ortansässige Künstler unterhielten die Leute mit Musik- und Tanzdarbietungen, und die Russen sangen Lieder aus ihrer Heimat. Die mit Rock, Haube und Grashaaren ausstaffierte Puppe brannte trotz des Schneetreibens wie Zunder. Wir wärmten uns die Hände an ihrem Feuer.

Später besuchten Taja und ich den armen Wowa, der wegen

seiner hartnäckigen Bronchitis erneut im Krankenhaus war. Taja brachte ihm jeden Tag zu essen. Genaugenommen verpflegte sie alle sechs Patienten in diesem Krankenzimmer. Die Flurwände waren mit Plakaten zugepflastert. Sie zeigten heldenhafte Krankenschwestern bei ihrem aufopferungsvollen Dienst in irgendeinem der vielen Kriege, die Rußland führen mußte, um seine überdimensionierten Streitkräfte zu trainieren. Die Patienten beklagten sich ständig, wie schrecklich hier alles sei, aber ich sagte, nein, überhaupt nicht, genau wie in einem staatlichen Krankenhaus in England, nur daß in dem ihrigen die Medikamente ausgegangen sein dürften.

Am Abend schlug Taja vor, mir die Haare nachzuschneiden. Ich war einverstanden, wies aber die Dauerwelle weiterhin zurück, die sie mir, aus den ausgerissenen Blättern meines Sprachführers zitierend, immer wieder anbot. Aber so leicht gibt sich eine ehemalige Friseuse nicht geschlagen. Mit der Schere in der Hand wurde sie zum Dämon. Sie schnitt und schnipselte – »Bitte nur nachschneiden!« »Ja, ja, ich tu doch nichts ...« – und kramte dabei eine Ladung Lockenwickler und eine Flasche mit irgendeiner Flüssigkeit heraus ... und schon hatte sie mir ein paar hölzerne Lockenwickler eingedreht und mit dünnen, aus alten Fahrradschläuchen geschnittenen Gummiringen befestigt. Wie in aller Welt würde ich am nächsten Morgen aussehen? Ich versuchte Taja klarzumachen, daß ich, als Reisende, mich besser nicht bemühte, schön auszusehen, weil die Männer das leicht falsch interpretieren könnten. Je unattraktiver, desto besser. Sie tröstete mich mit dem Versprechen, mich kahlzuscheren, wenn das Zeug, das sie auf mein Haar schüttete, nicht richtig wirkte.

Da sie ihren Kreativitätsdrang an mir nicht hatte stillen können, begann sie auf einem Teller Tuben mit Haarfärbemitteln auszudrücken. Blau. Ich fragte: »Für dich oder für mich?« Für sie. Schön, sie hatte braune Haare, bei denen sich eine dunkelblaue Tönung vielleicht gut machte. Sie sei ein Punk, sagte ich und fragte, was Wowa wohl dazu sagen würde.

»Nichts, ich habe sie mir schon rot gefärbt, gelb, in allen Farben!« Es spritzte, als sie sich das Blau kräftig in die Haare rubbelte. Am nächsten Morgen standen mir die Locken zu Berge, waren Tajas

Haare schwarz und alle verbliebenen Seiten meines Sprachführers mit blauen Fingerabdrücken übersät.

Zum Frühstück setzte Taja mir all die Dinge vor, die ich noch nicht gegessen hatte, und meinte, das müsse aufgegessen werden: einen kalten Fisch, mit Rentierfleisch gefüllte Krautwickel und ein großes Stück Kuchen. Sie war mit der Zubereitung eines Desserts aus einer »Backmischung ohne Backen« beschäftigt, roh zu verzehren.

Wegen des schlechten Wetters war der Flughafen eine Woche lang geschlossen gewesen. Er wurde genau an dem Tag wieder geöffnet, für den ich meinen Flug gebucht hatte. Als ich packte, um Palana zu verlassen, brach Taja immer wieder in Tränen aus. Sie war mir eine gute Freundin gewesen, und ich liebte ihre warmherzige Art. Bevor wir gingen, saßen wir eine Minute lang schweigend da, wie es in Rußland der Brauch ist, damit man eines Tages zurückkehrt.

Mein Ticket nach Petropawlowsk verwirrte den Flughafenangestellten, der noch nie einen ausländischen Flugschein gesehen hatte. »Wo ist der Coupon? Ich muß den Coupon rausreißen!« wiederholte er ständig. Die Sache schien so kompliziert, daß sie darauf bestanden, mir ein Ticket mit Coupon zu verkaufen, zum hiesigen Preis von vierundzwanzig Dollar; mein ausländisches hatte mich dreimal soviel gekostet. Die dicke Taja war mitgekommen und blieb bei mir, bis ich ins Flugzeug stieg. Als sie mich dann zum Abschied umarmte, strömten ihr wieder die Tränen übers Gesicht.

4 Petropawlowsk-Kamtschatski

»He, festhalten – da kommt ein Erdbeben!«

Ich saß gerade im Terminus-Restaurant im Hafen von Petropawlowsk-Kamtschatski beim Mittagessen. Das Beben ließ zwar ein paar Gläser erklirren, erreichte aber nur etwa die Stärke drei auf der nach oben offenen Richterskala und war nach einer Minute wieder vorbei. Eine Woche zuvor hatte es ein Erdbeben der Stärke sechs gegeben, sein Epizentrum lag etwa hundert Kilometer weit draußen im Pazifik. Aber keines richtete solche Schäden an wie das von 1971, von dessen schrecklichen Auswirkungen wir im Westen damals natürlich nichts erfuhren, weil die UdSSR, in ihrer neurotischen Angst vor negativen Schlagzeilen, selbst die Naturkatastrophen geheimhielt, für die sie nun wirklich nicht verantwortlich zu machen war.

Wir wandten uns wieder unserem Farnsalat und unseren Königskrabben zu. Mit mir am Tisch saßen Wolodja, dessen Firma in Petropawlowsk zu Hause war, und Natascha, eine vierundzwanzig Jahre alte Dolmetscherin, die ich auf die nächste Etappe meiner Reise mitzunehmen hoffte. In den sechsundzwanzig Jahren, sagte Wolodja, in denen Kamtschatka und die Kommandeurinseln nun schon seismologisch überwacht werde, habe es hier vierzigtausend bedeutende Erdbeben gegeben. Zu kleineren Beben käme es im übrigen fast jeden Tag.

»Wie du so ein Erdbeben wahrnimmst«, erklärte er, »hängt davon ab, ob dein Haus auf felsigem oder auf sumpfigem Grund gebaut ist: Im ersten Fall spürst du eine harte Erschütterung, im zweiten eine sanftere, schaukelnde Bewegung. Normalerweise ist die erste Welle vertikal, die zweite horizontal.« Um ein Gebäude erdbebensicher zu machen, werde es aus einzelnen Kammern gebaut, die an tief in den Untergrund eingelassenen Holzpfeilern aufgehängt würden.

Nach dem Essen schlenderten wir durch den Hafen, auf dessen Kais sich Holz und Tonnen mit Fisch stapelten. Ein Großteil dieser gewaltigen Fangmenge war für Japan bestimmt. Irgendwann hatte es einmal einen Plan zur Errichtung einer Anlage zur Gewinnung von Salz aus Meerwasser gegeben, um den in hiesigen Gewässern gefangenen Fisch für den Export in weiter entfernte Länder einsalzen zu können. Aber wie so viele andere Projekte war auch dieses nicht genügend durchdacht: Man hatte schlicht außer acht gelassen, daß das kamtschadalische Meersalz für die Fischkonservierung ungeeignet, weil viel zu jodhaltig war.

Die Awatscha-Bucht bildet einen reizenden natürlichen Hafen. Er wird auf der einen Seite von einer Hügelkette gesäumt, in der sich die Villenviertel von Petropawlowsk ausdehnen und die schließlich in einer zerklüfteten Steilküste endet, und auf der gegenüberliegenden südlichen Seite durch den langen, anmutig geschwungenen Küstenstreifen, hinter dem sich schneebedeckte Vulkane erheben. Die Bucht war mit Treibeis gefüllt, das von den ein- und auslaufenden Frachtern in immer kleinere driftende Schollen zerbrochen und zermahlen wurde. Ich sah, wie ein aufgetauchtes U-Boot in der Bucht kreuzte. Die hiesige Werft für Atom-U-Boote war mit ein Grund dafür, daß Kamtschatka noch bis vor kurzem Sperrgebiet war und auch von Sowjetbürgern nur mit einer speziellen Genehmigung betreten werden durfte.

Wolodja wollte mir ein Denkmal zeigen, das vor der ehemaligen Zentrale der Kommunistischen Partei stand. Das Gebäude sei nach dem Verbot der KPdSU für eine Woche geschlossen worden, erzählte er. Als es danach seine Pforten wieder geöffnet habe, nun als Sitz der neuen Regionalregierung, seien all die Leute von früher wieder dagewesen, nur eben mit neuen Funktionen versehen und mit einer neuen Ideologie ausgestattet. Vor der eindrucksvollen Säulenfassade des Gebäudes stand, halb unter dem Schnee begraben, ein Obelisk.

»Dieses kleine Stück Land ist britisches Territorium«, las Natascha vor, als sie mir half, den Schnee wegzukratzen, der die Widmung auf dem alten Stein bedeckte. Dann wurde folgende Inschrift sichtbar: »Sacred to the memory of Captain Charles Clerke RN who died August 22, 1779, whose body is interred beneath this stone. This monument was erected by the Lords Commissioner of the Admiralty of Great Britain to mark their appreciation of the brave and honourable career of a gallant British officer.« Feierliche Gedenkworte also für den am 22. August 1779 verstorbenen Kapitän der königlich britischen Marine Charles Clerke, der hier unter diesem

Stein ruhte, unter diesem Denkmal, das die Lords Commissioner der Admiralität, die Leiter der obersten Marinebehörde Großbritanniens, hatten errichten lassen, um die Verdienste und den Mut dieses tapferen britischen Offiziers zu würdigen.

Clerke nahm als stellvertretender Expeditionskommandeur an der dritten Weltreise von Captain James Cook teil, nachdem er schon bei dessen ersten beiden Fahrten dabeigewesen war. Die hatten zwar zur Entdeckung des Großen Barriereriffs vor der australischen Ostküste und zur kartographischen Erfassung der neuseeländischen Küsten, aber leider nicht zur Entdeckung des geheimnisvollen Südkontinents, der *Terra Australis Incognita*, geführt. Für die dritte Weltumseglung stellte Großbritannien zwei Schiffe zur Verfügung, die *Resolution*, mit James Cook als Kapitän, und die *Discovery*, unter dem Kommando des dreiunddreißigjährigen Charles Clerke. Zu den Aufgaben dieser Expedition, die 1776 die Anker lichtete, gehörte auch die Durchquerung der Beringstraße vom Pazifik aus, und zwar mit dem Ziel, den westlichen Zugang zur geheimnisvollen Nordwestpassage zwischen Pazifik und Atlantik, zwischen Europa und Asien zu finden.

Als Cook bei ihrer Fahrt nach Norden auf Hawaii getötet wurde, wurde Clerke Expeditionsleiter. Er erreichte 1779 Petropawlowsk und wurde dort freundlich aufgenommen. Dann segelte er weiter, in immer nördlichere Breiten, bis ihn seine Schwindsucht zur Rückkehr nach Petropawlowsk zwang, wo er starb. Im Jahre 1913 besuchte eine Abordnung der britischen Admiralität die Stadt und ließ dieses Denkmal über seinem Grab errichten.

Bei seiner Kamtschatka-Expedition im Auftrag Peter des Großen hatte der dänische Seeoffizier Vitus Bering, auch er auf der Suche nach der Nordwestpassage, zwar 1728 die (bereits 1648 von Deschnow entdeckte) »Beringstraße« zwischen Asien und Amerika gefunden, es aber versäumt zu erforschen, was dahinter lag. Gut zehn Jahre danach schickte ihn die russische Admiralität auf die Große Nordische Expedition, um das Versäumte nachzuholen, was ihm 1741 mit der Entdeckung der Südküste Alaskas und der Aleuten wenigstens teilweise gelang.

Natascha zeigte mir einige Notizen zu Berings Expedition, die sie ins Russische übersetzt hatte. Im November 1741, einen Monat vor seinem Tod, schrieb er: »In einer grauenhaften, stürmischen Nacht brachen die Wanten der *St. Peter* [sein Schiff]; da es ihr nicht länger möglich war, Segel zu tragen ... nahmen wir Kurs aufs feste Land und brachten unter der Küste den Anker aus. Das verrottete Ankertau brach, und das Schiff wurde von der Brandung auf die Klippen zugetrieben. Auch der zweite Anker wurde abgerissen. Zu unserem Glück hob uns eine höhere Woge über das Felsenriff und entließ uns in ruhiges Gewässer.« Dieses »ruhige Gewässer« war die Awatscha-Bucht. Bering gründete hier 1740 die Stadt Petropawlowsk und benannte sie nach seinen Schiffen, der *St. Peter* und der *St. Paul*.

Ich quartierte mich in einem Hotel am Rand der Stadt ein, die sich hier den Ausläufern dreier Vulkane nähert. Von meinem Fenster aus sah ich zu, wie der mittlere, die Awatscha (2741 m), Dampfwolken ausstieß. Sie war einmal der höchste Vulkan dieser Gruppe, bis sie, und das ist schon lange her, bei einem großen Ausbruch ihren Gipfel in den Himmel sprengte. Heute ist zwar der Korjakskaja (3456 m) der höchste, der aktivste aber immer noch die Awatscha, die bei ihrem letzten Ausbruch im Jahre 1991 mit ihren rotglühenden Lavaströmen die Nacht erhellte und die gesamte Einwohnerschaft der Stadt mit Angst und Schrecken erfüllte.

Als ich mich an diesem Abend durch meinen Hering-mit-Rotkohl-Teller pflügte, sagte Wolodja plötzlich: »Dreh dich jetzt nicht um, aber hier sitzt an zwei Tischen die Mafia.« In diesem Fall bestand sie aus Koreanern und Tschetschenen aus der autonomen »Republik der Tschetschenen und Inguschen« am Kaspischen Meer. Die Koreaner erkannte ich, die Tschetschenen mit ihrer dunklen Haut und ihren schwarzen Haaren konnte ich nicht einordnen.

»Was will die Mafia hier?« fragte ich.

»Sie sind gleich nach der Öffnung Kamtschatkas angerückt. Dann haben sie alle Nischen besetzt, die der Staat offenließ, und hoffnungsvollen Jungunternehmern das Fell über die Ohren gezogen. Die Mafia importiert eine Menge Wodka, der an die Korjaken verhökert wird. Im Goldgeschäft sind sie auch ganz dick drin. Sie zahlen nichts für das Gold, sondern pressen es den Bergwerksunternehmen als ›Schutzgeld‹ ab.«

Außer uns und ihnen saß niemand hier. Das Hotelrestaurant galt als eines der besten Restaurants der ganzen Stadt, auch wenn das Brot hier immer altbacken war, der Kaffee ohne Zucker serviert wurde und manchmal weder Kaffee noch Tee zu haben war. In den meisten anderen Bistros wurden zum Essen nur Löffel aufgelegt, weil eine dramatische Gabelknappheit auf Kamtschatka herrschte.

Am nächsten Abend wurde ich in ein Restaurant zum Essen ausgeführt, das der Mafia selbst gehörte. Es war eine Klasse für sich: überall auf dem Tisch Schüsseln voller Leckerbissen, die, kaum geleert, schon durch andere ersetzt wurden. Auch für unsere diskrete Eßnische war eine eigene Kellnerin zuständig, die stets in unserer Nähe schwebte und darauf wartete, gerufen zu werden. Es herrschte eine irritierende Atmosphäre, als ob unzählige koreanische Ohren uns unablässig belauschten. Auch hier waren wir die einzigen Gäste, die nicht zur Mafia gehörten.

Zuvor hatte jemand in dem Wagen eingebrochen, den ich für diesen Tag gemietet hatte, und daraus eine Taschenlampe und einen Schraubenzieher gestohlen. Meine Begleiter meinten, das müsse ein Mafia-Mann gewesen sein, der es auf meine Kamera abgesehen habe. Ich hatte nämlich auf dem Schwarzmarkt, wo Haushaltswaren, Autoersatzteile, Werkzeuge und Nippes angeboten wurden, Photos gemacht. Das hatte bei einigen Leuten erhebliche Nervosität ausgelöst. Aber abgesehen davon war mein Stadtbummel ein Vergnügen gewesen. Zusammen mit der nahegelegenen Flughafenstadt Jelisowo vereinigt Petropawlowsk mehr als die Hälfte der Bevölkerung Kamtschatkas auf sich, d. h. 250 000 von insgesamt 450 000 Einwohnern. Bei meinem Spaziergang sah ich eine religiöse Versammlung, die von kürzlich eingetroffenen Bahai-Missionaren abgehalten wurde. Diese Missionare seien Amerikaner, erzählte Natascha, und ganz und gar nicht ihr Fall.

»Kann ja sein, daß wir Russen gottlose Geschöpfe sind, aber die tun gerade so, als ob wir noch Wilde wären.«

Vor dem Sitz der Regionalregierung lernte ich eine winzige, mondgesichtige Lady kennen, die mit mir zuerst über den Korjakischen Nationalverband diskutierte und mir dann nahelegte, mir für meine Reisen eine Waffe zuzulegen.

»Weshalb?« fragte ich erstaunt.

»Um Unruhestifter zu erschießen«, gab sie verbindlich zurück.

»Was würde wohl Ihre Regierung dazu sagen, wenn ich ankäme und verkündete: ›Entschuldigen Sie, ich habe gerade ein paar Leute erschossen‹?«

»Nun, dann eben für Bären«, lenkte sie ein.

Ein vernünftigerer, aber hoffentlich unnötiger Rat, der mich an ein paar Russen in Moskau erinnerte, die mir Kamtschatka als ein Land beschrieben hatten, dessen Bevölkerung sich zu gleichen Teilen aus Bären und Menschen zusammensetze, die sich im übrigen zum Verwechseln ähnlich sähen und beide in Höhlen lebten.

Mitte April zog ich in den Süden, um ein paar Tage in einem Vulkangebiet zu verbringen. Ich wohnte in einer Hütte, die mit dem Wasser einer geschickt angezapften unterirdischen Quelle Tag und Nacht beheizt wurde und einem Vulkanforscher namens Boris gehörte. Er war vom Vulkanologischen Institut in Petropawlowsk, nutzte die Hütte als Basis, wenn er in den vielen heißen Quellen der Region Wassertemperatur- und Mineralgehaltmessungen vornahm, und war gern bereit, mir die Gegend zu zeigen.

Ich stieg also in meine neuen Watstiefel. Dann zogen wir mit großen Schritten in den tiefen Schnee hinaus und kämpften uns zu einer Gruppe von fünf heißen Quellen bergan, denen Boris Mineralproben entnahm. Er erstellt in regelmäßigen Abständen Erdbebenvorhersagen und nutzt dabei die Beobachtung, daß sich in der Erdkruste zwei Tage vor einem Beben tiefe Spalten bilden, aus denen leichtes Gas und Radon, ein radioaktives Edelgas, ausströmen. Immerhin neunundzwanzig der hundertachtzig Vulkane Kamtschatkas gehören zu den aktivsten Vulkanen der Erde. Vulkanologen aus aller Welt besuchen diese Region, denn außer auf Hawaii gibt es nirgendwo sonst so eine Vielfalt an Lavaarten, Geysiren und verschiedenen Formen vulkanischer Aktivitäten. Vulkane und Erdbeben, erklärte Boris, seien gesonderte und voneinander unabhängige Resultate von Verschiebungen der Erdplatten. Unter Kamtschatka, als einem Teil des »Feuerrings« rund um den Pazifik, träfen gleich drei von ihnen mit gewaltigen Kräften aufeinander: die

Pazifische, die Eurasische und die Amerikanische Platte. Sie begegnen sich in der Kljutschewskaja-Region, von deren zwölf Vulkankegeln fast alle den Vesuv und den Ätna weit überragen. Drei von ihnen sind über 4000 Meter hoch. Der Kljutschewskaja (4750 m) ist im Laufe von zweihundert Jahren sechzigmal ausgebrochen. 1983, bei der letzten Eruption, stieß er zweihundert Millionen Kubikmeter Magma aus, begannen die Gletscher zu schmelzen, ergossen sich achtzig Millionen Tonnen heißes Wasser in die Täler ringsum.

Sogar noch eindrucksvoller muß der schon einige Zeit zurückliegende Ausbruch des Ksudach (Schtjubelja) gewesen sein. Er blies im März des Jahres 1907 einen Felspfropf in die Luft, der eine Fläche von einem Quadratkilometer hatte. Dunkelheit brach über das Land herein, und in einem Radius von tausend Kilometern regneten Sand und Asche aus dem schwarzen Himmel. Selbst im fernen Europa noch verfinsterte sich das Firmament, waren die Sonnenaufgänge und Sonnenuntergänge seltsam tiefrot gefärbt.

Die erste Quelle, die wir erreichten, war warm, nicht heiß. Grüne Moose und Algen wuchsen darin, die allerersten nicht dormanten, d. h. in ihrem Wachstum keinem jahreszeitlichen Rhythmus unterworfenen Pflanzen, die ich auf Kamtschatka sah.

Als ich Boris fragte, welche Vulkane als nächste ausbrechen könnten, leierte er mir eine ganze Liste vielversprechender Kandidaten herunter. Die meisten Vulkane auf Kamtschatka sind noch jung und ungebärdig. Der Benjamin ist der Tschutscheska, der erst vor siebentausend Jahren entstand.

Wir stapften vorsichtig um den Hügel herum und erreichten dann nach einer langen Rutschpartie die zweite Quelle. Hier fressen sich oft warme Flüsse durch den Schnee, entweder unsichtbar unter der Schneedecke oder offen und nur von einzelnen Schneebrücken überquert. Boris nannte die Flußtunnels die »Kamtschadalische U-Bahn«. Einmal war er in eine solche U-Bahn eingebrochen, die so tief war, daß er nicht wieder herausklettern konnte. Er folgte dem Tunnel eine Stunde lang, bis er zu einem Loch kam, das ihm als Ausstieg dienen konnte. Als wir mit Riesenschritten durch den tiefen Schnee bergab stapften, zog ich meine Watstiefel ganz hoch. Nun fühlte ich mich unbesiegbar.

Nach dem Mittagessen – Brot mit Kaviar – schnallten wir unsere Jägerskier an und brachen zu den Laichgründen der Lachse auf, die Boris mir zeigen wollte. Am Oberlauf des Baches hatte ein Wilderer sein Netz gespannt. Es sei noch ein wenig früh, um etwas zu fangen, meinte Boris, aber wenn die Fische dann kämen, gebe es an manchen Flußmündungen richtige Verkehrsstaus. Den aufsteigenden männlichen Lachsen wächst eine Art Schnabel mit großen Zähnen, ein hakenartig nach oben gekrümmter Fortsatz der Unterkieferspitze. Sie werden hellrot – das ist ihre Laichfarbe –, hören auf zu fressen und beginnen zu sterben. Die Fischer nehmen nur den Kaviar, weil das Fleisch nicht mehr gut schmeckt, und werfen die Fische ins Wasser zurück, um der Lachsbrut den Tisch zu decken, die sich von den Bakterien ernährt, die die faulenden Fischleichname vertilgen. Dieser ausgezeichnete Dünger sorgt auch dafür, daß an den Flußufern unterhalb der Laichgründe der Wiesenkerbel und das Mädesüß riesengroß wird.

Ich hatte große Mühe, auf meinen Skiern mit Boris mitzuhalten, der an dem von Schneewächten gesäumten Flußufer nur so entlangstürmte. Immer, wenn er auf mich wartete, zitierte er ein paar Gedichtzeilen, was er häufig tat, und meinte dann: »Wir wissen schon im voraus, wann die Lachse in die Flüsse aufzusteigen beginnen, dann nämlich, wenn der Vogel, den wir Tschitschiwiza nennen, sein ›Tschui-tschui, Tschui-tschui‹ ertönen läßt und die Hundsrose erblüht. Wenn sich die Hundsrose verspätet, verspätet sich auch der Fisch. Warum? Wenn der Frühling für die Hundsrose zu naß ist, dann führen die Flüsse auch zuviel Wasser für die Fische, und so warten sie draußen im Meer ab, bis die Bedingungen für sie stimmen und ihre Laichgründe seicht geworden sind.«

Ich war überrascht, einen Fluß zu sehen, der nicht zugefroren war. Boris zeigte mir, wie er zu überqueren war: mit seitlichen Treppenschritten die Böschung hinunter, dann mit den Skiern seine eigene Brücke bilden oder mit einem großen Schritt hinüberziehen – und für alle Fälle hatten wir ja unsere Gummistiefel an. Wo der Fluß im letzten Jahr seinen Lauf geändert hatte, mußten wir über mehrere schmale Kanäle, und zwar entweder mit einem großen Seitwärtsschritt oder mit der freundlichen Unterstützung natürlicher

Schneebrücken. Boris meinte, die Flüsse suchten sich oft ein neues Bett, was seine Karten immer wieder zu Makulatur mache.

Als das Wetter ekelhaft wurde und ein scharfer Wind uns den nassen Schnee nur so um die Nase blies, kehrten wir zur Hütte zurück. Dann nahmen Natascha und ich ein langes Bad in einer überdachten heißen Quelle; statt des Kaltwasserhahns gab es hier eine große Schneeschaufel. Nach dem Abendessen spendierte uns Boris einen Likör, eine Mixtur aus Wodka und Hundsrosen-Brennnessel-Birnen-und-Vogelbeeren-Sirup, und erzählte uns Geschichten aus alten Zeiten, als es noch keine Straße hierher gab und sie für den Weg zur Arbeit mehrere Tage brauchten. Daran, gestand er ein, sei aber wahrscheinlich der schwarzgebrannte Wodka schuld gewesen, den sie immer dabei hatten, beziehungsweise der Umstand, daß sie ständig in irgendwelche Löcher oder Sümpfe gefallen seien. »Ach, wenn du nie verrückte Sachen gemacht hast«, schloß er, »dann bist du auch nie jung gewesen!«

Am nächsten Tag waren wieder Skier und Gummistiefel angesagt. Aber es wurde eine richtige Plackerei, weil ich die schmalen Tourenskier nicht gewöhnt und der Schnee so weich war, daß ich oft einsank. Die erste steile Abfahrt nahm ich im Schuß, und der Sturz kam erst am Schluß; die nächste war aufregender, bis mein Ski sich unter einem Zweig verfing und ich kopfüber in den Schnee fiel. Aber es war eine hervorragende Übung für die Touren in der wilden Vulkanregion, die ich als nächstes besuchen wollte und die eine gute Skibeherrschung erforderte. Der Wind nahm im Laufe des Tages an Stärke zu, so daß die Äste der Bäume krachend gegeneinanderschlugen und einen immer wieder mit kleinen Schneelawinen überraschten.

Nicht einer der weitverzweigten Flüsse hier war vereist. Am Nachmittag gelangten wir gar zu einem Strom, dessen felsübersäte Ufer vollständig abgetaut waren, weil der warme Untergrund die Felsblöcke aufheizte. Wir machten hier zu einem Picknick halt, löschten aber unseren Durst mit Schnee und nicht mit dem Flußwasser, da es für die Zähne schädliche Mineralien enthielt.

Auf dem Rückweg sahen wir Spuren von Schneehasen. Vor Jahren habe es hier so viel Vulkanasche geregnet, berichtete Boris, daß die Hasen, anstatt ein weißes Fell zu bekommen, grau geworden seien. Er begann wieder, Gedichte zu rezitieren, und sang zwischendrein russische Lieder. Natascha erzählte, sie habe schon roten Schnee gesehen. Zu diesem Phänomen des »Blutschnees« kommt es im Sommer auf den Gletschern, wenn sich die Luft bis auf 20°C erwärmt, aber an schattigen Stellen immer noch Schnee liegt – ideale Bedingungen für bestimmte rote oder rosa »Blutalgen«, die sich dann auf der Schneedecke massenhaft ausbreiten. Weiter im Norden, sagte Natascha, sehe der Schnee dann rot aus, aber auf Kamtschatka eher rosa.

Am nächsten Morgen fühlten wir uns fit genug, um ein bißchen klettern zu gehen. Als wir den Gariatschi-Berg angingen, blies lediglich ein »mittelstarker Schneesturm«, wie Boris das nannte. Über unserer Klamm tobte der Wind. Ab und an sahen wir für einen Augenblick die Sonne, eine bleiche Scheibe im wirbelnden Sturm. Der Schnee wurde immer tiefer, und so krochen wir bald auf Händen und Knien voran, um unser Gewicht gleichmäßig zu verteilen. Ich brach oft mit den Händen durch und sank dann bis an die Schultern ein. Mit den Knien ging es zwar besser, aber viele Punkte für guten Stil hätte ich auch damit nicht bekommen. Durch das dichte Schneetreiben halb geblendet, schleppten wir uns immer höher hinauf, bis die Schneedecke so fest wurde, daß wir aufrecht weitergehen – oder besser: waten – konnten.

Die Schlucht wurde steiler. Boris begann etwas von Lawinen zu murmeln, was ich aber nicht richtig ernst nahm. Natascha bekam Nasenbluten. Wir wischten ihr das Blut mit Schnee ab. Als wir höher stiegen, sank die Temperatur, wuchs der Sturm. Aber jetzt war es nicht mehr weit bis zu dem Sattel dort oben. Wir wechselten einander beim Spuranlegen ab und hielten uns in der Mitte der Rinne, wo der Schnee am besten und festesten war. Boris warnte immer häufiger vor Lawinen. Aber mir wurde die Gefahr erst richtig bewußt, als Natascha übersetzte: »Wenn wir jetzt noch weiter aufsteigen, spielen wir mit unserem Leben!« Der Gipfel war wirklich ganz nah.

»Wollt ihr umkehren?«

»Und du?«

»Wir gehen noch bis zum Sattel hinauf, aber nicht weiter.«

Daß Natascha und Boris nun versuchten, sich in Erzählungen über schreckliche Lawinenunglücke zu überbieten, beruhigte mich auch nicht sehr.

Wir stiegen inzwischen fast senkrecht auf, die Stiefelspitzen tief in den Schnee gebohrt.

»Wenn jetzt eine abgeht, kommen wir hier nicht wieder lebend raus«, sagte Boris mit, wie mir schien, einem sehr slawischen Sinn fürs Makabre.

Wir kletterten weiter, hintereinander. Mein Puls hämmerte. Über uns ragten ein paar Bäume aus der Rinne, nach deren Ästen ich dankbar griff. Aber der böige Wind ließ sie wild hin und her schwanken, und ich hatte auch so meine Zweifel, ob die Bäume tief genug wurzelten. Auf dem Sattel, ohne den Schutz des Berges, fiel der Sturm noch schlimmer über uns her. Ein Gipfelaufstieg kam überhaupt nicht in Frage, weil der wirbelnde Schnee uns jede Sicht nahm. Der Sattel war ja auch nicht schlecht.

Unsere Genugtuung verflog, als wir uns an den Abstieg machten. Jetzt blies uns der Wind ins Gesicht! Die fliegenden Eiskristalle brannten wie Feuer auf meiner Haut, machten mich völlig blind. Ich schirmte meine Augen ab, konnte aber nicht die Spur einer Abstiegsroute erkennen. Boris und Natascha nahmen die steilsten Partien im Eiltempo, während ich auf meinem Hintern saß und mit den Stiefeln im eisigen Schnee einen festen Tritt suchte. Als der Wind für einen Moment nachließ, drang Nataschas Stimme zu mir durch: »Nein, nein, Christina, das ist falsch. Du mußt aufrecht stehen und die Absätze in den Hang graben!«

Was für ein Wahnsinn, sich bei so einem Sturm und von Eisnadeln geblendet, aufrecht in einen 80°-Hang zu stellen! Ich lehnte mich in den heulenden Wind und versuchte aufzustehen. Als plötzlich der Winddruck nachließ, wäre ich fast in die Schlucht hinuntergetaumelt. Wieder heulte der Wind wie toll. Ich saß im Schnee, bedeckte mein Gesicht und wartete auf ein erneutes Abflauen. Kein Glück. Irgendwie mußte ich da hinunter. Boris und Natascha waren außer Sicht. Ihre letzten Worte waren gewesen: »Beeil dich, Lawinen, wer weiß.« Unter meinen Füßen lösten sich Klumpen von

Schnee und Eis und sausten in den Abgrund. Die Eisnadeln reizten meine Augen so sehr, daß mir die Tränen über die Wangen liefen, um auf der eiskalten Haut zu gefrieren.

Aber irgendwie schaffte ich es dann doch, mich in den Schutz der unteren Schlucht hinunterzuarbeiten. Das Schlimmste war nun überstanden! Wir konnten es uns sogar erlauben, den sanft geschwungenen Schneehang hinunterzurutschen. Wir lachten und torkelten, fielen oft hin, von wilden Böen einfach über den Haufen geblasen, und hatten vor lauter Erschöpfung kaum noch die Kraft, uns aus dem tiefen Schnee wieder hochzurappeln. Aber wir lachten weiter. Als wir wieder in unserer Hütte waren, zogen wir Strohhälmchen, um zu entscheiden, wer als erster ins Banjo durfte. Welch wohlige Geborgenheit!

Alte Korjakin in ihrem Haus.

Aufbrechendes Eis am Ochotskischen Meer

Ein Rentierhirtenlager in der endlosen Tundra

Über Nacht hat ein Schneesturm die Hunde zugedeckt

Rentiergespann, ein aufregendes Fortbewegungsmittel

Das Beringei-Schlittenhunderennen

Prowodizimai, das Fest zum Winterende, lockt alle Einwohner Palanas aus ihren Häusern

Taja (in Schwarz) beim Geburtstagsfest der Zahnärztin Tanja

Kinder stellen sich zum Fotografieren in Reih und Glied

Felle in Lesnaja:
Fuchs, Wolf, Luchs und Vielfraß

Marktfrau in Petropawlowsk

Dick vermummt gegen die Kälte. In der Mitte meine Namensvetterin Christina

Erinnerung an eine tschuktschische Feuerbestattung auf dem Schamanenberg

Ein Korjake schneidet eine Birkenholzlatte für einen Rennschlitten zurecht

Tungans Tochter reibt die tschuktschischen Familientotems mit Fett ein

Gemütliche Unterhaltung in der Eiseskälte

Im Kronozki-Naturschutzpark: Vitalis »Hütte Nummer Vier« in der Nähe der Küste

Ein Mammutknochen, den wir auf der Geröllhalde über dem Fluß fanden

5 Kronozki

Die nächsten zehn Tage wollte ich mit Vitali, einem russischen Ranger, im Kronozki-Naturschutzpark verbringen. Vitali, der dort auf Skiern die Berge durchstreifte und die Wildfährten zählte, stand im Ruf, mehr über Bären zu wissen als irgend jemand sonst, und das mit gutem Grund, da er sie ja nun schon seit zwanzig Jahren beobachtete. Ich hatte wirklich Glück, diese Tour machen zu dürfen, denn der Kronozki ist für Touristen gesperrt. Er ist ein Naturschutzpark, kein Nationalpark, und darf im Prinzip nur von Angehörigen der Naturschutzpark-Verwaltung und Wächtern wie Vitali betreten werden, sieht man einmal davon ab, daß Wissenschaftler, Vulkanologen etwa, im Rahmen eines Forschungsprojekts eine spezielle Besuchserlaubnis bekommen können. Sicherlich war bisher noch keinem Ausländer das Privileg zuteil geworden, ganze zehn Tage dort zu verbringen. Ich konnte sogar erreichen, daß Natascha mich als Dolmetscherin dabei begleiten durfte. Valentin, ein Geologe aus dem Süden, der einen Forschungsurlaub genommen hatte, würde unser Majordomus sein.

»Wozu brauche ich denn plötzlich einen Majordomus?« fragte ich ihn.

»Ich kann die Bären erschrecken«, war seine Antwort.

Wer zum Kronozki will, benötigt einen Hubschrauber. Als wir zum Flughafen kamen, ermahnte Natascha mich, von jetzt an meinen Mund zu halten, da sie mich als Russin ausgeben wollte. Valentin und ich tauschten die Jacken; zu seiner alten, geflickten und unübersehbar russischen Jacke setzte ich mir eine Wollmütze auf, um meine blonden Haare zu verbergen.

»Bist du auch warm genug angezogen?« wollte Valentin wissen. Nachdem ich ihm all meine wärmenden Bekleidungsschichten gezeigt hatte, meinte er, ich sähe aus wie ein Kohlkopf. Laut Passagierliste war ich »Katerina Wasilijewna«.

Natascha hatte wohl Geschichte gepaukt, jedenfalls klarte sie mich über die Ursprünge des Kronozki auf, als wir, außer Hörweite auch des hellhörigsten Flughafenangestellten, in der Sonne saßen und auf den Hubschrauber warteten. Die Zaren haben demnach jahrhundertelang einen Tribut in Form von Pelzen, vor allem Zobelpelzen, erhoben; eingeführt hat das Iwan der Schreckliche. Allein im Jahre 1586 lieferten Sibirien und der Ferne Osten 200 000 Zobel, 10 000 Kreuzfüchse und 500 000 Eichhörnchen, Biber und Hermeline. Mit Pelzen, dem »weichen Gold«, erwirtschaftete Rußland einst ein Drittel seines Einkommens. Nicht zufällig wurden deshalb diese von der Natur gesegneten Gebiete ganz übel ausgebeutet. Der Kronozki erhielt erst 1934 den Status eines Naturschutzparks. Und selbst dann dauerte es noch sieben Jahre, bis die Russen dort das Tal der Geysire entdeckten. Ich zog meine Karten heraus, die den Kronozki als eine Gebirgsregion mit einer Größe von annähernd 100 000 Hektar zeigten.

»Weshalb steht auf deinen Karten ›Streng Geheim‹ und ›Nur für militärischen Gebrauch‹?« erkundigte sich Natascha; aber die Frage konnte ich ihr auch nicht beantworten.

»Die hat mir Wolodja geschenkt, und ich glaube nicht, daß sie noch geheim sind.«

Mir war in der Tat aufgefallen, daß auf Kamtschatka eine wundervolle Atmosphäre der Offenheit herrschte. Wenn ich meine Kamera unter meine Kleidung steckte, dann nicht etwa, um sie vor irgend jemand zu verbergen, sondern um sie zu wärmen. Es hatte auch niemanden im mindesten gekümmert, daß ich die Satelliten-Bodenstation photographierte; schließlich wußten wir alle, daß eine westliche Satellitenkamera schon längst eine sehr viel bessere Aufnahme als ich hätte machen können. Das war aber nicht immer so gewesen.

Während wir auf den Helikopter warteten, hörten wir den dröhnenden Lärm von Gefechtsübungen, der aus einem erloschenen Vulkan in unserer Nähe drang. Natascha erzählte, ihr Vater sei Marineoffizier und nach Kamtschatka versetzt worden, als sie zwölf Jahre alt war. Damals war Kamtschatka von der übrigen Welt völlig abgetrennt, nicht nur wegen der Werft, auf der Atom-U-Boote gebaut wurden, sondern auch weil es Zielgebiet für die Langstrekkenraketen war, die im Rahmen von Testprogrammen in Murmansk, am anderen Ende der Sowjetunion, abgefeuert wurden.

»Ich habe damals oft gesehen wie große Raketen mit mehreren

Sprengköpfen am nächtlichen Himmel explodierten«, erinnerte sich Natascha. »Wir hatten auch unterirdische Nuklearbasen und Atommüll, der einfach irgendwo vergraben wurde. Jetzt läuft das Zeug in die Flüsse. Als bei den schweren Regenfällen im letzten Jahr noch mehr davon in die Flüsse gespült wurde, lief die Öffentlichkeit Sturm. Aber passiert ist daraufhin nichts, weil wir keine strahlensicheren Schutzbehälter haben. Um die Existenz unserer gewaltigen Militärmaschinerie zu rechtfertigen, hat man uns immer erzählt, andere Länder planten einen Angriff auf uns. Jedes nicht identifizierte Flugzeug in unserem Luftraum wurde abgeschossen, wie die koreanische Passagiermaschine im Jahre 1983.«

Zusammen mit einer Zwei-Mann-Delegation aus Moldau, dem 1991 unabhängig gewordenen Dnjestr-Gebiet an der Grenze zu Rumänien, stiegen wir in den Hubschrauber und flogen dann an endlosen Reihen abgestellter Kampfflugzeuge und getarnter Flugzeugbunker vorbei. Die Wachtürme sind heute nicht mehr besetzt. Die langen Moskitonasen und die Kabinenhauben der unter freiem Himmel geparkten Düsenjäger waren zum Schutz gegen die Kälte mit Isoliermatten abgedeckt. Ich sah auch ganze Reihen von Hubschraubern mit zwei übereinander angeordneten Sätzen von Rotorblättern. Eine Maschine dieses Typs schwebte gerade mit hoher Geschwindigkeit über uns herein.

Wir nahmen zuerst Kurs auf Zentralkamtschatka und bogen dann in Richtung Ostküste ab. Das Land unter uns war zerklüfteter als der Norden der Halbinsel. Immer wieder tauchten Kraterseen auf. Einer von ihnen stach uns besonders ins Auge. Vitali sagte, sein Wasser sei normalerweise leuchtend blau, eine hochgiftige Mischung aus Schwefel- und Salzsäure. Aber zu dieser Jahreszeit war er noch eisbedeckt, nur in seiner Mitte hatte sich ein winziges tödlich blaues Loch gebildet. Im Kronozki-Naturschutzpark befindet sich ein Viertel aller aktiven Vulkane Kamtschatkas. Die Gegend ist auch für ihr oft fürchterliches Wetter bekannt. Sie wird von heftigen Zyklonen heimgesucht, die zu ausgedehnten Schneefällen und Winterstürmen, Sommerregen und Nebel führen.

Jedesmal wenn ich das Metall des Hubschraubers berührte, bekam ich einen elektrischen Schlag; durch das Chassis hindurch schimmerte zitternd das Tageslicht. Wir umkreisten den ebenmäßigen Kegel des Kronozki-Vulkans, flogen eine felsige Schlucht hinauf und wurden dann samt unserer Ausrüstung bei einer von Vitalis Schutzhütten im Tal der Geysire abgesetzt. Der Pilot drosselte das Triebwerk nach der Landung nicht für eine Sekunde, stieg sofort wieder auf und machte sich davon.

Die Hütte war so unter Schnee begraben, daß wir uns erst einen Weg zur Eingangstür graben und schaufeln mußten. Dann holten wir eimerweise Schnee, den wir zu Wasser schmolzen, bevor ich ins Tal hinunterwanderte. Der erste Geysir, dem ich mich näherte, schoß gleich einen Strahl kochenden Wassers in die Luft und hüllte mich in eine schweflig riechende Dampfwolke ein. Ich änderte meinen Kurs und stieß auf ein paar Schlammkessel und eine Unzahl heißer Quellen. Das ganze Gebiet wimmelte nur so von Mutter Naturs Teekesseln, die immer dann Dampf abließen, wenn die Wassertemperatur den Siedepunkt erreichte. Die Sonne, die in meinem Rücken stand, bildete in den Dampfschleiern einen kreisförmigen Regenbogen.

Überall auf dem warmen Boden war der Schnee weggeschmolzen. Samaragdgrüne Moose wucherten rings um rosa Schlammkuhlen. Rostfarbenes Wasser sickerte aus dampfenden Tümpeln, vereinigte sich zu Bächen und speiste heiße Wasserfälle mit bunt gefärbten Geyseritkaskaden. Trotz der abendlichen Sonne fror meine Kamera immer wieder ein. Ich fand einen Weg zum Fluß hinunter, wühlte mich durch ein paar Schneeverwehungen, verharrte fasziniert vor einer wie aus Brüsseler Spitzen gefertigten, düsenförmigen Fumarole am Flußufer, überquerte dann den Strom und wanderte wie in Trance umher, bis die Dunkelheit hereinbrach.

Beim Abendessen erzählte uns Vitali, wie jung und dumm er gewesen sei, als er damals hierherkam, und was für ein Glück er doch gehabt habe: »Ich bin ohne Genehmigung, illegal, nach Kamtschatka gekommen, mit achtundzwanzig Jahren. Junge, was war ich damals noch für ein Kind! Ich nahm alle möglichen Jobs an, war Heizer, Fahrer, Fischer. Ich war völlig ziellos, und es war reiner Zufall, daß ich nach Kronozki kam und das Angebot erhielt, hier als Wächter zu arbeiten. Das ist jetzt vierundzwanzig Jahre her.«

Er hatte keinerlei Erinnerung an seinen Vater, der 1938, als Vitali acht Monate alt war, in den Krieg zog und 1945 getötet wurde. Weil seine Mutter kein Interesse an seiner Erziehung hatte und seine Ausbildung völlig vernachlässigte, mußte er schon früh für sich selbst sorgen. Er verließ die Schule als Analphabet und trieb sich auf der Straße herum. Die meisten seiner Freunde aus dieser Zeit waren heute entweder tot oder im Gefängnis. Selbst die Jungen Pioniere vermochten nichts aus diesem jungen Mann zu machen, der doch absolut willens war, ein guter Kommunist zu werden. So landete er auf Kamtschatka und fand hier schließlich eine Aufgabe, der er sich mit ganzem Herzen widmen konnte, die seinem Leben Sinn gab.

Er schlug im Tal der Geysire sein Zelt auf. Anfänglich war ihm das einsame Leben verhaßt, aber nach zwei Jahren fand er sich mit seiner erzwungenen Einsamkeit ab.

»Ab und zu bekam ich ein bißchen Gesellschaft, wenn nämlich die Männer der Fischereiflotte, die in Zhupanowo, achtzig Kilometer von hier, ihren Heimathafen hatte, sich mal die Geysire ansehen wollten. Damals war ich so etwas wie der Wächter dieses Tals, sein Beschützer. Dann, 1980, hat es in Zhupanowo gebrannt, und danach wurde die Flottenbasis aufgegeben. Ich riß die restlichen Baracken ab, um mir aus dem Holz diese Hütte hier zu bauen, aber es war so viel davon da, daß es noch für einige mehr reichte. Wir werden während der nächsten zehn Tage in ein paar von ihnen wohnen.«

Es war ein nebliger Morgen, das Thermometer zeigte –10°C, Rauhreif lag auf den Bäumen, und der verharschte Schnee knurpste unter unseren Stiefeln, als wir mit Vitali zur Inspektionsrunde durch das Tal aufbrachen. Als erstes mußte er die Geysire auf irgendwelche Veränderungen untersuchen. Es ist unklar, ob es sich bei dem Tal der Geysire um ein Becken oder einen ehemaligen, eingestürzten Vulkankegel handelt. Das Wasser wird anscheinend durch heiße Gase erwärmt, die dem Magma entströmen. In einigen Abschnitten, erzählte Vitali, gebe es Heilquellen, die bei Herz- und Hautkrankeiten helfen sollen, und andere Quellen enthielten Kohlensäure, Ammoniak und Bromide.

Wir überquerten den Fluß. An der Uferböschung hingen Eiszapfen, neben denen ein orangeroter verkieselter Schlot aus dem Boden ragte. Wir blieben stehen, um dem Grollen zu lauschen, das ständig daraus hervordrang. »Der Geist der Wassermänner«, sagte Vitali. Es ist das Geräusch großer Steinbrocken, die vom kochenden Wasser unterirdischer Kessel umhergewirbelt werden. Für die Itelmen der Region waren das die Stimmen von Geistern, bösen Geistern, die in den Geysiren hausten. Sie mieden das Tal, belegten es mit einem Tabu und erzählten keinem Außenstehenden jemals etwas von dessen Existenz.

Südkamtschatka ist dünn besiedelt; nur ein paar Korjaken, Kamtschadalen und Itelmen leben hier. Es gibt nicht genügend Moos, um Rentiere zu ernähren. Aus Mangel an Fellen und Häuten sollen die Itelmen ihre Seile und ihre Kleidung aus den Fasern der Nesseln gemacht haben, die hier bis zu drei Meter hoch werden. Es sind Brennesseln, die ihrem Namen wirklich alle Ehre machen, aber auch ein gutes Packmaterial abgeben: Fisch, der in die Blätter dieser Nesseln eingehüllt wird, soll eine Ewigkeit lang frisch bleiben.

Glücklicherweise war der Brennesseldschungel, der hier am Ufer wucherte, mit Schnee bedeckt. Wir folgten dem Fluß, kamen auch mühelos voran, und erstiegen einen Hang, der zu einer feuerfarbenen Wand hinauf führte. Vitali meinte, sie sehe wie ein leuchtendes Buntglasfenster aus. Über diesem Farbenspiel erhob sich eine zweite Stufe, von der ein Geysir jede halbe Stunde seine heißen Fluten herabstürzen ließ. Überall waren exotische Düsen, Lippen und Fontänen zu sehen, dazu eine pulsierende Quelle, deren Wasser aus einer Art Höhle hervorquoll, und ein riesiges Maul aus knotigem Geyserit, das schon seit Jahren kein Wasser mehr gespien hatte. Vitali erweckte es aber, zur Feier seines fünfzigsten Geburtstags, zu neuem Leben, wozu nicht mehr als eine kleine Säuberung des Kanals und des Mundes sowie ein neues Schlundloch erforderlich waren. Dann taufte er es auf seinen eigenen Namen. Seither speit es wieder, regelmäßig und spektakulär.

Jeder Geysir hat seinen eigenen Charakter und ein ganz eigentümliches Aktivitätsmuster. Manche legen zwischen ihren Ausbrüchen abwechselnd kurze und lange Pausen ein; andere lassen ihr Wasser überquellen oder hoch aufspritzen, wenn es siedet; wieder andere lassen Dampffontänen aufsteigen. Aber Geysire sind eine seltene Erscheinung, da für ihre Entstehung eine Reihe sehr spezifischer Voraussetzungen erfüllt sein muß. Heiße Quellen gibt es dagegen recht häufig, und die heißeren unter ihnen können Fontänen ausbilden. (Die Gas- und Dampflöcher nennt man Fumarolen.) Nach Vitalis Erinnerung hat es hier schon etliche verbrühte Beine und Arme gegeben, da immer mal Leute in unterirdische, unter einer dünnen Bodenschicht verborgene heiße Quellen einbrechen.

Wir sahen von einer hohen, ausgedehnten Schneewehe aus einer herrlichen Eruption zu. Als das Zischen des Dampfes erstarb, hörten wir plötzlich einen Hubschrauber. Nach unseren Instruktionen hätten wir sofort in Deckung gehen müssen. Aber das war leichter gesagt als getan: Wir standen auf offenem Gelände und waren gegen den Schnee leicht auszumachen. Wir konnten uns nicht einmal mehr in einer Dampfwolke verbergen.

Unser Besuch verstieß anscheinend wirklich gegen die Vorschriften. Russische Touristen, die ins Tal der Geysire eingeflogen werden, dürfen nur eine Stunde lang dort bleiben und niemals im Tal übernachten oder durch den Naturschutzpark streifen wie wir. Und meine Besuchserlaubnis? Die war wohl nur eine Erlaubnis für einen illegalen Besuch. Mir war beim Herflug aufgefallen, wie tief der Pilot oft flog, wie er hinter den Bergen Schutz suchte, als ob er auf keinen Fall durch irgend jemanden von der Naturschutzpark-Verwaltung gesichtet werden wollte.

Der Helikopter kreiste über uns und machte damit klar, daß man uns gesehen hatte, und landete dann neben der Hütte. Vitali sagte, er würde hinübergehen und mit den Leuten sprechen, wir aber sollten so weit wie möglich flußabwärts marschieren, damit man uns gar nicht erst zurückrufen könne.

Wir kletterten den Hang hinunter, vorbei an grollenden Dampflöchern, die man die »Tore der Hölle« nennt, und folgten dann dem Fluß, der hier auf eine Schlucht zueilte. Sein Wasser war warm, aber für eine problemlose Durchquerung eigentlich zu tief. Weil er sich aber ständig von einer Seite der Schlucht zur andern schlängelte, mußten wir uns immer wieder nach einer Furt umsehen und dann über glitschige Steine balancieren, die mit dunkelgrünen, von Fliegenlarven übersäten Wasserpflanzen bewachsen waren. Diese warmen Gewässer sind das ideale Milieu für einige ganz spezifisch entwickelte Pflanzen, die es zum Teil nur auf Kamtschatka gibt, wie etwa thermophile Pflanzen mit roten, rosenartigen Blüten und ein paar Arten sehr primitiver Gräser. Einige sind sozusagen lebendgebärend und treiben, wie die Grünlilien, zahlreiche Wurzeln bildende Jungpflanzen, statt sich durch Samen zu vermehren. Diese Pflanzen sind schon in Weltraumlabors gentechnisch untersucht worden.

Der Fluß wurde an vielen Stellen durch glatte, steile Schlammbänke gesäumt, die rot oder orange gefärbt und mit smaragdgrünem Moos bewachsen waren. Welch ein Gegensatz zu den mit Eiszapfen behangenen Schneewächten, von denen sie überragt wurden! Aber hinter jeder Biegung tat sich ein neues Abbild der Hölle auf, mit wogenden Wolken und fiedrigen Fahnen aus zischendem Dampf.

Als wir nach einigen Stunden Marsch und mehreren Flußdurchquerungen zu einer unüberwindlichen Engstelle kamen, blieb uns nur der Ausstieg über eine tückische, steile und rutschige Halde. Der Moosbewuchs des Hanges war zu schwach, um unseren lehmverklumpten Stiefeln Halt zu geben; in dieser gasgeschwängerten Luft kann sich keine Pflanze gut entwickeln. Wir atmeten auf, als wir eine schneebedeckte Rinne erreichten. Aber wir hatten uns zu früh gefreut – auch der Schnee rutschte uns unter den Füßen weg. Oben angelangt, hielten wir vorsichtig nach dem Hubschrauber Ausschau. Warum war er noch nicht wieder abgeflogen? Wartete er auf uns, um uns mitzunehmen?

Wir überquerten einen Hügel hinter der Hütte und stiegen dann zu einem Bach hinab. Er war badewarm und stürzte sich über fünf Meter hohe Felsen in einen tiefen Teich, der von dampfenden heißen Quellen umgeben war. Als wir bachauf wanderten, lauschten wir den vielfältigen Geräuschen der Quellen, ihrem langsamen Gluckern und schnellen Sprudeln, ihrem Zischen und Spucken, und ich schwelgte in den Farben des Bodens und der eisigen Pracht der mit Rauhreif überzogenen Bäume.

Als der Hubschrauber am Nachmittag startete, versteckten wir uns hinter ein paar Felsen, bis die Luft rein war, und gingen dann mit hungrigem Magen zur Hütte zurück. Dort hörten wir zu unserer großen Belustigung, daß auch die Hubschrauberleute illegal in den Park gekommen und nur zum Mittagessen gelandet waren, aber, und das fanden wir weniger lustig, unser Mittagsmahl aufgegessen hatten!

»Macht euch deswegen keine Sorgen«, meinte Vitali, »ich bin der beste Koch in diesem Teil Kamtschatkas«, und goß etwas Öl in eine Pfanne, um Zwiebeln anzubraten. Ein komisches Öl: Es verdampfte, ohne die Zwiebeln zu bräunen. Vitali schüttete noch etwas davon nach. Das war gar kein Öl, und Gott allein weiß, was es wirklich war, aber unsere Mahlzeit schmeckte wunderbar.

Nach dem Mittagessen sahen wir uns die flachen Mulden an, in denen, wie Vitali erzählte, an Sommertagen die Bären in der Sonne liegen und dösen. Der wesentliche Teil seiner Arbeit und zugleich der, mit dem er sich einen Namen gemacht hat, besteht in der Beobachtung der Braunbären. Der Kamtschatkabär, mit einem Höchstgewicht von 700 Kilo angeblich der größte Bär der Erde, sieht im Prinzip genauso aus wie der amerikanische Braunbär oder Grizzly. Sie unterscheiden sich lediglich im Schädelbau – der Grizzly hat größere Kinnladen – und selbstverständlich in ihrer Kost. Da Vitali nicht über die bei amerikanischen Forschern üblichen technischen Geräte, wie Halsband-Peilsender und ähnliche Dinge, verfügt, muß er seine Feldarbeit unter erschwerten Bedingungen durchführen: Er ist häufig und lang zu Fuß unterwegs, muß die Tiere aus nächster Nähe beobachten und sie anhand individueller Merkmale identifizieren (sie bekommen alle einen Spitznamen), sie photographieren und aufwendige handschriftliche Forschungsprotokolle erstellen. Mit seiner lockigen, rotgrauen Bartkrause, seiner zottigen Mähne und seiner stämmigen Gestalt wirkte er selbst ein bißchen wie ein Bär, und wahrscheinlich konnte er auch so aggressiv wie ein Bär werden, wenn er sich bedroht fühlte.

»Einmal sah ich einen Bären, der mit dem Kopf auf dem Ende einer Schneeverwehung lag, wie auf einem Kissen. Er war zwanzig Meter von mir entfernt und sah aus wie ein mir vertrauter Bär, den ich ›Athlet‹ nannte. Also ging ich näher an ihn ran. Ich war mir sicher, daß er meine Schritte hören konnte. Aber er reagierte überhaupt nicht. Ich ging noch näher und machte ein paar Photos; ich war so nah, daß er den ganzen Sucher ausfüllte. Als ich hustete, sprang er blitzschnell hoch und kam mit Riesensätzen auf mich zu. Vier Meter vor mir richtete er sich auf seinen Hinterbeinen auf. Ich ließ alles fallen, alles außer meinem Revolver. Ich schoß in die Luft. Der Bär rührte sich nicht, ich schoß noch einmal. Dann drehten wir uns beide in genau demselben Moment um und rannten los, glücklicherweise in unterschiedliche Richtungen.

Ein andermal wurde ich auf einem Abhang von einer Bärin angegriffen. Ich stürzte, sie setzte mir nach und stürzte auch. Als wir zusammen den Hang hinunterkullerten, überrollte sie mich zweimal. Sie war so schwer, daß sie mich fast plattgedrückt hätte. Sie rollte immer weiter hinab, ich konnte mich abfangen und wieder den Berg hinaufklettern, war aber ganz schön lädiert.

Jetzt geht ihr Winterschlaf so langsam zu Ende. Wenn wir im Lauf dieser Woche auf Tour gehen, werde ich die Bärenfährten zählen, um festzustellen, wie viele von ihnen bereits aufgewacht sind.«

Ein kleines weißes Tier mit einer schwarzen Schwanzspitze huschte vorbei: ein Hermelin, das nach einer Abendmahlzeit Ausschau hielt. Wir sahen zu, wie es am Fluß entlangtrippelte, über schmale heiße Wasserläufe sprang und vor jedem Loch stehenblieb, um es auf ein mögliches Abendessen zu untersuchen. Im Sommer bekommen die Hermeline ein schokoladenbraunes Fell. Sie machen keinen Winterschlaf, genausowenig wie ihre Ernährer, die Mäuse. Vitali erzählte, er habe einmal durch einen dummen Zufall ein paar Ratten in seine Hütte eingeschleppt (sie steckten in einer Lebensmittellieferung). Weil es im Kronozki-Gebiet keine Ratten gebe, hätten ihn die Rattenspuren zuerst völlig verblüfft, genauso wie die Tatsache, daß sein ganzer Vorrat an Bettwäsche mit einemmal zu Fetzen zernagt gewesen sei. Aber dann habe er eine von diesen Ratten bei seinen Vorräten gesehen und begriffen, was passiert war.

»Merkwürdigerweise hatte ich nur Ratten eines Geschlechts mitgebracht, und die begannen bald wie verrückt nach Partnern zu suchen. Wenn sie die Hütte verließen, um in der weiteren Umgebung zu suchen, sah ich ihre Spuren – und auch die Spuren des Hermelins, das sie eine nach der anderen auffraß. Hermeline werden nie so zur Plage wie Ratten, weil sie keine Vorräte anlegen, sondern nur das fressen, was sie gerade brauchen. In der Nähe meiner Hütte lebt ein Hermelin. Es ist besser als eine Katze, ein blitzschnelles Raubtier mit einem starken Jagdinstinkt.«

Am nächsten Morgen schulterten wir unsere Rucksäcke und Jägerskier und machten uns, nachdem wir die Hütte zugesperrt und den Geysiren Lebewohl gesagt hatten, auf den Weg in ein Seitental. Dort begann unser langer Aufstieg in eine hoch aufragende Bergkette. Die am Teileingang noch häufigen Gaslöcher machten sich immer rarer, je höher wir kamen, bis sie schließlich ganz dem Schnee Platz machten. Wir stiegen mit Skiern auf – im Entengang, um nicht zu rutschen.

Wir zogen in knapp vier Kilometer Abstand am Tal des Todes vorüber. Vitali geht dort gelegentlich hin, um die Tierkadaver zu entfernen.

»Es ist eigentlich kein richtiges Tal, eher ein kleiner Canyon mit ein paar Bächen darin. Er sieht ganz normal aus, und es gibt dort nichts, was einen warnen würde. Manchmal kann man das Gas allerdings riechen.

Es gibt verschiedene Stellen, wo das tödliche Gas entweicht. Schwefelwasserstoff ist der Killer. Zu den meisten Todesfällen kommt es Mitte Juni. Bären brauchen lange, bis sie sterben. Wie schnell das geht, hängt vom Wetter ab. Wenn es windig ist, verteilt sich das Gift, aber an windstillen und nebligen Tagen spüre ich seine Wirkung auf mich schon nach wenigen Minuten. Ich bekomme keine Luft mehr, habe das Gefühl zu ersticken. Als ob mein Mund und meine Nase völlig zu wären.«

Es war ein herrlich sonniger Tag, kein Lüftchen ging, und der Schnee auf den hoch aufragenden Gipfeln vor uns war blendend weiß. Wir stiegen höher und höher, von einer Rinne zur andern. Da es hier sehr viel kälter war, bestand diesmal auch keine Lawinengefahr. Ich konnte die anderen nicht mehr sehen. Vitali war vorausgegangen, dicht gefolgt von Natascha, die eine ausgezeichnete Skifahrerin war, und ich bummelte vergnügt hinter ihnen drein. Valentin war weit zurückgefallen, weil er ans Skifahren nicht gewöhnt war und den schwersten Rucksack trug. Ich freute mich über das zischende Geräusch, das meine Skier machten, und beobachtete zwei Adler, die hoch über mir dahinschwebten.

Am Fuß einer alten steilen Lawinenaufschüttung schnallten wir die Skier ab und machten uns an den schwierigsten Teil des Aufstiegs. Es kostete uns eine Stunde harter Arbeit – wir mußten unsere Stiefelspitzen in den Schnee bohren, um Halt zu finden –, bis die Lawine unter uns lag. Die Aussicht vom Gipfel war atemberaubend; der Blick reichte bis zum Vulkan Uson mit seinem verborgenen Kratersee. Wie eine alte Legende erzählt, war Uson ein mächtiger Geist, der einst auf diesem Gipfel lebte und die Menschen vor Unheil schützte, indem er mit seinen mächtigen Händen die Krater der Vulkane verschloß, die kurz vor einem Ausbruch standen. Er zähmte auch riesige wilde Hirsche und tat viele gute Werke. Aber er lebte ganz allein und durfte aufgrund eines Tabus, das böse Geister oder *Kalau* ihm auferlegt hatten, niemandem seine Heimstatt zeigen. Uson sehnte sich aber so nach der menschlichen Gesellschaft, daß ihm endlich der Rat der guten Geister erlaubte, sich in einem nahegelegenen Nomadenlager eine Frau zu suchen.

Also wanderte er unsichtbar durchs Land, bis er sich in eine schöne Frau namens Najun verliebte. Er nahm sie zu seinem Vulkan mit, und dort lebten sie viele Jahre lang glücklich und zufrieden. Irgendwann aber begann Najun sich so nach der Gesellschaft anderer Menschen zu sehnen, daß sie Uson bat, sie ihre Verwandten besuchen zu lassen. Der freundliche Uson brachte es nicht übers Herz, ihr die Bitte abzuschlagen. Er schob mit seinen großen Händen die Berge auseinander, und sogleich zeigte sich eine Straße, auf der Najun ins Tal hinabwandern konnte. Bald darauf hörte Uson einen großen Lärm. Es waren Menschen, die Najuns Straße heraufkamen, um Uson zu sehen. Das Tabu der Kalau war gebrochen, die Berge wankten, und mit einem fürchterlichen Krachen öffnete sich die Erde und verschlang den ganzen Gipfel. Der mächtige Uson wurde zu Stein verwandelt. So verharrt er nun für alle Ewigkeit in trauriger Haltung und mit gesenktem Kopf. Richtige Tränen quollen aus den versteinerten Augen dieses steinernen Helden und vereinigten sich zu einem tosenden Fluß. Jetzt leben die bösen Kalau im Krater, wo sie verderbliche Gase und Gifte aufrühren, die aber Uson mit seinen Tränen kühlt und unschädlich macht. So dient Uson den Menschen auch noch lange nach seinem Tode.

Für ein paar Kilometer stieg der Hang nun sacht an und führte zu einem Bergmassiv, dessen lange, wie Finger ausgestreckte Ausläufer mit Birken übersät waren. Ich versuchte die teilweise steile Abfahrt im Zickzack zu nehmen, bekam aber den Hang mit meinen Skiern nicht richtig in den Griff. Es war schon Nachmittag, und wir fuhren drei oder vier Stunden ab, so langsam wie möglich.

Ich kreuzte die schon Wochen alte Fährte eines Bären und die frischere Spur eines Vielfraßes. Der Rucksack wurde mir immer schwerer, meine Schultern schmerzten, und wenn ich stürzte, kam ich nur mit Mühe wieder auf die Beine. Wir fielen alle immer wieder hin, aber keiner wartete, um dem anderen aufzuhelfen. Ich blieb aber ein bißchen zurück, um Valentin im Auge zu behalten, der sehr zu kämpfen hatte. Vitali dagegen stand fest auf seinen Skiern und wankte selbst dann nicht, wenn er mitten durch Büsche fuhr; aber ich hatte ihn tags zuvor gelegentlich hinken gesehen. Das komme daher, erzählte er, daß ihn ein Wilderer vor ein paar Jahren ins Bein geschossen habe.

»Ich begriff überhaupt nicht, warum er das tat. Wilderei, und dazu noch unter Alkoholeinfluß – wegen so einer Lappalie hatte er auf mich geschossen, ein Verbrechen begangen. Aber dann lud er seine Schrotflinte nach und sagte: ›Jetzt bringe ich dich um.‹ Ich lag auf dem Boden mit meinem abstehenden Bein und fühlte mich wie in einen amerikanischen Western versetzt. Ich versuchte ihn zur Vernunft zu bringen, aber er hob seine Flinte und legte an. Da zog ich meinen Revolver und feuerte. Der erste Schuß traf ihn in den Hals. Weil er nicht umfiel, schoß ich erneut und traf ihn in den Unterleib. Als er sich umdrehte und weglaufen wollte, bekam er meine dritte Kugel in den Hintern. Das war leider meine letzte Patrone! Wir wurden gerettet und in ein Krankenhaus gebracht; der Wilderer mußte anschließend für acht Jahre ins Gefängnis.

Ich hatte Probleme, weil der erste Arzt mein gebrochenes Bein amputieren wollte. Also wechselte ich den Doktor und behielt mein Bein. Aber es war um sieben Zentimeter kürzer geworden. Ich benutzte einen Apparat, um es zu verlängern, aber es ist immer noch ein bißchen zu kurz.«

Auf Skiern bewegte er sich jedoch alles andere als steif. Schon war er meinen Blicken entschwunden, und ich war wieder allein. Auf den sanft geneigten Hängen konnte man wunderbar dahingleiten. An einem Hang hatte ein Bär eine Rutschpartie gemacht. Unten hatte er sich im Schnee gewälzt und war dann davongetrottet. Sein Trittsiegel war so groß, daß ich mit beiden Füßen bequem Platz darin fand.

Wir mußten noch zwei Täler durchqueren, bis wir schließlich die Hütte »Nummer zwei« erreichten. Vitali hatte bereits den Ofen geheizt, Wasser gekocht und die Hüttentür freigeschaufelt, als wir ankamen. Wir waren alle so ausgehungert, daß wir einen großen Topf Reis kochten. Als ersten Gang gab es Reis mit Fleischsoße, dann Reis mit Milchpulver, dann Reis mit Zucker und zum Schluß süßen Tee mit Reis.

»Als ich einmal hier ankam«, erzählte Vitali, »stand die Tür sperrangelweit offen. Ich schließe meine Hütten zwar nie ab, mache aber die Fenster und Türen wegen dem Wind immer sorgfältig zu. Ich näherte mich also vorsichtig der Tür und horchte. Es war alles still da drin. Als ich aber noch näher heranging, um einen Blick in die Hütte zu werfen, ging die Tür zu. Also stieg ich auf eine umgedrehte Kiste und spähte durch ein Fenster hinein. Gleichzeitig mit mir bewegte sich aber auch der Eindringling zu diesem Fenster und starrte mich jetzt wütend durch die Scheibe an. Ein Bär! Er saß in der Falle, weil er die Tür versehentlich von innen zugestoßen hatte. Irgendwann bahnte sich der Bär mit brachialer Gewalt einen Weg ins Freie, aber erst nachdem er die Hütte in ein Chaos verwandelt, einen Teil der Lebensmittel gefressen, die Fenster mit seinen Klauen bearbeitet und das ganze Isolierungsmaterial abgekratzt hatte.« Vitali zeigte uns die Spuren, die er hinterlassen hatte.

Im vergangenen Jahr habe er bei seiner Ankunft gesehen, daß eine Fensterscheibe zerbrochen war. »Aber erst als ich bei einem Gang um die Hütte in den Scheiben mein Spiegelbild erblickte, begriff ich, was passiert war. Ein neugieriger Bär hatte sein Spiegelbild für einen Rivalen gehalten und die Scheibe zerschmettert.«

Diese Bärengeschichten sorgten nicht gerade für einen guten Schlaf. Ebensowenig wie die klammen Matratzen, gegen deren feuchte Kälte mich auch meine dicke Vermummung nicht schützen konnte.

Aber das Skifahren am nächsten Morgen war großartig. Vitali lag wieder weit vorn. »Folge meiner Spur«, hatte er nur gesagt, bevor er meinen Blicken entschwand. Natascha mußte dicht hinter ihm sein, und Valentin war ein großes Stück hinter mir. Als ich nach einer Stunde Fahrt um eine Kuppe schwang, sah ich einen großen Braunbären den Hang herunterschlittern. Er kam direkt auf mich zu, schien mich aber noch nicht bemerkt zu haben. Ich bremste scharf und fuhr im Schneepflug seitlich einen Buckel hinauf, um außerhalb seines Blickfelds zu bleiben. Würde er mich sehen, mich riechen, mich hören? Ich erstarrte.

Der Bär stand jetzt auf Vitalis Skispur. Er hatte ein sehr zottiges, dunkelbraunes Fell. Welche Richtung würde er nehmen? Aber wozu sich ängstigen! Entweder würde er auf mich zukommen, oder er würde nicht auf mich zukommen, eine dritte Möglichkeit gab es nicht. Vitali hatte zwar gemeint, die Bären seien jetzt noch nicht hungrig; er hatte aber auch gesagt, die männlichen Tiere seien während der Paarungszeit besonders aggressiv. Ich rührte mich nicht von der Stelle, nahm aber meinen Rucksack ab, um schnell abhauen zu können. Meine größte Befürchtung war, daß Valentin inzwischen aufgeholt hatte und plötzlich in seiner üblichen unkontrollierten und unaufhaltsamen Art das Tal heruntergeschossen kam. Ich machte mich bereit, ihn zu warnen.

In einem Anflug von Belustigung dachte ich, daß ich ja auch ganz schön in die Klemme käme, wenn der Bär Vitalis Spur folgen und so vor mir herziehen würde. Sollte ich dann versuchen, mit möglichst viel Schwung an ihm vorbeizusausen? Während ich noch abwartete und beobachtete, trollte der Bär sich und stieg, bei jedem Schritt mit seinen großen Tatzen tief einsinkend, den gegenüberliegenden Hang hinauf – ohne sich umzusehen und ohne von dem Gefühlssturm, den er ausgelöst hatte, auch nur das geringste zu ahnen. Er arbeitete sich langsam und gleichmäßig bergan, legte ab und zu eine Verschnaufpause ein, schien aber nicht im mindesten beunruhigt. Als ich das Gefühl hatte, daß sich mit ihm auch seine Angriffszone weit genug von mir entfernt hatte, nahm ich meinen Rucksack auf und machte mich, da von Valentin noch immer nichts zu sehen war, wieder auf den Weg.

Anderthalb Kilometer weiter wartete Natascha auf mich. Sie stand neben zwei großen, tiefen Schneelöchern und erzählte mir, was Vitali ihr über deren Entstehung gesagt hatte. Demnach war der eine bei dem langen, fürchterlichen Kampf auf Leben und Tod entstanden, den sich zwei Bären hier vor längerer Zeit geliefert hatten. Die Spuren ihres Kampfes waren noch immer sichtbar, tiefe Kerben an Baumstämmen zeugten von der Wildheit ihrer Rivalitätsrituale. Als Vitali das erste Mal an diese Stelle kam, lag der tote Bär mit aufgeschlitztem Bauch da und war bereits am ganzen Körper von Aasfressern angenagt und angepickt. Es war ein etwa zwanzig Jahre altes, 350 Kilo schweres Tier, das von einem kleineren Bären wohl nur deswegen besiegt worden war, weil es das Pech gehabt hatte, irgendwann in diesem Kampf ein Auge zu verlieren.

Nun war anscheinend der siegreiche Bär vor einigen Tagen zurückgekehrt und hatte den schneebedeckten Kadaver gewittert und ausgegraben; das erklärte das zweite Loch. Übrigens vergraben oder verstecken Bären oft Beutereste und scheuen sich auch nicht, verfaultes Fleisch zu fressen.

Inzwischen wog der kleine Bär von damals wohl auch seine 350 Kilo. Das ließen jedenfalls die neunzehn Zentimeter langen Trittsiegel seiner Hintertatzen vermuten, wie der inzwischen eingetroffene Valentin feststellte. Nach der Richtung zu urteilen, die seine noch ganz frischen Fährten nahmen, müsse das auch genau der Bär gewesen sein, den ich gesehen habe. »Ja«, stimmte ich zu, »er kam mir auch sehr groß vor.«

Wir benötigten den ganzen Vormittag, um uns um die Basis eines zerklüfteten kollabierten Vulkans herumzuarbeiten. Als das geschafft war, nahmen wir Kurs auf den klassisch schönen Kegel des Vulkans, der dem Naturschutzpark seinen Namen gegeben hat. Der längst erkaltete Gipfel des Kronozki ist von einem sternförmigen Gletscher bedeckt, dessen Zungen in ringsum abgehenden Rinnen talwärts fließen. An der uns zugewandten Seite waren mehrere aktive Lavakegel zu sehen. Aber die vulkanische Aktivität des Kronozki erhöhte sich gerade wieder. Er schien jetzt in einem Zwischenstadium und nicht allzuweit von einem neuerlichen großen Ausbruch entfernt zu sein.

Wir fuhren auf eine große Ebene hinaus, aus der sich der Krascheninnikow erhob, ein Doppelvulkan inmitten einer ausgedehnten Caldera. Dort wo Vitalis Spuren in ein Waldgebiet führten, hielten wir an und durchsuchten Valentins Rucksack nach einem Mittagessen, fanden aber nichts als ein bißchen trockenes Brot. Ich machte mir ein dick mit Schnee belegtes Sandwich. Wir blickten düster auf Vitalis Spuren und bereiteten uns innerlich auf weitere sechs Kilometer anstrengender Fahrt vor. Als wir aber einen Bach überquerten, sahen wir die Hütte vor uns liegen. Auf dem Dach flatterte eine ausgeblichene rosarote Fahne.

Irgendwie begannen mich Vitalis Hütten zu faszinieren, deren jede eine Welt für sich darstellte, die von der Persönlichkeit ihres Erbauers geprägt war. Es hatte ihretwegen im Laufe der Jahre viel Streit mit der Verwaltung gegeben. Man habe ihm verboten, im Park Hütten zu bauen, erzählte er, aber das habe er einfach ignoriert. Er streite nicht mit ihnen, sie stritten mit ihm. Ein Problem waren auch seine fehlenden akademischen Qualifikationen. Aber da sie auf seine Erfahrung und sein Fachwissen angewiesen sind, haben sie eine Sonderregelung für ihn getroffen und ihn zum Wissenschaftlichen Assistenten ernannt.

Das hier war Vitalis Lieblingshütte. An der Sonnenseite hatte er sich ein Arbeitszimmer angebaut, das er Natascha und mir als Schlafraum zur Verfügung stellte. Er heizte einen zweiten Ofen an, und wir genossen den Luxus eines Bades, gossen uns Krüge voll Wasser über den Körper. Natascha seifte sich vom Kopf bis zu den Füßen ein und meinte: »Russische Seife ist die beste Seife der Welt. Da ist keine Chemie drin, die wird nur aus Fett gemacht.«

Daß schmieriges seifiges Fett die beste Seife sei, wollte mir nicht einleuchten. Wäre demnach der russische Kaffee, weil er kein Gramm echten Kaffee enthält, der beste Kaffee der Welt? Sie lachte: »Eins zu null für dich!«

Die Wände in Vitalis Studio waren mit Büchern vollgestellt:

Biologie, Geschichte, Geographie, Philosophie und Poesie. »Puschkin«, sagte Vitali, »der bedeutendste russische Dichter, hatte gerade angefangen, ein Buch über Kamtschatka zu schreiben, als er bei einem Duell, bei dem es um die Ehre seiner Frau ging, sein Leben verlor.« Außer einem etymologischen Wörterbuch der russischen Sprache und einer regalfüllenden Enzyklopädie, die Vitali angeblich ganz gelesen hatte, standen da auch die gesammelten Werke Lenins. Vielleicht, meinte er vermittelnd, habe Lenin seine zentralen Ideen ja aus der Bibel geklaut.

Der Autor, dem mein besonderes Interesse galt, war Krascheninnikow. Er wurde zum ersten Botaniker russischer Nation, als er 1738 mit Bering nach Kamtschatka reiste und dann, ohne jede finanzielle oder sonstige Unterstützung, vier Jahre lang durch die Halbinsel streifte und Informationen über deren Pflanzen und Mineralien, Meeres- und Landsäugetiere, Vögel und Menschen zusammentrug; er sammelte auch Daten zur Geschichte des Landes, studierte die Legenden und Sprachen der Ureinwohner und verarbeitete dann sein ganzes Wissen in der *Geschichte Kamtschatkas*, die 1755 veröffentlicht wurde.

Von einem Baum vor der Tür hob ein seltener Stellerscher Seeadler ab. Er hat einen großen gelben Hakenschnabel und übertrifft mit seiner Spannweite von über zwei Metern den Stein- wie den Seeadler. Vitali zeigte mir seinen Horst ganz in der Nähe der Hütte, den er mit seiner Gefährtin alljährlich für drei Monate bezieht. Adler brüten normalerweise zwei Eier aus. Meist tötet aber eines der Jungen das andere, um das ganze Futter für sich allein zu haben – der Gierigste überlebt.

Die Hütte liegt in der Schleife eines nie zufrierenden Flusses, vor einer gewaltigen Skyline mit schneebedeckten Vulkanen. Am späten Nachmittag schnallten wir wieder unsere Skier an und streiften am Flußufer entlang. Vitali zeigte uns die Fährte eines Vielfraßes: mit tief eingegrabenen Löchern dort, wo er in großen Sätzen den noch weichen Schnee durchquert hatte, und mit flachen, klar gezeichneten Pfotenabdrücken da, wo er später im leichten Trab über die inzwischen feste Schneedecke zurückgekehrt war. Ein

Stück weiter kreuzte dann die Spur eines herumschnüffelnden Fuchses und das Geläuf eines Rebhuhns diese Fährte, und noch später fanden wir die Flügelreste eines jungen Stellerschen Seeadlers, der einem Vielfraß zum Opfer gefallen war. »Die jungen Adler sind besonders gefährdet, wenn sie im Fluß fischen«, sagte Vitali. »Dann ist ihr Gefieder zum Fliegen zu naß, wenn der Vielfraß angreift.« Die Spuren zeigten, daß nach dem Festmahl des Vielfraßes der Fuchs aufgetaucht war und, bis auf die Federn, alle Reste vertilgt hatte.

Der Fluß entsprang einem von tiefen Quellen gespeisten See, deren aufsteigende Fluten auf der Seeoberfläche konzentrisch sich ausbreitende Wellen bildeten. Sechs Schwäne flogen mit melodischem Gesang den Fluß entlang. Als wir langsam durch offenes Waldland und über eine freie Ebene zogen, konnten wir einen Teil eines vulkanischen Prä-Caldera-Massivs sehen. Der Kegel des Kronozki war noch in Sonnenlicht getaucht. Wir waren in der Jahreszeit, die bei den Russen »Lichtfrühling« heißt, weil nun die Tage länger und sonnig, die Tiere aktiver werden und die Knospen der Bäume zu wachsen beginnen (sie bleiben allerdings noch bis Anfang Juni geschlossen). Als nächstes kommt der Mai, den man den »Wasserfrühling« nennt, weil dann der Schnee zu schmelzen beginnt. Das war das Stichwort für Vitali, um uns noch eine seiner leicht surrealistischen Geschichten zu erzählen.

»Als ich ein Kind war, stürzte mir bei einer Schneeschmelze einmal das Dach über dem Kopf ein«, erinnerte er sich. »Wir wohnten am Ufer eines Flusses oberhalb von Tbilissi. Meine Mutter hatte mich auch an diesem Tag allein im Haus eingeschlossen. Bei dem Erdrutsch brach das halbe Gebäude weg und glitt in den Fluß. Ich hörte die Schreie der Leute, die aus ihren Häusern gerannt kamen. Der Boden des Zimmers begann sich zu neigen. Mit einemmal wurde das Fenster aufgestoßen, und mein Großvater streckte die Hand zu mir herein. Er war ein bißchen verrückt, weil er viele Jahre im Gefängnis gesessen hatte, aber er streckte mir die Hand entgegen, und ich hatte sie kaum ergriffen, als das Zimmer mit einem fürchterlichen Krachen aufbrach und eine Staubwolke den Raum füllte. Als der Staub sich wieder legte, sah ich, daß dort, wo die Südwand gewesen war, nun ein riesiges Loch klaffte, das einen wunderbaren Ausblick auf Berge und grünes Land gab. Das ist auch mit ein Grund, warum ich bei meinen Hütten so viele Südfenster wie irgend möglich einbaue, um sozusagen keine Südwand zu haben.«

Ich setzte mich mit meinem Tee auf die Bärenbarrikade, eine Palisade aus dicken Baumstämmen, die die Bären daran hindern soll, ihre Krallen an den Hüttenwänden oder an der Dachpappe zu wetzen. Vitali beschrieb die Warnsignale des Bären: ein nach unten gerichtetes Nicken oder ein Hinundherschwingen des Kopfes. Wenn er brüllt, setzt er die ganze Kraft seiner Lungen und Stimmbänder ein, und wenn er angreift, galoppiert er mit angelegten Ohren und einem kreisrunden, O-förmigen Maul auf seinen Gegner los.

Vitali fragte mich über den Bären aus, dem ich begegnet war, um sich zu vergewissern, ob das der Kampfbär vom vergangenen Jahr gewesen sein könnte. Valentin bestätigte, daß die großen frischen Fährten, die er gesehen hatte, nach Vitalis Vorbeifahrt entstanden sein mußten. Wahrscheinlich hatte sich der Bär verdrückt, als er Vitali kommen hörte, und war dann mir in die Quere gekommen oder besser gesagt: gerutscht. Und zwar auf dem Hintern, nach der Spur zu schließen, die er am Hang hinterlassen hatte. Das sei zu dieser Jahreszeit ganz normal, meinte Vitali, mit solchen Rutschpartien versuchten die Bären, ihre winterliche Verstopfung loszuwerden. Er riet mir, auf einen Baum zu steigen, wenn ich angegriffen würde. Nur junge Bären könnten mir dann nachklettern; denn nach dem dritten Lebensjahr würden sie so schwer, daß ihre Klauen ihr Gewicht nicht mehr halten könnten.

An diesem Abend drehte sich die Unterhaltung ausschließlich um Vitalis Erfahrungen bei der Beobachtung von Bären. Die Bärinnen setzen ihre Jungen während der Winterruhe, und zwar meist zwei oder drei (ganz ausnahmsweise auch fünf, aber das hatte Vitali in zwanzig Jahren nur einmal erlebt). Bei der Geburt sind die Jungen blind, nackt und zahnlos, etwa handtellergroß und zwischen fünfzig und tausend Gramm schwer. Sofort nach ihrer Geburt beginnen sie instinktiv, an den Zitzen ihrer schlafenden Mutter zu saugen. Im Frühjahr spielen und toben die Jungbären ständig miteinander;

sie liefern sich Ringkämpfe, beißen einander in den Hals und in die Beine, belauern und jagen sich. Das ist auch die einzige Zeit, in der eine Bärin einen männlichen Bären besiegen kann.

Erwachsene Bären sind Einzelgänger und legen bei der Nahrungs- und Partnersuche große Entfernungen zurück. Sie hegen keine exklusiven Gebietsansprüche. Kleine Bären suchen aber das Weite, wenn ein großer ihr Revier beansprucht. Jungbären haben keine eigenen Fischplätze, sie stibitzen einfach bei den alten Tieren. Vitali beschrieb die verschmitzt-unverschämte Miene, mit der so ein junger Racker einem älteren Bären hinter dessen Rücken die Fische stiehlt.

Die Lebensdauer der hiesigen Bären beträgt zwanzig bis fünfunddreißig Jahre; sie sterben normalerweise, wenn ihnen die Zähne ausfallen. In anderen Regionen können sie bis zu fünfzig Jahre alt werden, aber nicht hier, unter den harten klimatischen Bedingungen der Kronozki-Region. Im gesamten Naturschutzpark leben etwa vierhundert Bären; ihre Population wird durch das rauhe Klima auf natürliche Weise stabil gehalten. Außerdem töten große männliche Bären auch Jungbären, wenn deren Zahl überhandnimmt, und fressen sie oft auch auf, aber nicht aus Hunger, wie Vitali erklärte, sondern aus Aggressivität.

Mir war in meinem Schlafsack aus Hundefell so wohlig warm, wie ich es erwartet hatte. Schließlich schlafen die Hunde selbst im Winter draußen im Freien, ohne daß es ihnen kalt würde.

Durchs Fenster sah ich den Vollmond aufgehen. Später verschwand er aber hinter dicken Wolken, was mich für unser Wetter am nächsten Tag Böses ahnen ließ.

Es dämmerte grau in grau. Vitali und ich hielten in einem breiten und von niedrigen Erlenbüschen gesäumten Tal nach Winterquartieren von Bären Ausschau. Wenn im Herbst die dicker werdende Schneedecke die Büsche niederdrückt, bilden sich unter ihren Zweigen Luftglocken, ideale Zufluchtsstätten für diese Tiere. Bären halten keinen echten Winterschlaf, der ja durch eine dramatische Senkung der Körpertemperatur und Verlangsamung des Herzschlags gekennzeichnet ist. Der Bär hat einen leichten Schlaf, bewegt sich fast ständig, dreht sich hin und her, kratzt sich den Pelz und leckt sich von seinen Klauen die ausgekämmten Haare ab und schluckt sie. Sie regen seine Magenaktivität an, verstopfen aber auch, zu Knäueln zusammengeballt, sein Darmende und bilden so einen nützlichen Pfropfen, der für die Sauberkeit seines Winterquartiers sorgt. Den Legenden der Itelmen zufolge kann ein Bär im »Winterschlaf« die Gedanken der Menschen lesen.

Wir nahmen unser Picknick neben einem umgestürzten Baum ein; Vitali taufte den Platz auf den Namen »Birkenbaum-Café«. Unser Rückweg, für den wir fast den ganzen Nachmittag benötigten, führte uns in einem großen Bogen über eine herrliche weite Ebene, die von Vulkanen und Seen gesäumt war.

Daß es dann die ganze Nacht über heftig schneite, war Vitali nur recht, weil der Neuschnee wohl all die Spuren tilgte, die wir bei unserem Besuch im Bärental hinterlassen hatten. Es schneite auch am nächsten Morgen noch etwas, aber sicherlich nicht genug, um uns von unserem Plan abzubringen, einen fünfzehn Kilometer langen Marsch längs der Küste zu unternehmen. Bald war Vitali nur noch ein ferner, verschwommener Fleck hinter wirbelnden Schneeflokken. Es gab nirgendwo eine Landmarke, einen Orientierungspunkt, nur leeres weißes Land unter einem bleiernen Himmel.

Allmählich konnte ich das Donnern des Ozeans hören. Wir fuhren über Hügel hinweg, die Sanddünen gewesen sein könnten, und standen mit einemmal am Rande des Meeres. Die Schneedecke reichte bis vor zur Flutlinie. Der Strand aus schwarzem vulkanischem Sand dampfte, weil er wärmer war als der fallende Schnee. Weiße Wogen rollten herein. Ich schnallte meine Skier ab und ging ans Wasser hinunter, um mit der Hand dessen Temperatur zu erfühlen. Etwa 5°C. Aus den Wellen tauchten zwei Schnauzen auf, neugierige Pelzrobben, die uns genau beobachteten, als wir die Skier an die Rucksäcke schnallten, bevor wir zu unserem Marsch am Meer entlang aufbrachen.

Das war eine der saubersten Flutlinien, die ich je gesehen habe: keinerlei Zivilisationsmüll, nur ein paar bunte Steine, Muscheln, Tang und die Reste der Krabbenmenüs der Adler. Wir wanderten kilometerweit über diesen wundervollen Strand, auf dessen schwarzen Sand der Schnee fiel und die weißen Wellen donnerten.

Als ein paar Hügel in Sicht kamen, verließen wir den Strand und schnallten unsere Skier an. Vitali sagte, ich solle genau in seiner Spur bleiben, da wir nun eine recht tückische Lagune überquerten. Sie hatte eine holprige und mit altem Eis übersäte Eisdecke, über die Vitali aber festen Schritts dahinzog. Danach kamen wir an einen Fluß, den wir zweimal überquerten, zuerst auf einer von Wilderern erbauten, alten Holzbrücke und später dann auf zwei Baumstämmen. Am Nachmittag stiegen wir in die Hügel hinauf. Auf einem dieser Gipfel stand dann Vitalis vierte Hütte, von der aus man die Küste in beiden Richtungen kilometerweit überblicken konnte.

Auf diesem Gipfel, einem hervorragenden natürlichen Aussichtspunkt, stand vor dreihundert Jahren ein Itelmendorf. Man konnte noch die kleinen Erdhügel erkennen, auf denen sie einst ihre Hütten gebaut hatten. Vitali erzählte mir, daß er hier Steinbeile gefunden habe und Steinmesser, die zum Ausnehmen von Fischen und Wild verwendet wurden. Ja, hier ließ es sich sehr gut leben: ein leicht zu verteidigender Platz, der Fluß dort unten, Fische, Meeressäuger und Wild in Hülle und Fülle. Diese dörfliche Gemeinschaft fiel keinem feindlichen Angriff zum Opfer, sondern wurde durch die Pocken ausgelöscht, die höchstwahrscheinlich durch die Russen und die Pelzhändler eingeschleppt worden waren. Außer den Itelmen starb bei der Pockenepidemie von 1899 fast ein Viertel aller Tschuktschen, Eskimos und Ewenen.

Während draußen ein Schneesturm wütete, verbrachten wir, gut mit Lebensmitteln und Feuerholz versorgt, einen faulen Tag in Hütte Vier. Ich empfand es als recht angenehm, so zu entspannen und über Gott und die Welt zu reden, über unsere Hoffnungen und Ängste, aber Vitali wirkte ein bißchen wie ein gefangenes Tier. In ruhigeren Augenblicken sprach er über sein Leben und seine Arbeit, seine umfangreichen Notizen und Tagebücher und seine Photosammlung, die eine der umfassendsten Bärenstudien sein muß, die je gemacht wurde.

»Mein Arbeit ist eine Aufgabe, die ich wohl nie zu Ende führen kann, fürchte ich. Wenn ich arbeite, bin ich zufrieden; der Prozeß ist wichtiger als das Ergebnis.«

Als der Schneesturm nachließ, stellten wir unsere Skier ab und wanderten am Meer entlang. Tosende Brecher gischteten herein und donnerten gegen Eisbänke. Auf der Böschung eines Flusses, der parallel zur Küste floß, sahen wir frische Bärenspuren. Und dann entdeckten wir den Bären selbst: Er saß am anderen Ufer und beobachtete uns. Er fühlte sich sicher, wir fühlten uns sicher, und so starrten wir einander an. Sein mächtiges Zottelfell wogte und schimmerte, wenn er den Kopf schüttelte. Dann legte er sich mit verschränkten Armen auf den Bauch, um uns in aller Ruhe im Auge zu behalten.

Als wir weiterwanderten, unterhielt Natascha uns mit einer Geschichte, die sie mir schon früher hatte erzählen wollen und die sich um Fedor drehte, einen Freund von ihr, der in Südkamtschatka Bären zählte. In einem Frühjahr suchte er eine abgelegene Hütte auf, die er im vorangegangenen Herbst gut verschlossen hatte. Die Tür sah wüst aus, war aber geschlossen. Drinnen fand er einen toten Bären, dem die Hütte zur Falle geworden war. Er sah aus, als ob er verhungert wäre. Es gab allerdings nur einen konkreten Hinweis auf diese Todesart: ein ehemals rotes und nun weißes Handtuch, das, zu einer Wurst geformt, auf dem Boden lag. Fedor hatte in der Hütte keinerlei Lebensmittel zurückgelassen. Daher hatte sich der gefangene Bär dieses Handtuch einverleibt, das einzige freßbare Objekt, das er finden konnte. Bevor er es dann wieder ausschied, hatten es seine Magenenzyme weiß gebleicht. »Nachdem Fedor den Kadaver aus der Hütte geschafft hatte«, erzählte Natascha, »wusch er das Handtuch und hängte es wieder an seinen Platz.« Was ja einiges über den Konsumgütermangel aussagt, der in Rußland herrscht!

In dieser Nacht schnarchte Vitali so fürchterlich laut, daß ich meine Hubschrauber-Ohrstöpsel herauskramte. Er schnarchte wie ein Bär – es hätte nur noch gefehlt, daß er an seinen Klauen saugte.

Die Tour von Vitalis Nummer-vier- zu seiner Nummer-fünf-Hütte wurde um einiges strapaziöser; wir mußten uns über zwei niedrige Höhenzüge kämpfen. Vitali hatte die Strecke in größeren Abständen mit roten Bändern markiert, um sich im Nebel oder bei einem Schneesturm nicht zu verirren. Außerdem hatte er sich Kerben in die Stiefelsohlen geschnitten, um seine eigenen Spuren von denen eventueller Wilderer unterscheiden zu können.

Wir zogen durch Waldtundra, Ebenen und Sümpfe, schlängelten uns zwischen tauenden Schneekuhlen hindurch. An diesen Stellen wachsen Sumpfgräser, die im Frühling die erste Nahrung für die Bären sind. Wir sahen auch Unmengen von im Wasser schwimmenden karottenähnlichen Knollen, die Zikuta heißen und giftig sind. Genau solche Knollen, meinte Vitali, hätten den griechischen Philosophen Sokrates umgebracht – und wäre es nicht eine gute Idee, wenn Kamtschatka in alle Länder, die unter einer Philosophenschwemme leiden, Gift exportieren würde?!

Wir machten uns auf den Rückweg zur Nummer drei, meiner Lieblingshütte. Nachdem ich am Abend vergeblich versucht hatte, die Nachrichten des BBC-Auslandsdiensts hereinzubekommen, hörten wir uns die Direktübertragung vom Volksdeputiertenkongreß in Moskau an. Der Vertreter Kamtschatkas krittelte und kritisierte, listete tausend Probleme auf, ohne auch nur einen einzigen Lösungsvorschlag zu machen, und schweifte plötzlich ab und redete über Wodka. Das war also der Kongreß, auf den die Rentierhirten so große Hoffnungen setzten! Die Redeschlacht dauerte die ganze Nacht, denn wenn in Moskau Mittag ist, ist es auf Kamtschatka neun Uhr abends. Neun Zeitzonen Unterschied, das machte mir die Weite Rußlands bewußt. Ich rollte mich in meinem Hundefell-Schlafsack zusammen und döste ein.

Am nächsten Tag verschlechterte sich das Wetter wieder, so daß wir nur eine kleine Zwölf-Kilometer-Tour unternahmen. Wir hatten uns aufgemacht, um einen Sack voll Tschaga-Pilze zu sammeln, die als praller schwarzer Schorf an bestimmten Bäumen wachsen. Sie werden in Petropawlowsk als Medizin für Leberkranke und Krebskranke (im Frühstadium) verkauft. Ich betrachtete fasziniert die Eiszapfen, die sich an Vitalis Schnurrbart bildeten. Natascha gab ein russisches, aber auch bei uns gebräuchliches Sprichwort zum besten: »Bei so einem Wetter jagt man keinen Hund vor die Tür!« Vitali parierte mit dem altbekannten Spruch: »Es gibt kein schlechtes Wetter, es gibt nur falsche Kleidung!« Um uns bewußt zu machen, wie gut es uns doch gehe, erzählte er uns ein paar Scheußlichkeiten: Im Sommer sei dieses Gebiet, das wir jetzt auf Skiern durchquerten, ganz und gar unpassierbar, weil dann das Gras und die Büsche so hoch stünden, daß sogar die Bären sich nur mit Mühe ihre Pfade und Tunnels durch dieses Dickicht bahnen könnten. Man könne dann vor lauter dichtbelaubten Bäumen auch nie sehr weit sehen. Zudem würden im Sommer ganz Kamtschatka und Sibirien von riesigen Schwärmen sirrender, blutrünstiger Stechmücken heimgesucht. Alles in allem konnte ich also dankbar sein, mich im eiskalten Schnee zu befinden und nicht durch Moskitohut und Moskitonetz behindert zu sein.

Um zwei Uhr nachmittags kamen wir zu einem See. Große Enten- und Schnepfenschwärme kreisten am Himmel. Um die verschiedenen Tierarten Kamtschatkas leichter identifizieren zu können, hatte ich mir eine Seite aus dem Krascheninnikow photokopiert (und auf meiner Kopie die englischen Bezeichnungen vermerkt). Die anderen amüsierten sich köstlich, als sie einen Druckfehler entdeckten: Für »Kuckuck« stand im Buch *Kokaschke* anstatt *Kukuschke*; und Kokaschke bedeutet »Scheiße«.

Am Seeufer stand die Hütte Nummer sechs. Sie sei so winzig, meinte Vitali, daß er sie gar nicht mitzähle bei seinen acht Hütten. Meister Petz war dagewesen und hatte die Bärenbarrikade wüst zugerichtet. Die Türpfosten zeigten frische Beißspuren, die Türbretter waren von Klauen zerkratzt, und die Dachpappe hing in Fetzen herunter. Der Bär hatte nicht in die Hütte eindringen, sondern nur deutlich und unübersehbar konstatieren wollen, daß sie auf seinem Territorium stehe und also sein Siegel tragen müsse.

An unserem letzten Tag stand ich früh auf, um mit den Skiern zum Meer hinunterzufahren und zum letztenmal den wirbelnden Küstennebel zu sehen, der von der Brandung unter den wild dahinjagenden Wolken aufgepeitscht wurde. Kronozki, das waren zehn erregende Tage gewesen, die ich nie vergessen würde.

6 Ins Land der Vulkane

Nachdem ich zehn Tage lang immer wieder gewartet hatte, bis Valentin den schnellen Vitali einholte, war es eine interessante Abwechslung für mich, mit ihm einmal in *seinem* Tempo durch den Teil Südkamtschatkas zu reisen, den er als Geologe erforschte. Valentin behauptete, er könne ein bißchen Französisch. Aber da er sich noch nie mit jemandem in dieser Sprache unterhalten hatte, waren seine Konversationsversuche mit mir eher verwirrend als hilfreich. Daher verließ ich mich, zumindest anfänglich, weitgehend auf die etwas unberechenbaren Übersetzungen Nataschas.

»Sie wollen dich schießen«, informierte sie mich eines Tages aufgeregt – oder meinte sie »filmen«? –, als eine Schar Männer zielstrebig auf uns zukam. Aber es war nur ein Kamerateam der örtlichen Fernsehstation, das unbedingt ein paar Aufnahmen von mir schießen und die Ansicht dieser durchreisenden Ausländerin zum Projekt eines Südkamtschadalischen Nationalparks in die laufende Diskussion einbringen wollte. Über das zu schützende Gebiet war man sich einig. Selbst Jelzin war angeblich *d'accord,* habe allerdings keine materielle Hilfe angeboten, und das mit der Einrichtung von Nationalparks befaßte Wissenschaftliche Naturschutzinstitut in Moskau habe keinerlei Entscheidungsbefugnis, könne nur Empfehlungen aussprechen. Es hatte den Projektvorschlag zwei Jahre zuvor befürwortet.

Das zwanzigtausend Quadratkilometer große Parkgebiet würde fast ganz Südkamtschatka (südlich von Petropawlowsk) umfassen, über hundert heiße Quellen einschließen und eine beeindruckende Vielfalt verschiedenster Tier- und Pflanzenarten beherbergen, von denen einige nur auf Kamtschatka vorkommen und viele zu den geschützten, seltenen Arten gehören. Bis jetzt gab es auf der ganzen Südhalbinsel noch keine Straßen und nur wenige Dörfer.

»Aber«, sagte einer der desillusionierten Naturschützer zu mir, »du wirst sehen, am Ende wird man dort Gold, Silber und Baustoffe abbauen, eben alles, was Geld bringt.«

Die Fernsehmoderatorin kam zum Abendessen zu uns. Sie erzählte, als sie das letzte Mal einen Ausländer hätte kennenlernen können, habe sie es vor lauter Scham über ihre ärmlichen Verhältnisse nicht fertiggebracht, ihn zu sich nach Hause einzuladen: »Als meine fünfzehnjährige Tochter einen amerikanischen Gastschüler mitbringen wollte, dachte ich an unseren leeren Kühlschrank und daran, daß wir keinen Teppich auf dem Boden hatten, und da habe ich mich so geschämt, daß ich nein sagte. Und dann habe ich die ganze Nacht geheult.«

Obwohl wir viel Wodka tranken, kam ich am Abend dazu, ein paar von meinen Sachen zu waschen. Valentin besaß eine alte Waschmaschine mit getrennter Schleuder und erklärte mir, wie ich das Ding zu bedienen hatte: »Du drehst diesen Knopf, stellst deinen Fuß auf diesen Schlauch, damit kein Wasser herausspritzt, und hältst den Deckel genau so, dann läuft die Trommel.«

»Ja, ich verstehe, und auf dem anderen Fuß stehe ich dann!« ergänzte ich. Alles lief bestens, bis ich einen Moment lang vergaß, mich auf das zu konzentrieren, was ich mit meinen Armen und Beinen tun sollte, und die halbe Seifenlauge aus der Waschtrommel in die Schleuder lief. Für Valentin war so eine defekte russische Waschmaschine das Symptom eines viel größeren Defekts. Er sah die Dinge immer schwarzweiß und war überzeugt, daß während der stalinistischen Säuberungen alle intelligenten Leute umgebracht worden seien. Jeder Mensch mit Ambition oder Bildung, selbst der Bauer, der es durch harte Arbeit zu Wohlstand gebracht habe, sei ins Gefängnis geworfen worden. Nur die Dummen oder Faulen, also die Ungefährlichen, seien übriggeblieben. »Ist es da verwunderlich, wenn unsere führenden Leute unfähig sind?«

Nach meiner Überzeugung wurden viele Reformen einfach durch Bürokraten aller Hierarchieebenen blockiert, deren Positionen und Privilegien durch den gesellschaftlichen Wandel bedroht waren. Außerdem hatte ich den Eindruck, daß die Russen eben gern schimpfen. »In Amerika gibt es eine Million Millionäre«, klagten sie immer wieder. »Warum können wir nicht auch reich sein?«

Meine Antwort war dann stets, das Leben sei eben ein Kampf, aber sie wollten wohl alles auf dem Silberteller serviert bekommen und würden immer dem Staat die Schuld geben, wenn irgend etwas schiefgehe.

Valentin beklagte sich oft über seine Armut. Dabei nahm er samt Familie nun schon seit zehn Jahren drei Monate jährlich Urlaub und legte dabei jedesmal bis zu zehntausend Flugkilometer zurück. Ich sagte zu ihm: »Das kann sich bei uns im Westen niemand leisten. Dir geht es doch gut, Junge!« Er nahm mir meine unverblümte Antwort nicht übel.

In seiner Freizeit baut Valentin jedes Jahr knapp zwei Morgen Gemüse an. Er bestreut den Schnee auf seinem Land immer mit Asche, um ihn ein paar Wochen früher zum Schmelzen zu bringen und so die schrecklich kurze Wachstumsperiode voll nutzen zu können. Der Boden ist bei weitem nicht so fruchtbar, wie man es aufgrund seines vulkanischen Ursprungs erwarten würde. Valentin fing an, über verschiedene Lavasorten, saure und alkalische, zu fachsimpeln: Der größte Teil des Vulkanbodens auf Kamtschatka bestehe aus saurem Andesit, einem jüngeren Ergußgestein, und der vulkanische Sand sei hier nicht fein und leicht, sondern sehr grobkörnig. Ich hatte ein Buch aus kommunistischer Zeit gelesen, das von großen Plänen sprach, Kamtschatka landwirtschaftlich zu erschließen und dabei Vulkanasche zum Düngen der Felder zu benutzen. »Alles Blödsinn«, meinte Valentin, »der reinste Quatsch!«

Da Natascha inzwischen einen neuen Job gefunden hatte, ließen Valentin und ich uns von Luda, einer anderen russischen Ski-Champion-Dolmetscherin, begleiten und brachen in einem Geologen-Lastwagen in das Vulkangebiet um den Mutnowski auf. Die Schotterstraße wich leider schon bald einer schlammigen Schneepiste, als wir uns einem schmalen Hohlweg näherten, der als das »Tor zum Süden« bekannt ist. Links und rechts der Piste ragten riesige Schneewälle auf, die um einiges höher waren als unser Lastwagen. Um die Mittagszeit tuckerten wir schon hoch oben zwischen Vulkanen und Bergen dahin. Zum Glück war die Piste alle dreißig Meter mit hohen Stangen markiert, damit die Fahrer nicht vom Weg abkamen. Wir sahen Dampfsäulen aus dem Krater des Mutnowski aufsteigen, aber auch viele Fontänen, die aus schneebedeckten Berghängen gen Himmel schossen.

Die wichtigsten natürlichen Ressourcen des Mutnowski Thermalgürtels sind kochendes Wasser und heißer Dampf. Man schätzt, daß es hier genügend Dampfkraft gibt, um das hundert Kilometer entfernte Petropawlowsk rund um die Uhr mit Elektrizität zu versorgen.

Im Büro des Geologenlagers sah ich Karten, auf denen alle laufenden Bohrungen verzeichnet waren. Ihre tiefsten Bohrlöcher gingen bis auf 2500 Meter hinunter. Dabei bestand immer die Gefahr, daß sie auf sehr heißes und unter hohem Druck stehendes Wasser stießen, das dann explosionsartig durch das ganze Bohrloch hochkochen konnte – und der Druckabfall im Gefolge dieser Dampferuption konnte unter Umständen den gesamten Schacht zum Einsturz bringen. Sie hätten bei früheren Probebohrungen Erdöl-Bohreinrichtungen benutzt, erklärte Valentin, weil deren für die Entnahme von Bodenproben verwendete Bohrkronen einen kleineren Durchmesser aufwiesen: »Aber bei einer Gelegenheit wurde das Bohrgestänge durch den Dampfdruck mit einer solchen Wucht aus dem Loch und gegen den Turmrollenblock an der Spitze des Bohrturms geschossen, daß es wie eine Spaghettinudel verdreht und verbogen wurde.«

Wir fuhren zu dem Hauptlager in Dachni weiter, wo Valentin bisher gearbeitet hatte. Er war immer noch bei der Gesellschaft angestellt, rechnete aber wie viele seiner Kollegen damit, bald seine Kündigung zu bekommen. Wir sahen uns erst ein paar heiße Quellen und dann etliche neue Bohrlöcher an, die sich in der ungeheuren trostlosen Leere alle klein und winzig ausnahmen. Ein solcher brüllender Riesenstrahl hatte beim Austritt einen Durchmesser von drei Metern, und seine Dampfsäule schoß dreißig Meter hoch in die Luft. Sein Bohrloch war über tausend Meter tief.

Valentin wurde von seinen Kollegen mit einem Riesenhallo empfangen. Die Russen hier fühlten sich in ihrem selbstauferlegten Exil sehr wohl. Es war ein Menschenschlag, der nicht so richtig in die angepaßte Masse Zentralrußlands passen würde. Sie waren Einzelgänger, zu selbständig, freiheitsdurstig und willensstark, um sich in irgendeine vorgegebene Form pressen zu lassen. Sie hatten einen Charakter, der zu Extremen neigte, genau wie das Klima hier. Valentin war jetzt wieder in seinem Element, er kam mir sogar größer vor, als ob er gewachsen wäre. Wolodja, einer seiner Kollegen, erzählte mir von alten Zeiten, als die unerschrockenen, schneidigen jungen Geologen sich noch in Cliquen zusammentaten und sich Husaren nannten. Wer in ihre Verbindung aufgenommen werden wollte, mußte sich bis zur Bewußtlosigkeit betrinken können – und dann noch fähig sein, akkurat zu schießen.

»Bei uns wurden alle Streitigkeiten durch eine Art Duell bereinigt. Dabei balancierte der eine ein leeres Glas auf dem Kopf, das ihm der andere aus einer Entfernung von fünzehn Metern herunterschoß. Anschließend tauschten sie die Plätze.«

»Hat man dir auch mal ein Glas vom Kopf geschossen?«

»Ja, oft. Manchmal, wenn ich morgens aufwachte, hatte ich das ganze Haar voll mit Glassplittern. Wir haben das häufig gemacht, auch wenn wir sehr betrunken waren, aber ich wüßte nicht, daß es dabei je Tote gegeben hätte.«

Nach einer Weile fuhr er fort: »Da war einmal ein Typ, der hieß Wasia, ein ungarischer Ingenieur, den man sechsmal wegen beruflichen Fehlverhaltens gefeuert, aber schließlich erneut eingestellt hatte. Als der wieder ins Lager kam, wollten wir ihn nicht wieder bei den Husaren aufnehmen. Das brachte ihn so in Wut, daß er mit Gewalt in unsere Hütte eindrang und dann, mit nichts als seinen Filzstiefeln an den Füßen, auf dem heißen Ofen tanzte. Seine Stiefel fingen an zu rauchen. Wir gossen ihm Wasser hinein. Aber er tanzte immer weiter und kam erst wieder vom Ofen herunter, als wir ihm versprochen hatten, daß er wieder bei uns mitmachen dürfe.

Damals wurden unsere Einheiten im Stil von Gulags, also von Zwangsarbeitslagern, geführt, weil die meisten unserer Arbeiter ehemalige Sträflinge waren. Wer aus einem Gulag lebend wieder herauskam, war entweder stark oder gebrochen. Die meisten ließen sich einfach hier in der Nähe nieder, weil sie nirgendwo anders hingehen konnten. Wir haben sie dann eingestellt, weil es ihnen verboten war, in den Städten nach Arbeit zu suchen, und weil sie uns leid taten. Die meisten von ihnen waren Ex-Kriminelle und haben uns oft gedroht, uns umzubringen. Diesen Laden konnte man nicht nach der kommunistischen Idee von der Gleichheit aller Menschen organisieren. Wir waren ein Haufen qualifizierter Ingenieure. Also haben wir diese Einheit wie ein Gulag geführt, damit hier Ordnung und Disziplin herrschte.«

Die Strafgefangenen waren Kriminelle oder aus politischen Gründen Verbannte. Zu Stalins Zeit konnte man für alles und jedes mit Verbannung bestraft werden. Neben Scharen von Kriegsgefangenen und Kriminellen gab es eine gewaltige Zahl politischer Sträflinge, die nicht etwa aufgrund eines Gerichtsurteils, sondern wegen ihrer Einstufung als »für die öffentliche Sicherheit und Ordnung gefährliche Elemente« in diese Lager kamen. Die Verwaltungsanordnung, die das erlaubte, war eine Schande für Rußland. Sie verlieh jedem untergeordneten Amtsträger die Macht, ohne Angabe von Gründen irgendwelche Leute nach Sibirien zu verbannen. Eine hervorragende Möglichkeit übrigens, um alte Rechnungen zu begleichen! Manchmal brauchten die Verbannten vier Jahre, um ihren Verbannungsort zu erreichen, und die Hälfte der Kettensträflinge starb schon unterwegs. In den ersten fünfzig Jahren nach Einführung einer offiziellen Deportations-Statistik wurden 772 979 Sträflinge und Verbannte in diese Einöden geschickt. Manche Quellen setzen deren Anzahl aber um einiges höher an. Das ganze Land war mit Gefangenenlagern übersät; sie lagen oft in der Nähe von Bergwerken, um diese mit Arbeitskräften zu versorgen. Das größte dieser Lager hatte 35 000 Insassen.

Auch Valentins Großvater wurde ins Gefängnis geschickt; seine Frau und seine drei Kinder haben nie erfahren, was aus ihm geworden ist oder warum er überhaupt ins Gefängnis kam. Er war für gute Arbeitsleistung von der Kommunistischen Partei dreimal mit dem »Orden des Roten Sterns« ausgezeichnet worden, wurde dann aber eines Tages verhaftet und lebenslang eingesperrt. Valentins Onkel versuchte später herauszufinden, warum, aber es gab keinerlei Akten zu dem Fall.

Luda und ich zogen uns zurück, um uns für ein warmes Bad fertig zu machen. Ludas Familie kam nach Kamtschatka, weil ihr Großvater hierher verbannt wurde, ebenfalls ohne jeden Grund. Das passierte im Jahre 1905, nach einem mißlungenen Aufstand gegen den Zaren. Damals wurden fast 100 000 politische Gefangene in den Osten Rußlands geschickt, und selbst Sibirien hatte Probleme, sie alle aufzunehmen. Einige dieser Verbannten wurden berühmt, etwa die schöne Anna Korba, die für die Bauernbildung agitiert hatte, dafür zu zwanzig Jahren Zwangsarbeit verurteilt und in die Bergwerke Sibiriens geschickt wurde; oder Madame Breschkowskaja, eine Lehrerin, die zu freimütig ihre Meinung gesagt hatte, zweiundzwanzig Jahre bekam und dreitausend Kilometer quer durch die Arktis marschierte.

Lenin verbrachte drei Jahre in Sibirien, hatte aber das Glück, eine Blockhütte gestellt zu bekommen, wo er studieren, schreiben, auf die Jagd gehen und sich auf seine Lebensaufgabe vorbereiten konnte. Stalin wurde sechsmal nach Sibirien verbannt, flüchtete aber jedesmal, um seine Arbeit als Revolutionär fortzusetzen. Er war ein kränklicher Typ, als man ihn das erste Mal deportierte, wurde aber durch das Reizklima Sibiriens kuriert und nützte zudem, genau wie Lenin, diese Zeit zum Studium der sozialistischen Klassiker. Anstatt den revolutionären Geist zu ersticken, hat das Exil ihn erst zur vollen Blüte gebracht.

Nicht wenige der Verbannten waren hochqualifizierte Leute. Manche verfügten über naturwissenschaftliche Spezialkenntnisse. Sie durften von ihren Talenten in Sibirien Gebrauch machen und trugen so dazu bei, daß Rußlands Wissen über diese östlichen Ödländer sich vertiefte und erweiterte. Aber der Osten war auch ein Abladeplatz für Rußlands wirklich unerfreuliche Elemente. Von den Zehntausenden, die aus den Gefängnissen ausbrachen, wurden nur wenige wieder eingefangen, wobei Sibirien und der Ferne Osten aber aufgrund ihrer Abgelegenheit eine Art natürliches Gefängnis waren. Der zur Zwangsarbeit Verurteilte war juristisch tot, er verlor jedes Recht gegenüber Frau und Kindern. Sie konnte ihn in die Verbannung begleiten, wenn sie wollte, oder wieder heiraten, ganz als ob er tot wäre. Ludas Großmutter ging mit ihrem Mann nach Sibirien, wo er dann als Jäger lebte. Ludas Mutter wurde 1924 in Ust-Kamtschatsk geboren, der Stadt, die auf Kamtschatkas größtem Gulag für politische Gefangene basiert. Ludas Vater kam als Infanteriefeldwebel aus der Ukraine hierher, und Luda selbst wurde auch in Ust-Kamtschatsk geboren. Die Stadt ist noch heute ein militärisches Zentrum.

Außer dem Bad im Haus gab es auch ein natürliches Bad, das an einem Berghang gelegen war. Dorthin brachen Luda und ich nun auf. Wir stiegen zum Rand des Pools hinab, der von vier Meter hohem Schnee umgeben war. Unser Bad wurde von einem heißen Bach gespeist. Das abfließende heiße Wasser hatte unter dem Schnee einen langen Tunnel geschaffen, dessen weiter unten am Hang befindlichen Ausgang ein ferner Lichtpunkt erahnen ließ. Dann gab es da noch den üblichen Spaten, mit dem man sich zum Abkühlen mit Schnee bewerfen konnte.

Einige dieser mineralhaltigen Wässer haben eine heilsame Wirkung bei Herzproblemen, Lumbago und Hautkrankheiten. Luda nahm ein langes, langes Bad, um jede Faser ihres Körpers in den Genuß dieser Heilkräfte kommen zu lassen. Ihr intensives Training während ihrer fünfzehn Jahre als Spitzenskiläuferin hatte ihrer Gesundheit schwer geschadet. Als sie dreißig war, hatte man ihr geraten, den Leistungssport aufzugeben, wenn sie nicht demnächst an einem Herzanfall sterben wolle. Sie sagte, viele russische Athleten würden ihr maßloses Training, das alle körperlichen Grenzen mißachte, mit der Zerrüttung ihrer Gesundheit bezahlen. Jetzt war Luda arbeitslos.

Es war seltsam, bei dem unheimlichen Donnern der Bohrlöcher vor meinem Fenster zu schlafen – es klang, als ob ein Düsenflugzeug vor dem Start seine Triebwerke aufwärmte.

Obwohl Valentin acht Jahre hier gearbeitet hatte, war er noch nie im Innern des Mutnowski-Kraters gewesen. So beschlossen wir am nächsten Tag, uns dort gemeinsam umzusehen. Wir stiegen durch einen verdammt lawinengefährdeten Canyon empor. Im oberen Teil der Schlucht mußten wir einen steil abfallenden Gletscher überqueren. Ein falscher Schritt, und man wäre den Canyon hinuntergesaust – da hätte es kein Halten mehr gegeben!

Was mir beim Betreten des Kraters als erstes ins Auge fiel, war eine Ansammlung etwa sieben Meter hoher Eissäulen, die sich zwischen und über zahlreichen Dampflöchern erhoben. Wenn des Nachts die Temperatur unter null Grad sinkt, wachsen diese Säulen durch den sich an ihnen niederschlagenden und gefrierenden Dampf. In der Morgensonne glitzerten sie grün und blau. Der vor kurzem noch aktive Teil des Kraters hatte innerhalb der Hauptcaldera noch eine Semicaldera gebildet. In der äußeren dampften zahlreiche heiße Quellen, die von giftgelben Schwefelkristallen überkrustet waren. Die überall aufsteigenden Wolken von Schwefeldampf und giftigem Ammoniumchlorid (Salmiak) brachten uns zum Husten. Der Boden wurde stellenweise so heiß und matschig, daß wir ihn ständig mit unseren Skistöcken abtasten und uns schleunigst zurückziehen mußten, wenn er sich als zu unsicher erwies. Durch Spalten, die sich in dem giftiggelben Gestein gebildet hatten, konnte man in Höhlen hinuntersehen. Hohe gelbe Kamine ragten empor und zischten und spuckten geräuschvoll vor sich hin. Manchmal war der Boden mit einer Kruste aus Kalzium-, Magnesium-, Natrium- und Kaliumsulfat bedeckt. In einem großen runden Pfuhl gurgelte und wallte siedender, dicker, graubrauner Schlamm. In seiner Nähe plätscherte ein heißer ockergelber Bach zwischen seinen malvenfarbenen Ufern dahin.

Um einen Blick in den neuen und aktivsten Krater zu werfen, kletterten wir eine Stunde lang eine große Barriere aus Eis und Schnee empor und zogen uns dann an einem Seil vollends zum Kraterrand hinauf. Dort kauerten wir dann, von Ehrfurcht und Schrecken ergriffen, auf einem schmalen, bröckligen Grat, der fast senkrecht zu dem zweihundert Meter tiefer liegenden Kraterboden abfiel, den wir aber vor lauter zischenden und wogenden Dampfwolken kaum sehen konnten.

Als wir auf unseren Skiern wieder hinunterfuhren, bot sich uns eine atemberaubende Aussicht. Ringsum dehnte sich, soweit das Auge reichte, ein leeres kristallines Bergmassiv, dessen Gipfel den tiefblauen Himmel durchbohrten und dessen Hänge sich zu trostlosen Tälern hinabschwangen. Aber ich mußte meinen staunenden Blick immer wieder davon losreißen, um mir einen Weg um die schwarzen Aschenkegel und vulkanischen Bomben herum zu suchen und die steilen Abschnitte im wackligen Schneepflug oder in kurzen Schußfahrten von Hang zu Gegenhang zu überwinden, den tiefer gelegenen Zonen entgegen.

Valentin wollte uns den Bohrturm zeigen, an dem er gearbeitet hatte. Da er jetzt außer Betrieb war, konnten wir ungestört in ihm hinaufsteigen, vorbei an den riesigen Generatoren, den Stapeln von Bohrstangen und alten Bohrkronen mit ihren drei gezahnten Hartmetallklauen, die sich rotierend durchs Gestein fressen. Er erzählte uns von den Pionierzeiten und den Explosionen, zu denen es kam, als sie ihre ersten tastenden Bohrversuche machten.

»Einmal hatte ich mir ausgerechnet, daß die Wassertemperatur in zweihundert Meter Tiefe 200 °C betragen würde. Damit die weiche Erde nicht in das Loch fallen kann, muß man einen Bohrlochverschluß einbringen, der alles abdichtet. Wir wußten, daß er eigentlich in hundertfünfzig Meter Tiefe sitzen sollte. Aber wir hofften, wir könnten noch damit warten, bis wir auf zweihundert Metern wären. Wir dachten, das müßte gehen, und unsere Bosse waren auch dieser Meinung. Bei hundertachtzig Metern hörten wir auf zu bohren, um die Temperatur zu messen. Zuerst stieg sie nur langsam an. Als die Sonde aber auf hundertachtzig Meter zuging, wurde es plötzlich heißer und heißer. Bei hundertachtzig Metern lag die Temperatur über 200 °C, mit steigender Tendenz. Wir hatten den kritischen Punkt erreicht.

Es konnte in jedem Augenblick zu einer Explosion kommen. Wir mußten unbedingt einen Verschluß anbringen, aber vorher auf jeden Fall die Temperatursonde rausholen, die ja noch unten im Bohrloch war. Wir fingen also an, die Sonde hochzuziehen, obwohl wir natürlich wußten, wie gefährlich das war. Wir hatten sie fast draußen, als es zur ersten Explosion kam: ein Donnern, ein lauter Schlag, und aus dem Loch schoß eine Fontäne aus kochendem Wasser und Dampf, schleuderte einen Hagel von Steinen in die Luft. Wo die Steine das Metall des Bohrturms trafen, sprühten Funken.

Die ganze Sache geriet so außer Kontrolle, daß wir das Lager evakuieren mußten. Glücklicherweise gab es keine Verletzten oder gar Tote. Am nächsten Morgen war die Eruption beendet; zurück blieb ein Schwefeldampfkegel. Als wir näher herangingen, sahen wir statt des Bohrlochs einen großen Trichter, mit einem Durchmesser von zehn und einer Tiefe von fünf Metern, auf dessen Grund unser völlig zerstörter Bohrturm und der Lastwagen lagen.«

Ein andermal fuhren wir mit den Skiern zum Goreli, einem Vulkan mit mehreren Kratern und einem Mehrfachkegel. Wir kletterten einen erstarrten Lavastrom hinauf. Es wurde ein fürchterlicher Marsch über scharfkantige Schlacken, der uns zu einem der elf terrassenartig angeordneten Krater führte. Er wies etwa dreißig Fumarolen auf, dazu Lavaströme, strahlenförmige Verwerfungen, seismische Einbrüche, tektonische Verformungen und Schichten von Bimsstein. Vor zehn Jahren war es hier zu einem langanhaltenden Gasausbruch gekommen und vor fünfzehn Jahren zu einer Explosion, bei der eine Million Tonnen Asche ausgestoßen wurde. Nun scheint er wieder kurz vor einem Ausbruch zu stehen.

Der Rundumblick von dort oben war umwerfend: nach Norden hin eine lange Kette von Vulkanen und klare Sicht auf den Mutnowski und den Canyon, durch den wir aufgestiegen waren; im Nordosten konnten wir den Pazifischen Ozean sehen.

Wir nahmen auf einem Nebenkegel aus schwarzer Schlacke unser Picknick ein und fuhren dann auf festem, schnellem Schnee den Vulkan hinab. Der ständige Wechsel der Perspektiven und das Gefühl, wie ein Zwerg durch ein Land der Vulkanriesen zu fahren, ließen diese Abfahrt zur denkwürdigsten Skitour meines Lebens werden. Diese Fahrt schien nie zu Ende zu gehen, die Skier sausten einfach immer weiter, und jedesmal, wenn ich meinte, nun lägen die Hänge aber hinter uns, sausten sie einfach weiter. Ich bedauerte nur eines: daß ich auf dünnen Plastikbrettern stand und Gummistiefel trug. Ja, tatsächlich, Gummistiefel! Ich kam mir sehr unbeholfen vor.

»Möchtest du den Wezdehod steuern?« bot mir der Fahrer an. Wir hatten den Geologen Lebewohl gesagt, befanden uns nun auf einem Plateau und hielten nach einem Flußtal Ausschau, dem Wilutschinski-Tal. Die Anzeigeinstrumente des Armaturenbretts hatte ich bereits studiert. Sie sahen recht einfach aus, und so setzte ich mir den aus Armeerestbeständen stammenden ledernen Panzerfahrerhelm auf und übernahm das Fahrzeug. Was für eine prachtvolle Maschine! Sie hatte nur zwei Bedienungshebel, mit denen man die beiden Raupenketten unabhängig voneinander kontrollierte. Eine scharfe halbe Drehung? Eine Raupe stoppen. Kurskorrekturen? Die Raupen abwechselnd verlangsamen.

»Halt deine Tourenzahl höher«, wurde ich gewarnt.

Ja, nicht gerade der richtige Ort, um den Motor abzuwürgen. An den steil ansteigenden Talhängen hatte sich die Schneedecke in Hängefalten gelegt, die an die Haut alter Frauen erinnerten. Der Frühling war im Anzug. Als das Terrain immer schwieriger wurde, überließ ich die Steuerhebel wieder dem Experten und schloß mich mit meinen Skiern Luda an.

Sie gewann jedes Rennen, das wir beide austrugen. Einmal, bei einem Staffellauf mit internationaler Besetzung, erzählte sie, habe eine hünenhafte Konkurrentin, die in der Spur neben ihr lief, sie plötzlich in den Schwitzkasten genommen, ihr den Kopf so richtig eingequetscht, sie nach hinten abgedrängt und so die Führung an sich gerissen. Aber die Wut über dieses Foul verlieh Luda solche Kräfte, daß sie die rabiate Riesin überholen und ihrer Mannschaft den Sieg sichern konnte.

Vor der Tür der Hütte, in der wir übernachteten, floß ein heißer Bach vorbei. Löwenzahn und Butterblumen wuchsen in dem Tal. Wir kochten uns eine Brennesselsuppe. Ich fühlte mich auf eine unerklärliche Weise zufrieden. Als wir am nächsten Tag Valentin nachgingen, sahen wir zu unserer Überraschung, daß seine Fußspuren von den Tatzenabdrücken eines großen Bären überlagert waren. Der Bär war für einige Kilometer hinter Valentin hergetrottet und hatte dabei seine Pfoten stets akkurat in dessen Fußstapfen gesetzt.

Wir hatten einen Bärenhunger, als wir zu unserem Mittagessen aus Kaviar, wildem Knoblauch und Brot zurückkehrten. Danach erkundeten wir den Eingang einer Goldmine. Der Stollen war unsicher. Das lag aber weniger an den verfaulten Pfosten und Streben als an den ausströmenden giftigen Gasen. Der erste Balken war schon heruntergebrochen, und von der Decke sickerte das Wasser herab. Aber ich hatte meine Taschenlampe mitgebracht und ging ein Stück hinein, bis meine Batterien aufzischten und die Lampe ausging. Im tiefsten Teil, sagte Valentin, steige die Temperatur bis auf 45°C.

Der Bergbau war nur *eine* der neu entstehenden Industrien Sibiriens und des Fernen Osten. Die Geologen hatten dort bereits Gold,

Silber und Lignit gefunden, und es gibt Grund zu der Annahme, daß Kamtschatka sowohl reiche Öllagerstätten als auch umfangreiche Gasvorräte hat. Eisenerz-, Blei-, Kupfer- und Quecksilbervorkommen wurden bereits ausgebeutet. Der Bergbau und die Metallindustrie, die Chemieindustrie und die Energiewirtschaft entwickelten sich parallel zur Land- und Forstwirtschaft, zu Pelzproduktion und Fischerei. Dieser Nationalpark, überlegte ich, käme Rußland teuer zu stehen.

7 Das Reich des Kleinen Königs

Es war bereits Ostern, als ich mich nach Nordostkamtschatka und Atschaiwajam, dem Gebiet der Rentierhirten, aufmachte, wo ich den folgenden Monat verbringen wollte. Dazu flog ich zuerst nach Tilitschiki, einer kleinen Küstenstadt etwas nördlich der Landenge der Halbinsel, von wo ich dann nach Korf fuhr. Korf ist auf einer Sandspitze zwischen dem Meer und der Mündung eines Flusses erbaut, der um diese Jahreszeit noch mit einer zwei Meter dicken Eisschicht bedeckt war. Der Ozean gefriert, wegen der stürmischen Winde des Beringmeers, nur selten, doch der Südwind packt die Bucht mit Eisbergen zu. Der Sand, auf dem die Stadt erbaut wurde, unterliegt ständiger Erosion. Zwei Hauptstraßen sind bereits vor langer Zeit weggespült worden. Oft überfluten die Wogen des Meeres die Landspitze und setzen die Häuser der Bürger von Korf knietief unter Wasser.

Ich wollte die Ostertage in Korf verbringen, um dort auf den Hubschrauber zu warten, der alle zwei Wochen nach Atschaiwajam flog. Valentin und Natascha waren wieder mit von der Partie; keiner von ihnen war bisher so weit in den Norden gekommen. Wir wohnten bei dem Geologen Leonid und seiner Frau Tanja. Ich teilte mein Schlafzimmer dort mit einer Unmenge von Sämlingen, die demnächst ins Gewächshaus umziehen sollten. Mein Nachttischchen war mit jungen Tomaten, Rettichen, Gurken und Zucchini bedeckt. Nur die Kartoffeln werden hier im Freien angebaut; der Boden ist so sandig, daß er kaum gefriert.

Im Wohnzimmer war jedes Fleckchen mit den Schätzen der Naturaliensammlung von Leonid dekoriert: Da gab es Steine und Gesteinsscheiben, polierte Achate und Amethyste, Korallen und versteinertes Holz, halbierte versteinerte Erdhäufchen von Meereswürmern und sogar eine versteinerte Auster mit einer versteinerten Perle darin. Leonid hatte auch einen leuchtendblauen Lapislazuli und tief purpurroten Charoit, den man überhaupt nur in Sibirien findet. Dann zeigte er mir noch braunen Bandjaspis, schwarz und rot gestreiften Jaspilit, Limonit und Spiralen von rotem Quecksilbersulfid in gelbem Schwefel. Pecalit wirkt wie seidige cremefarbene Steinwolle; seine Probe war mit grauem Zink durchsetzt. Zum Schneiden der Steine benutzt Leonid eine alte diamantenbesetzte Blechscheibe und zum Polieren eine flache, lederbezogene Scheibe, die er mit Wasser befeuchtet, sowie eine Metallscheibe, auf die nasser Diamantstaub aufgebracht wird. Polierzeit: eine Stunde.

Am ersten Abend schlossen wir uns einer Gruppe von Leonids Kollegen an, um das Osterfest einzuläuten. Valentin hatte mich schon vor ihrem Wodka gewarnt. Er roch wie Nagellackentferner. Dieser selbstgebrannte Stoff, heißt es, sei dem Treibstoff der russischen Mondraketen sehr ähnlich.

Am Ostersonntagmorgen ging ich schon früh mit Tanja in den Hühnerstall, um Eier zu holen und sie noch rechtzeitig zum Frühstück zu färben. Dann kam ein Nachbar herüber, der erste von etlichen Besuchern. Er brachte einen hohen, dünnen Kuchen mit. Auch Tanja hatte ein paar dieser ungewöhnlichen Gebilde gebacken. Ich fragte, ob sie dafür eine spezielle Osterkuchenform nähmen. »Ja, sicher«, meinte sie und zeigte auf die Blechbecher, aus denen hier jeder seinen Tee trank.

Am späten Vormittag brachen wir zu dem mit großen, dicken Eisbrocken übersäten schwarzen Sandstrand auf, um ein Picknick zu machen. Auch das Meer war voller gewaltiger Eistrümmer. Sie wiegten sich in der Brandung und bedrängten und schubsten einander wie eine Schar Mini-Eisberge – Eis und Meer, Meer und Eis, Eis und Eis. Und dazu die kreisenden und nach Fischen tauchenden Möwen. Draußen, hinter dem Treibeis, begann das offene Meer, aus dem gelegentlich ein Seehund seinen Kopf emporstreckte, um sich neugierig umzusehen. Ich wanderte am Strand entlang und suchte nach Walknochen. Natascha suchte nach Edelsteinen und fand zwei Jaspisstücke.

Unser Picknick fand hinter der Fischfabrik statt. Dort entdeckten wir zwischen halbverfallenen Fischerbooten ein Stück von einem Deck, auf das wir die verschiedenen Gerichte unseres Ostermahls wie auf einer Festtafel ausbreiteten: am Spieß gebratenes, scharf gewürztes Hammelfleisch, kaltes Huhn, Frühjahrszwiebeln, Schüsseln voll Buchweizen und ein ganzes Sortiment hoher, dünner Kuchen, deren Glasur bald unter schmelzenden Schneeflocken zerlief. Wir hatten genug selbstgebrannten Wodka dabei, um uns im kalten Schnee bei Laune zu halten. Irgend jemand goß mir ein bißchen grünen »Wodka« ein, aber der immer um mein Überleben besorgte Valentin riet mir, ihn ja nicht anzurühren.

Es herrschte eine seltsame Stimmung auf dieser Party. Die Leute sprachen von ihrer Angst, auf Dauer arbeitslos zu werden, weil man die geologischen Abteilungen wahrscheinlich auflösen würde und sie nicht wußten, was ihnen die Zukunft brächte. Mir fiel auf, daß sie für alles dem Staat die Schuld gaben und kein Gefühl von Eigenverantwortlichkeit hatten. Sie waren Untertanen, der Staat hatte immer für sie gesorgt und ihr Leben für sie geregelt. Sie sahen keine Möglichkeit, irgendwo anders nach Arbeit zu suchen; es gab keine Privatunternehmen, keinen Arbeitgeber außer dem Staat. Es war für sie unvorstellbar, fortzugehen oder sich nach einer weniger qualifizierten und schlechter bezahlten Arbeit umzusehen.

Valentin meinte, das System habe die Leute träge gemacht. Sie bekämen ihr Gehalt, egal wie gut oder wie schlecht sie arbeiteten; es gäbe keinen Anreiz, etwas zu leisten, keinen Berufsstolz. Ich versuchte ihnen klarzumachen, daß man nach einer anderen Stelle suchen oder sich in der Abendschule zusätzliche Qualifikationen erwerben müsse, wenn man arbeitslos werde. »Warum sollten wir?« meinten die Russen. Das sei nicht ihr Problem, sondern das des Staates.

Zwei Tage danach flogen wir über ein riesiges sumpfiges Becken und Hunderte von kleinen Seen, um dann schließlich in der abgelegenen Siedlung namens Atschaiwajam zu landen.

Wir wurden von dem Direktor der Sowchose, einem kleinen, rundlichen Mann namens Jeprinzow, und seiner tschuktschischen First Lady Claudia begrüßt und im Gästehaus untergebracht, das früher einmal für KPdSU-Bosse reserviert gewesen war. Für russische Verhältnisse war das ein großes Haus, mit einem Foyer, drei Schlafzimmern, einer Küche und einem Badezimmer. Wenn die Zahl der Wandteppiche in einem Haus ein Maßstab für Reichtum ist, dann versuchte hier jemand, Eindruck zu schinden, denn in jedem Zimmer hingen mindestens zwei davon. Dafür waren die

Sprungfedermatratzen völlig durchgelegen – irgendwann waren diese kommunistischen Bosse wohl zu fett geworden.

Zu dieser Jahreszeit war Atschaiwajam ein einziger Sumpf. Man brauchte Gummistiefel, um die einzige Straße entlangzugehen, an der alles lag, worauf die Siedlung stolz war: ein Laden und ein Club, ein kleines Krankenhaus und ein paar kleine Holzhäuser. Die Einwohnerschaft bestand aus Tschuktschen, Ewenen und ein paar Russen.

Rund um die Siedlung standen weit verstreut die *Jurangas* der Tschuktschenfamilien. Sie sind nicht rechteckig wie die Zelte der korjakischen Rentierhirten, sondern rund und groß, mit einem Durchmesser von etwa acht Metern. Wir wateten zur Juranga von Claudias Familie hinaus und stampften dann vor dem Eingang energisch auf den Boden, nicht nur, um unsere Stiefel von Matsch und Schnee zu reinigen, sondern um den Leuten drinnen zu sagen, daß Besuch für sie da war – der Fuß ersetzt den Türklopfer. Als Antwort erscholl lautes Hundegeheul, und eine alte Frau mit tätowiertem Gesicht kam heraus. Ihre Tätowierung erinnerte an den Umriß einer Sanduhr und zog sich über die ganze Stirn und bis zur Nasenspitze hinunter. Sie trug die traditionelle Pelzkleidung der Tschuktschen.

Claudia stellte uns vor und geleitete uns in die geräumige Juranga. Ringsum an der Zeltwand waren Kisten, Schlitten und Schachteln aufgestapelt; es gab auch eine auf allen Seiten mit Rentierfell verhängte, große Schlafzone, eine *Polok*, deren Eingangsvorhang tagsüber hochgebunden wurde.

Neben diesem Eingang stand das Oberhaupt der Tschuktschenfamilie, ein um das Jahr 1906 herum geborener Mann, der nun zwar auf Krücken angewiesen und äußerst schwerhörig war, aber geistig noch sehr wach war. Er hieß Aimek, was soviel wie »würzig« bedeutet. Aimek war ein reicher Mann gewesen, mit einer Herde von über dreitausend Rentieren, bevor ihm die Kollektivierung, die Sowchose, alles genommen hatte. Seine Armut begann, als der Kommunismus begann.

Wieder bellten Hunde, stampften Füße auf, als Aimeks Tochter Nutenei (»Tundra«) zurückkam. Ihre Gesichtstätowierung wies ein komplizierteres Muster auf. Diese Tätowierungen richteten sich aber nach dem persönlichen Geschmack jedes einzelnen, sagte sie, und hätten keine clanspezifische Bedeutung, wenn sie auch früher ein Zeichen des Reichtums einer Familie gewesen seien. Für die Tätowierung benutzen die Frauen Nadeln und den Abrieb von Streichholzköpfen.

Die Tschuktschen unterscheiden sich von den Korjaken durch ihre Sitten und Bräuche und ihre Sprache. Ihre Heimat ist die Tschuktschen-Halbinsel, die ein paar hundert Kilometer nördlich von Atschaiwajam liegt und sich bis zur Beringstraße erstreckt. Die Rentierkorjaken waren einst reich und stolz und behandelten ihre ärmeren Verwandten, die vornehmlich von Jagd und Fischfang lebenden Küstenkorjaken, wie ihre Sklaven. Aber wenn sie mit den Tschuktschen zu tun hatten, traten sogar die Rentierkorjaken demütig und bescheiden auf. Die Tschuktschen standen im Ruf, schlau und verschlagen zu sein. Ich habe auch gelesen, sie seien arrogant, wenig gastfreundlich und diebisch gewesen und hätten nur ein Ziel im Leben gekannt: andere übers Ohr zu hauen und an die Wand zu drücken.

Sie übertrafen sowohl die Korjaken als auch die Eskimos an Kampfesmut und ließen sich nie von den Russen unterwerfen, sondern zwangen sie, Frieden mit ihnen zu schließen. Wie bei den Korjaken gibt es auch bei den Tschuktschen die Trennung zwischen nomadischen Rentierhirten und seßhaften, vom Fischfang und der Jagd lebenden Küstenbewohnern, die auch, entsprechend ihrer unterschiedlichen Lebensgrundlage, unterschiedliche religiöse Vorstellungen haben.

Wir besuchten noch andere Jurangas, von denen einige ziemlich verräuchert waren. Der Rauch kann oft nur schlecht abziehen, weil sein Abzugsloch auch der Treffpunkt der vielen Stangen ist, die das Gerüst dieser großen Zelte bilden. Die Seiten werden durch gebogene Rahmenstangen getragen, und das Dach wird durch einen vier Meter hohen Pfosten und einen riesigen Dreifuß gehalten, unter dem sich die Feuerstelle befindet. Man hatte sie mit Salweidenzweigen geschmückt, um die Geburt der Rentierkälber zu feiern. Aus einem Kessel mit Knochenbrühe wurde einheimische Butter abgeschöpft, mit der man die Totems oder *Dschitschdschie* salben wollte. Sie erinnerten mich an die Figuren, die ich im Nordwesten gesehen hatte. Dort wurden sie alle in *einer* Hütte aufbewahrt, hier dagegen waren sie auf die einzelnen Jurangas verteilt und standen in häufigem Gebrauch. Ich versuchte, mehr über sie zu erfahren.

Die größten Totems hatten sehr einfache menschliche Formen. Man schnitzt sie sich erst, wenn man heiratet und ein Heim gründet, denn so ein Beschützer steht einem erst zu, wenn man seine eigene Juranga zu beschützen hat. Gegabelte Holzpflöcke, *Oka-mak*, stellen Rentiere dar. Sie werden in den Eingang der Juranga gehängt, wenn ein Rentier sich verlaufen hat oder die Herden auf Wanderschaft sind. Winzige Säckchen aus nach innen gewendetem Rentierfell wehren Unheil ab. Man stellt sie meist dann her, wenn ein Mitglied der Familie einen unheilverkündenden Traum gehabt hat. Träumt man beispielsweise von einem Fuchs, so bedeutet das Unglück. Kleine Dschitschdschie-Figuren können den größeren Totems helfend zur Hand gehen.

An einem eigenen Platz hing eine mit Perlen und Beutelchen geschmückte Pfeife. Sie wird bei besonderen Anlässen geraucht und in väterlicher Linie weitervererbt. Die Anzahl der Totems hängt von der Zahl der Söhne in einer Familie ab. Die wichtigsten Beschützer werden nicht von dem ältesten, sondern vom jüngsten Sohn geerbt, der auch die Juranga erhält.

Wir marschierten durch den Grasbüschelsumpf zurück, der voller roter Moose und Tümpel war; glücklicherweise trug ich meine Palana-Watstiefel. Valentin hatte die seinen zu Hause gelassen und wurde denn auch bis zu den Knien naß, während er mit Natascha herumstritt. Sie hatten anscheinend ständig etwas aneinander auszusetzen. Aber Valentin war eigentlich noch mit niemandem so richtig ausgekommen: Er haßte den Vulkanologen Boris und den Bärenforscher Vitali, wahrscheinlich haßte er uns alle. Aber ich mochte ihn und versuchte, mich ein wenig um ihn zu kümmern, weil er auf mich trotz seiner gewaltigen Körpergröße irgendwie verwundbar wirkte.

Ich nahm mit Claudia ein Bad und aß dann mit ihr und ihrem Mann zu Abend. Der Direktor erzählte von seiner Arbeit, der

Verwaltung von zehntausend Rentieren. Er ist hier so etwas wie ein kleiner König. Er gebietet über zwei Millionen Hektar Land und herrscht über achthundert Untertanen, von den Rentieren ganz zu schweigen. Jeprinzow ist der König hier, weil niemand wagt, ihm irgend etwas zu verweigern; er kontrolliert die Gehälter und die Lebensmittelvorräte. Zu seinem königlichen Viehbestand gehören Pferde, Milchkühe, Hühner. Er beschäftigt zehn Berufsjäger, die Häute und Felle liefern; wenn sie nicht jagen, sind sie beim Fischfang und bei der »Kaviar-Ernte«. Das Essen war ausgezeichnet. Der Kleine König versprach, für die Transportmittel zu sorgen, die wir zur Erkundung der Region benötigten.

Da am nächsten Abend einige Tschuktschen und Ewenen für den Kleinen König eine Galavorstellung mit Tanz und Gesang geben wollten, bat ich Claudia, uns mit einer Ewenen-Familie bekannt zu machen. Die Ewenen sind überzeugt, den Tschuktschen, von denen sie sich in vielem unterscheiden (etwa in den Techniken des Zeltbaus und der Schneeschuh-Herstellung), kulturell überlegen zu sein. Aber der Hauptunterschied ist wohl, daß die Ewenen Christen sind und die Tschuktschen nicht. Während letztere sich mit Totems umgeben, beten die Ewenen vor ihren geschnitzten Holz-Ikonen, die sie immer in der Ostecke ihres Zelts oder ihrer Hütte aufbewahren. Eine Frau erzählte mir, sie bete jeden Morgen und jeden Abend vor ihrer Ikone. Die einzige Kirche Kamtschatkas steht in Petropawlowsk.

Aber die älteren Praktiken haben sich durchaus gehalten. Die Tschuktschen verbrennen ihre Toten und bringen am Schamanenberg Rentieropfer dar. Die Ewenen beerdigen ihre Toten und opfern, nachdem sie das Kreuzeszeichen gemacht haben, auf dem Friedhof ein Rentier. Ihre christlichen Kreuze sind mit Rentiergeweihen geschmückt.

Claudia stellte mich einer reizenden jungen Ewenin vor, die Viktoria hieß. Sie zeigte mir ihre Familien-Ikone, die sie von ihrer Mutter und diese wiederum von der ihren erhalten hatte. Ihre Großmutter aber hatte sie zur Hochzeit geschenkt bekommen. Die Ikone maß fünfundzwanzig auf fünfzehn Zentimeter. Sie stellte Christus am Kreuz dar, am russisch-orthodoxen, und hatte einen wunderbaren Glanz, der von einem generationenlangen, liebevollen Gebrauch zeugte. Viktoria war eine der Tänzerinnen, die an diesem Abend einen Rentiertanz aufführten; er zeigte anschaulich, wie die Tiere mit ihren Hufen das unter dem Schnee verborgene Moos freischarren. Sie trat mit drei anderen jungen Frauen auch zum Gesang an. Sie stellten sich in einem engen Viereck auf, sangen und schnauften dazu wie Rentiere. Im Gegensatz zu den Korjaken, die vornübergebeugt tanzen, halten sich die Ewenen dabei eher gerade. Selbst die Powackel-Routine, die bei ihnen *Pohatscha* (»Arschtanz«) heißt, absolvieren sie in ziemlich aufrechter Körperhaltung.

Von der Kultur zur Wirklichkeit: Am nächsten Morgen brachen wir zu unserer einmonatigen Expedition auf, bei der wir einige etwa hundertzwanzig Kilometer entfernte Rentierzucht-Lager besuchen wollten. Begleitet wurden wir von Direktor Jeprinzow. Der Kleine König, wie ich ihn insgeheim nannte, hatte für uns die modernste Errungenschaft des russischen Transportwesens aufgetrieben: einen umweltfreundlichen Wezdehod im neuesten Design. Wladimir, der Fahrer, erzählte, von diesem Typ seien nur hundert Stück produziert worden. Dank ihrer leichteren, offeneren Bauweise wühlen sie die Tundra weniger auf. Aber leider können sie, im Gegensatz zu den alten, amphibischen Wezdehods, nicht schwimmen. Sie sind aber hoch genug, um auch recht tiefe Wasserläufe zu durchfahren. Nachdem ich mich bei der Durchquerung der ersten paar Flüsse mit nervös taxierendem Blick aus dem Fenster gelehnt hatte – überflüssigerweise –, schenkte ich Wladimir mein volles Vertrauen.

Das Ganze schien jedenfalls Raum für ein ungewöhnliches Maß an empirischen Problemlösungsverfahren zu bieten: *Trial and error* als Grundprinzip der Fortbewegung. So, als wir eine lange, niedrige Felsrampe überwinden wollten und die Maschine, als wir fast oben waren, es auf einem nassen, schlammigen Stück einfach nicht mehr schaffte und absoff. Wir fuhren rückwärts einen Siebzig-Grad-Hang hinab, was aber niemanden weiter beunruhigte. Das war wohl ganz normal. Als wir wieder zum Stehen kamen, ließ Wladimir eben den Motor wieder an. Dann wühlten wir uns im niedrigsten Gang und von einer dichten, schwarzen Abgaswolke eingehullt den Hang hinauf.

Wladimir war in der Tat einer der besten Wezdehod-Fahrer des ganzen Territoriums. Da er nicht, wie seine Vorgänger, von einheimischen Führern abhängig sein wollte, hatte er einige Zeit darauf verwandt, sich mit dem Terrain vertraut zu machen und, insbesondere, die sichersten Furten ausfindig zu machen. Er war sehr beliebt in all den abgelegenen Gemeinden, die er mit dem versorgte, was sie aus der Außenwelt brauchten. Er hatte sich zudem bei vielen Rettungseinsätzen einen Ruf als ruhiger und praktisch veranlagter Held erworben.

Nun klirrten wir mit zehn Stundenkilometern durch ewige Tundra – ein Nichts, das nur von den seltsamen Farben bleicher Flechten und dem Rot irgendwelchen Unkrauts belebt wurde. Es war wie der Angriff der Marsbewohner in *Krieg der Welten*. Manchmal durchbrachen Skelette wettergebeugter, verkümmerter Bäume die Leere. Wir konnten sehen, wo Rentierhirten campiert hatten. Ein am Lagerplatz zurückgelassener Pfeil zeigte an, in welcher Richtung sie weitergezogen waren. Der Schneesturm, der den längsten Teil des Vormittags unser Begleiter gewesen war, ließ wieder nach. In der Ferne zeichneten sich verschwommen die Knöchel an den Felsenfingern ab, die den anschaulichen Namen »Handschuhberge« tragen. Hügel tauchten auf, von sumpfigen Senken und Torfmooren umgeben. Wir rüttelten und holperten über Grashubbel in ein Gebiet voller kleiner, in Senken geborgener Seen, dann in noch mehr Leere und in ein wunderschönes Moorland. Elche suchten in langsamem Galopp das Weite.

Der Kleine König schlummerte auf einem Stapel Rentierfelle. In seinen khakifarbenen Latzhosen und mit dem typischen Pelzzweispitz der Tschuktschen auf dem Kopf, der sein rundes Gesicht mit den beiden Goldzähnen und dem runden Bart umrahmte, sah er wie ein Gnom aus.

Als wir das erste Hirtenlager oder *Tabun* am späten Nachmittag erreichten, luden wir die acht Frauen und Männer der Brigade zu einem Fischessen ein, für das wir die Fische selbst unterwegs gefangen hatten. Unser saftiges Gericht war anregend und brachte eine Rentierkeule vom vergangenen Jahr auf den Tisch, die den ganzen Winter über, luftdicht verpackt, im Freien gehangen hatte. Sie war nicht so zart, aber immer noch sehr gut eßbar. Dann bot man mir eine ganz besondere Delikatesse an: die vordere Hälfte einer Rentierzunge. Als das kostbare Stück dann vor mir lag, war ich überrascht zu sehen, daß die Zungenspitze fehlte. Den Grund dafür erklärte mir Jiwtagin, der Nummer-zwei-Tschuktsche der Sowchose: »Das macht man seit alters so, weil die Tiere zu geschwätzig waren. Vor allem die Rentiere und die Hunde. Die Hunde haben immer vorlaute Bemerkungen über die ekelhaften Dinge gemacht, die die Menschen tun. Und die Rentiere haben sich gern über alles mögliche beklagt. Deshalb hat das Höchste Wesen dem Hund die Zungenspitze abgetrennt, und die Menschen schneiden dem Rentier die seine ab, damit es aufhört, sich zu beklagen.«

Um sieben Uhr abends kletterten wir wieder in den Wezdehod. Links und rechts der Piste tauchten flachgipflige Berge auf. Wir hielten an einem ausgetrockneten Flußbett, um Feuerholz und Zeltstangen zu sammeln, denn es war bereits absehbar, daß wir diese Nacht in der Wildnis campieren würden. Ich hielt nach versteinertem Holz Ausschau – laut Wladimir war hier welches zu finden –, sah aber nur Bären- und Elchfährten. Der große Riß, der sich durch das Eis des nächsten Flusses zog, verhieß nichts Gutes. Ich setzte meine Pelzmütze auf; sie sollte mir als Sturzhelm dienen. Als wir halb drüben waren, teilte sich das Eis mit einem lauten Ächzen. Türkisfarbenes Wasser schoß gurgelnd empor. Diesmal schnappten auch meine Mitreisenden nach Luft. Aber unser Wezdehod brach nur ein bißchen ein und konnte sich aus eigener Kraft wieder aus dem Wasser ziehen.

Die Landschaft wurde grandioser: Ringsum erhoben sich steile Vulkanberge mit riesigen, zu Säulen erodierten Basaltstotzen. Das Tal verengte sich so, daß auf den Flußufern für unseren Wezdehod kein Platz mehr war. Also fuhren wir im Flußbett weiter, geradewegs auf eine Gruppe stotzengekrönter Hügel zu. Wir fuhren knirschend über Felssplitter und um Bergausläufer und kamen schließlich zu einem herrlichen Fleck an einem Seeufer. Dort hielten wir, um unser Lager aufzuschlagen.

Zu unserer Gruppe gehörten der Kleine König, Jiwtagin, zwei weitere Tschuktschen, Wladimir, Natascha, Valentin und ich selbst.

Wir würden alle in einem Zelt schlafen, rings um die Feuerstelle mit dem Blechkamin. Gegen die Bodenfeuchte schützten uns Matratzen aus frischgeschnittenen Wacholderzweigen, auf die wir Rentierfelle und, ganz obenauf, unsere Schlafsäcke legten. Weil es eine kalte Nacht werden würde, schliefen wir in *Tschaji*-Pelzsocken und voller Bekleidung, inklusive Pelzmütze.

Wir wachten nicht allzu früh auf, aßen zum Frühstück Kaviar, brachen unser Zelt ab und fuhren nach Norden, in ein neues Tal hinein, das sich wie ein breiter Boulevard zwischen schroffen Haifischzahn-Bergen dahinzog. Diese riesigen natürlichen Pyramiden bewachten, wie in Reih und Glied angetretene Soldaten, einen Paß, der uns in eine herrliche Berglandschaft führte. Vor uns sprang ein Sibirischer Steinbock mit korkenzieherartigen Hörnern in großen Sätzen eine enge Schlucht hinauf.

Wir hielten an einem verlassenen Tabun, um ein Zelt aus Rentierfell mitzunehmen. Jetzt, in der Übergangszeit zwischen Winter und Frühling, wurden die Fellzelte weggepackt und durch Sommerzelte aus Leinwand ersetzt. Das Seltsame an dieser Gegend war, daß es hier fast überhaupt keinen Schnee gab.

Wir erreichten ein bewohntes Tabun, wo das Fell eines totgeborenen Rentierkalbs an einer Stange zum Trocknen aufgehängt war. Etwa zwei Wochen vor dem Kalben trennen die Hirten die weiblichen von den männlichen Rentieren, weil dann die Weibchen so schwerfällig geworden sind, daß sie mit den Männchen nicht mehr Schritt halten können.

Nachdem vier Hirten zugestiegen waren, die ihre Kollegen ablösen sollten, fuhren wir weiter flußaufwärts, um das letzte Tabun zu besuchen. Es war zehn Kilometer entfernt und lag an der Grenze zwischen Kamtschatka und der Tschuktschischen Autonomen Republik, die durch ein gewaltiges, vergletschertes Gebirge markiert wird. Es war ein hinreißendes Fleckchen Erde mit hoch aufragenden, von Wolkenfetzen verhüllten Gipfeln und vielen Gletschertälern und Schneehängen, deren Schmelzwasser die Quellflüsse des Apuka speist. Die Hunde unserer Hirten rannten aufgeregt neben dem Wezdehod her. Die eisigen Flüsse durchquerten sie schwimmend oder, wenn sie schlauer waren, von Eisscholle zu Eisscholle springend. Wenn sie einen weißen Polarhasen entdeckten, ging sofort die wilde Jagd los!

Ich wollte die weibliche Herde mit den neugeborenen Kälbern, den *Kai-ju-ju*, sehen. Wladimir und zwei der als Ablösung gekommenen Hirten fuhren also zu der männlichen Herde weiter, während ich mit dem Rest der Gruppe so geräuschlos wie möglich Jiwtagin folgte. Wir durften die Muttertiere auf keinen Fall beunruhigen, damit sie nicht plötzlich, samt ihren Kälbern, panikartig flüchteten. Jiwtagin ließ leise beruhigende Pfiffe ertönen, als wir nah an einer Gruppe von etwa hundert hochträchtigen, unförmigen Kühen vorübergingen. Wenn sie kurz vor dem Kalben stehen, suchen sie instinktiv die Nähe, den Schutz der Herde, sondern sich aber wieder ab, sobald sie spüren, daß es soweit ist. Wir stiegen weiter bergan und kamen zu einer Herde von fast tausend Muttertieren und Kälbern, die friedlich grasten. Die ältesten Kai-ju-ju waren zwanzig, die meisten aber nur acht Tage alt. Ich beobachtete ein weißes, erst tags zuvor geborenes Kalb, das zu seiner Mutter hinübertänzelte, um Milch zu saugen. Im Schutz einiger Büsche leckte eine Rentierkuh ihren neugeborenen Winzling sauber. Er stellte sich auf, wackelte, tänzelte, fiel um, richtete sich wieder auf, stand unsicher da und versuchte vorsichtig den Gebrauch seiner Beine zu erlernen. Es ist schon großartig, wie sich diese Tiere, von ihrem Instinkt geleitet, gleich nach der Geburt ins volle, aktive Leben stürzen.

Wir kletterten zu einem Aussichtspunkt empor, von dem aus man die ganze Herde im Blick hatte. Dort kauerten die wachhabenden Hirten um ein kleines Feuer und kochten sich Tee – der Kleine König hatte Nachschub an Zucker und Brot mitgebracht. Die Sonne neigte sich langsam dem Horizont entgegen, und wir saßen da und sahen dem kleinen Kalb bei seinen Sprüngen und Possen zu.

Für die Hirten ist diese *Kitkitki*-Saison am Frühlingsanfang eine der arbeitsreichsten Zeiten des ganzen Jahres. Dann müssen sie ihre Herden aufteilen, die Geburt der Kälber überwachen und die nicht zur Zucht vorgesehenen männlichen Tiere kastrieren.

Am Frühjahrsende, dem *Kitti-ga*, hören die Rentiere auf, Moos und Flechten zu fressen, und machen sich über das frische, grüne Gras her, das nun an den Flußufern emporschießt.

Der Frühsommer, *An-nok*, ist da, wenn sich die ersten Blätter zeigen. Dann zerstreut sich die Herde bei der Futtersuche sehr leicht. Jetzt wird geschlachtet und Dörrfleisch hergestellt, und die Frauen sammeln Rentierdung zum Gerben von Häuten und Fellen. An-nok geht zu Ende, wenn die ersten Bremsen ihre Eier in der Bauchhaut der Rentiere ablegen.

Kalatinga ist der Hochsommer, die Zeit, da man die Herden an die Küste treiben soll, weg von den Bremsen: Die Rentiere wollen nun gegen den Wind wandern, damit der ihnen die Plagegeister vom Leib hält; das macht es den Hirten schwer, sie in andere Richtungen zu treiben. Zusätzliche Probleme ergeben sich im Sommer, wenn die Hufe der Rentiere durch den ständigen Wechsel von feuchtem und trockenem Wetter rissig werden oder wenn die Herden durch die ausschlüpfenden Stechmücken so nervös gemacht werden, daß sie sich leicht verstreuen.

Letofka heißt die Zeit, da die Rentiere die Küste erreichen und Meerwasser trinken. Sie brauchen die darin enthaltenen Mineralien, um Fett anzusetzen. Die Hirten sorgen dafür, daß die Herden bei ihrer Ankunft durstig sind, und treiben sie dann für ein paar wasserlose Tage ins Landesinnere und wieder zurück zum Meer, zur nächsten Dosis Salzwasser.

Khan-rak-tat, der Herbst, ist eine schwierige Jahreszeit, weil dann die Rentiere durch den Genuß der vielen berauschenden Pilze, die nun überall wachsen, unruhig und ungehorsam werden. Im tiefen Winter hat der Hirte es leichter, er muß dann nur die Herde im Auge behalten und sie vor Bären und anderen Raubtieren schützen sowie einige Rene zu Zugtieren ausbilden.

Während wir uns unterhielten, sah ich mir die schlanken, gesunden Gesichter der Männer an, die mit ihren scharfen Augen gelassen die Herde musterten. Welten schienen zwischen ihnen und jenen betrunkenen Hirten zu liegen, die ich sieben Wochen zuvor bei Lesnaja kennengelernt hatte, als sie ihre Herde verloren hatten.

Als die Sonne unterging, stiegen wir wieder hinab und wanderten zum Tabun zurück. Zwei Frauen schlachteten gerade ein Rentier, das sich einen Lauf gebrochen hatte. Sie arbeiteten flink und warfen die ausgelösten Teile nebeneinander in den blutbespritzten Schnee: Herz, Leber, Penis (für medizinische Zwecke), Keulen, Rippen (die sie mit einer Axt zerkleinerten).

Ihre Kinder schlitzten mit Glassplittern die blasenartigen Madenhüllen im Fell des Rentiers auf und drückten daraus fingernagelgroße, weiße Larven heraus. Die esse man wie Süßigkeiten, erklärte Jiwtagin, aber erst, wenn sie reif seien. Bei denen hier müsse man noch ein paar Wochen warten, bis sie schwarz zu werden anfingen. Mir aber stellte man zum Abendessen eine andere Delikatesse in Aussicht: Pantui, den weichen jungen Geweihbast.

Ein dreijähriges Mädchen pulte mit seinen kleinen Fingern verträumt in den Augenhöhlen des toten Rentiers herum. Die Kleine hieß Oxana, aber das war bereits der dritte Name, den sie in ihrem kurzen Leben bekommen hatte. Der erste war der Name eines ihrer Vorfahren gewesen. Den hatte ihre Großmutter ihr gegeben, weil sie glaubte, die Seele des Toten lebe in dem Mädchen weiter. Als dann aber das Kind krank wurde, versuchte man mit Hilfe eines Wahrsagesteins seine wahre Seele zu entdecken. Dazu versammelte sich seine ganze engere Verwandtschaft. Man ließ den Stein an einem Faden unter dem Dreifuß pendeln und rief dazu die Namen verstorbener Familienangehöriger aus. Sobald der richtige Name erklang, begann der Stein schneller zu pendeln. Es gibt noch eine andere, einfachere Methode, um festzustellen, wessen Seele in dem Kind wohnt: Man spricht ihm die Namen laut vor und wartet, wie es reagiert. Wenn es weint, war es der falsche, wenn es lächelt, war es der richtige. Die Seelen der Neugeborenen kommen von der Oberen Welt, wo das Höchste Wesen wohnt. Sie hängen an Gurten von den Querbalken und Dachsparren seines Hauses herab, bis die Zeit ihrer Wiedergeburt gekommen ist.

Das kleine Mädchen erhielt also nun den Namen Ankak. Aber auch der war nicht der richtige für die Seele, die in ihm wohnte, und so wurde es wieder krank. Beim drittenmal wurde sein Name in Oxana geändert, und jetzt sieht es vollkommen gesund aus und ist ein richtiger Wonnebrocken geworden. Beim Abendessen benutzte Oxana, genau wie die Erwachsenen, ein Jagdmesser, um sich von dem Fleisch, das sie mit den Zähnen festhielt, mundgerechte Stückchen abzuschneiden. Danach spielte sie mit Streichhölzern und versuchte den Holzstoß in Brand zu setzen.

Man kann seinen Namen in jedem Alter wechseln, selbst in der Mitte des Lebens noch. Jiwtagin hatte sich mit fünfunddreißig umbenannt. Warum das? Er machte sich damals Sorgen über seinen Namen, weil er sich zweimal dasselbe Bein gebrochen hatte und der zweite Bruch auch nach einem Jahr noch nicht verheilt war. Dann träumte eine Tante von einem Vorfahren, der einen bösen, offenen Beinbruch gehabt hatte. Sie schlug Jiwtagin vor, den Namen dieses Mannes anzunehmen. Als das geschehen war, dauerte es auch nicht lange, bis sein Bein ganz von selbst verheilte. Es wurde wieder fest und stark und hat ihm seither keinerlei Probleme mehr bereitet.

Es komme darauf an, meinte Jiwtagin, den zu der Krankheit passenden Verwandten zu finden. Als einmal Claudias kleiner Sohn zu erblinden und aus dem Nabel zu bluten begann, habe die Familie verzweifelt versucht, sich an den Namen seines blinden Urgroßvaters zu erinnern. Aber vergeblich. Das Kind sei immer schwächer geworden. Dann habe Claudia im Traum den Namen dieses Ahnen erfahren. Ihr Sohn sei umbenannt und seine Augen seien wieder gesund geworden.

Als wir auf dem Weg zum dritten Tabun waren, äußerte der Kleine König den Wunsch, seinen dortigen Untertanen unseren Besuch über Funk anzukündigen. Wir befestigten also die Kurbel unseres Funkgeräts an der Seite des Wezdehods und improvisierten mit einem langen Draht, dessen eines, um eine leere Flasche gewickeltes Ende wir mit einem geschickten Wurf in die obersten Zweige einer Birke beförderten, eine Antenne. Die Tschuktschen kurbelten zwar wie verrückt, konnten aber das Fungerät nicht in Gang bringen.

Bei der Weiterfahrt entdeckten wir drei Luchse, große Katzen mit gelblichbraunem Fell und Ohrbüscheln. Wir hielten an zur königlichen Jagd. Jeprinzow stieg mit drei Männern aus. Sie nahmen den Hund und folgten der Luchsfährte durch den Schnee. Ich blieb im Wezdehod, um nicht aus Versehen von ihnen erschossen zu werden. Wir überquerten einen Fluß, dessen Eis schon im ersten Tauwetter aufgebrochen war. Auf einmal kippte der Wezdehod vornüber ins tiefe Wasser; er klammerte sich aber an den Seiten fest und zog sich schließlich selbst wieder heraus. Bisher habe es nur der Kleine König fertiggebracht, sich mit einem Wezdehod zu überschlagen, wurde mir gesagt. Das sei vor ein paar Jahren gewesen, als er in eine Schlucht hineinfuhr. Ein paar seiner Passagiere seien aus dem Wagen geflogen und fast noch von ihm überrollt worden. Nach einem vergeblichen Schuß auf den Luchs kam die Jagdgesellschaft zurück. Wir setzten unsere Reise fort.

»Willst du mal versuchen, einen Rennschlitten zu lenken?« wurde ich gefragt.

Rentierschlitten-Rennen sind ein traditioneller Sport, den es hier schon seit grauer Vorzeit gibt. In dem Tabun, das wir heute besuchten, bot sich mir die Gelegenheit, mein Lenkerglück zu versuchen. Die erste Regel für den Umgang mit Rentieren lautet: Immer von rechts, nie von links! Wie ich schnell selbst feststellte, bekommen sie Angst, wenn man sich ihnen von links nähert oder an ihrer linken Seite geht. Das macht die Sache für einen Anfänger etwas kompliziert, wenn er gleich ein Paar anschirren soll. Er muß dann mehr als einmal über den Hals des rechts stehenden Tieres hinweglangen und sich, in einer zutiefst intimen Weise, mit Schlingen und Gurten über es lehnen. Zum Schluß steckt man seine beiden Daumen in die Schlingen am Ende der Zügel und wickelt sich die zweimal um die behandschuhten Hände. Und kaum sitzt man, geht es auch schon los.

Zuerst einmal sauste ich ein bißchen auf dem Grasboden herum. Die Frühjahrskufen eignen sich nämlich sowohl für Schnee wie für nasses Gras. Ihre Unterseite wird traditionell mit Fischbein beschichtet. Man gewinnt es aus den Barten, jenen Gaumenteilen, mit denen die Bartenwale das Plankton aus dem Meerwasser sieben; in der westlichen Welt war es einst als Korsettstangenmaterial bekannt. Aber heute schleicht sich zunehmend Plastik ein, selbst auf Kamtschatka.

Der Schlitten soll stets rechts hinter den Hinterbeinen der Rentiere laufen. Mein Hauptproblem waren die Linkskurven, weil der linke Zügel zwischen den beiden Tieren durchging und nur Wirkung zeigte, wenn ich dem Handtier auch den rechten Zügel gegen die Flanken klatschte.

Meine beiden Rentiere schienen gehorsam und legten sich sehr ins Zeug, um den Schlitten über Grasbüschel und Birkenbüsche zu ziehen. Man hatte mir eine lange elastische Peitsche mit einem Walroßzahn an der Spitze in die Hand gedrückt, damit ich sie zu noch größerem Tempo antreiben könnte. Aber ich brauchte davon keinen Gebrauch zu machen, wir kamen auch so schnell genug voran. Anders als das Pferd, das beim Trab die beiden diagonalen Beinpaare gleichzeitig auf den Boden aufsetzt, trabt das Rentier jeweils mit den Beinen einer Seite. Manchmal scheinen sich alle vier Beine gleichzeitig in der Luft zu befinden. Nachdem wir einen Wacholderstumpf mit voller Geschwindigkeit gerammt hatten und mit dem Geschirr an einem Ast hängengeblieben waren, hielt ich nach etwas mehr Schnee Ausschau und nahm Kurs auf einen weit vor uns liegenden See.

Das ganze Eis im Uferbereich war fest. Zuerst ging auch alles gut. Wir legten einen flotten Trab hin, fuhren die Böschung hinauf und wieder aufs Eis zurück. Aber die kleine Schußfahrt regte die Rentiere so auf, daß sie umherzuspringen begannen. Ich versuchte mit den Absätzen zu bremsen, ein vergebliches Bemühen auf dem Eis, und hatte gleich darauf Angst, die Tiere durch das Schleifgeräusch zu irritieren. Aber sie zogen unbeirrt weiter, und ich schaffte es sogar, eine Acht zu fahren, während ich mich nach einer richtig schönen Eisstrecke umsah. Dann ging plötzlich alles schief.

Die Rentiere rutschten mit ihren glatten Hufen und gerieten in Panik. Ich bremste mit beiden Füßen, aber da drehten sie erst recht durch. Ihre Hufe schossen in alle Richtungen. Ich verlor die Kontrolle über den Schlitten, und die Rentiere gingen durch. Der lange Alptraum dieser Eispartie endete, als ich sie aufs Ufer, in Schnee und Büsche hinein lenkte. Tief sanken ihre Läufe ein, als ich mit den Füßen noch immer den Schlitten abzubremsen versuchte. Plötzlich blieb ich mit dem Stiefel in einem Busch hängen. Ich flog durch die Luft, spürte in meinem Knöchel einen scharfen Schmerz; aber die Zügel hatte ich noch immer fest in der Hand. Ich landete nicht weit von dem Schlitten und wurde im Galopp erst durch die Büsche, dann wieder übers Eis und durch leichten Schnee geschleift. Endlich blieben sie stehen. Mir war ein bißchen schlecht vor Schock.

Ich zitterte am ganzen Körper. Die Rentiere waren immer noch außer Rand und Band. Ich konnte kaum stehen und mußte mich in meinen patschnassen Kleidern erst mal auf den Schlitten setzen, um wieder zu Kräften zu kommen. Mein Fuß fühlte sich taub an. Als ich dann über das grüne Gras zurückfuhr, wurde mir klar, wie idiotisch mein Ausflug aufs Eis gewesen war. Natürlich war es dort glatt und rutschig; ich hatte mir das einfach nicht gründlich genug überlegt. Vielleicht hatte ich aber auch Glück gehabt und mir den Fuß nur verstaucht. Es fühlte sich jedenfalls nicht nach einem gebrochenen Knöchel an.

Als ich zurückkam, wurde gerade das Lager abgebrochen; es ging weiter, zu neuen Weidegründen. Irgendwie schaffte ich es, meinen Stiefel auszuziehen. Aber ich wußte, daß keine Aussicht bestand, ihn in den nächsten Tagen wieder anzuziehen. Man konnte richtig zusehen, wie mein Fuß anschwoll. Das ganze Lager wurde nun in den Wezdehod eingeladen – inklusive der Schlitten und Hunde, die wir eine Stunde später wieder absetzen würden. Als wir abfuhren, waren wir so dicht gepackt wie die Sardinen. Der Kleine König häufte Rentierfelle über uns auf, damit wir es schön warm hätten.

Jiwtagin, der neben mir saß, zeigte Verständnis für meinen bösen Schnitzer. Er erzählte mir von den fürchterlichen Problemen, die er bei seinen ersten Fahrversuchen mit dem Rentierschlitten hatte. Sein Alptraum endete erst, als die Rentiere sich mit den Beinen in den Zügeln verfingen. Aber als er die zu entwirren versuchte, warf ihn eines der Rentiere mit einem gewaltigen seitlichen Geweihstoß über den Haufen und trampelte auf ihm herum. Zu Tode erschrokken rollte er sich zur Seite und hatte dann viel zuviel Angst, um die Tiere noch nach Hause zu lenken. Als er später wieder mit diesem Gespann fahren mußte, ließ er die Zügel nicht mehr schießen.

Valentin, der an meiner anderen Seite saß, meinte, Jiwtagin sei selbst fast so etwas wie ein Rentier. Jedenfalls habe er bei ihrem Fußmarsch alle paar Minuten so seltsame Schnaublaute von sich gegeben. Als er ihm angeboten habe, seinen Proviantbeutel zu tragen, habe Jiwtagin gesagt: »Nein, nein, das Schnauben ist bloß so eine Angewohnheit von mir.«

Ich war unter acht Fellen und Pelzen begraben, die so schwer auf mir lasteten, daß ich mich kaum rühren konnte. Aber dann befreite ich wenigstens meine Nase daraus und beobachtete die Sterne. Wladimir schaltete dann und wann den einzigen ihm verbliebenen Scheinwerfer an, um einen Blick auf die Piste zu werfen. Ein paar Mädchen, die in dem Tabun zugestiegen waren, erzählten, wenn man nachts mit dem Wezdehod unterwegs sei, sehe man manchmal weit weg Feuer brennen, aber wenn man dann näher komme, sei nichts mehr da. Ihre Ältesten meinten, das seien ihre Ahnen. Sie wollten die Jungen ermahnen, die Toten nicht zu vergessen, und sie daran erinnern, daß sie ihnen Opfer bringen müssen, und sei es auch nur eine Kleinigkeit, wie ein Stück Schokolade oder eine Zigarette.

Die Stunden schlichen vorüber, und die Sterne bewegten sich unmerklich. Der Kleine König stand während der ganzen Fahrt aufrecht hinter dem Fahrer, um ihm bei der Wegsuche zu helfen. Ich döste derweil. Der nasse Schnee schmatzte, Felsbrocken ratterten, der Motor dröhnte, und die Gangschaltung knirschte. Wir kamen um halb drei in der Nacht in Atschaiwajam an.

Da ich am nächsten Morgen nicht mehr gehen konnte, bat ich Natascha und Valentin, mir zwei Krücken und eine Fahrgelegenheit zu besorgen. Meine beiden Helfer machten zunehmend Ärger. Ihre Zankerei war immer gehässiger geworden. Valentin nannte Natascha einen »hirnlosen Fisch«. Nach dem Frühstück begannen sie wieder zu streiten, diesmal über einen duftenden Zweig, den ich irgendwo aufgelesen hatte und den sie mir, bitte schön, identifizieren sollten. Valentin war für Rhododendron, Natascha bestand auf Wacholder, und jetzt wetteten sie schon ihre Kleidung auf ihre botanischen Klassifikationen. Valentin probierte Nataschas Hosen an und fühlte sich bereits als deren Eigentümer. Die Krücken, die sie mir dann anbrachten, hatten genau die richtige Größe für einen Tschuktschen, zwangen mich aber zu einem sehr gebeugten Gang. Aber sie waren besser als nichts. Bald hatte ich auch den Bogen raus und kam so gut damit zurecht, daß ich zu Jiwtagins Familien-Juranga humpeln konnte. Wir waren zum Pantui-Essen und zum

Kil-waij, dem Fest der Rentierkälber, eingeladen, einem der wichtigsten Feste des Tschuktschenjahres.

Das Oberhaupt der Familie war eine Matriarchin namens Tungan, was »Blütezeit« oder »Blüte« bedeutet.

»Rentiere sind die Quelle des Lebens«, sagte sie mir.

Einige lange Salweidenzweige wurden hereingebracht und so aufgestellt, daß sie sich nach oben reckten: ein Symbol für einen neuen Frühling des Lebens. Dann trafen weitere Gäste ein. Man wünschte einander Glück und Gesundheit. Tungan zeigte mir, in welcher Weise sie tags zuvor bestimmten Leuten beide Wangen mit Blut bemalt hatte. Auf meinen Backen deutete sie das Muster nur mit dem trockenen Zeigefinger an. Zum Essen gab es mit jungen Gräsern gekochte Rentierbrust, Beeren und Robbenspeck. Man stellte Fleischopfer für die verschiedenen natürlichen Elemente vors Zelt, für den Himmel, die Sonne, den Mond, das Wasser und die Weidenbäume.

So wie die Winterzelte jetzt den Sommerzelten Platz machten, so mußte nun auch die Pelzkleidung dem leichten Frühling-und-Sommer-Gewand aus Baumwolle weichen: den weiten Khakihosen mit dem Khakikittel für die Männer sowie den knapp übers Knie reichenden, an den Säumen, Manschetten und Ärmeln mit roten und rosa Bändern geschmückten Hängekleidern für die Frauen.

Der Pantui mußte über der Feuerstelle fünf Minuten lang abgesengt werden, bis man ihn abkratzen und essen konnte. Er schmeckte recht süß, nicht wie Fleisch, und hatte eine dicke, hautähnliche Schicht aus weichem Knorpel. Dann saugt man an dem Geweihknochen, um das süße Blut zu genießen. Ich fragte nach den Heilwirkungen des Pantui und erfuhr, daß er streßlindernd wirke und den Genesenden verabreicht werde.

»Aber wenn du zuviel davon ißt, kann er als Schlafmittel wirken«, warnte mich Tungan.

Natascha, Valentin und ich gruppierten uns mit der Familie um das Feuer, um den Pantui abzusengen. Niemand darf über die Feuerstelle hinwegschreiten oder durch sie hindurchgehen, auch dann nicht, wenn gar kein Feuer darin brennt. Die Feuerstelle war ringsum mit Steinen eingefaßt.

Als ich nach dem ältesten Gegenstand in der Juranga fragte, zeigte Tungan auf zwei butterglänzende Herdsteine, von denen der eine in einem Beutel aus Rentierfell lag. »Die sind vor vielen hundert Jahren zu uns gekommen, sie sind dem Feuer geweiht. Die Männer erben Familiensteine, wenn sie heiraten und ihre erste Juranga bauen.«

Anschließend beschmierte ihre Tochter die schützenden Totems mit Butterfett, das durch beigemischten Schnee sehr weiß geworden war, und murmelte dabei Worte ritueller Zuneigung und Zärtlichkeit. »Wenn ich eines übergehe, ist es beleidigt«, bemerkte sie. Die Beschützer wurden dann auf einen Schlitten gestellt und vors Zelt gefahren. Man würde sie bis zum nächsten Morgen draußen lassen, weil das Fest der Rentierkälber noch über mehrere Tage ging.

In diesen Tagen beten die Frauen um zahlreiche und starke Kälber und darum, daß die neugeborenen Kälber schnell wachsen und immer genügend Futter finden. Diese rituellen Bittworte werden von einer Generation an die andere weitergegeben, werden von den Müttern auf die Töchter vererbt.

Gleich hinter dem Eingang der Schlafzone sah ich einen großen Schädel liegen, vermutlich ein Bärenschädel. Jiwtagin bemerkte meinen neugierigen Blick und sagte: »Bitte, danach darfst du mich nicht fragen, das ist tabu. Wir haben schon viele Geheimnisse mit dir geteilt.« Ich respektierte seinen Wunsch. Der Schädel war zweifellos ein Beschützer. Die Tschuktschen glauben nämlich, daß Bären böse Geister fernhalten. Manche behaupten aber auch, ein Bärenschädel halte einem die Werwölfe vom Leib.

Jiwtagins Sohn brachte uns mit seinem Motorrad nach Hause. Ich saß im Beiwagen, mein verstauchtes Bein ragte nach draußen; Natascha fuhr auf dem Soziussitz mit, und Valentin hockte auf dem Schutzblech.

Der Streit der beiden über meinen Zweig mußte ungelöst bleiben, weil wir das Streitobjekt verloren hatten. Aber inzwischen war eine neue Kontroverse zwischen den beiden entbrannt. Nun ging es um die Rolle der Frauen. Valentin war ein altmodischer Knabe, dem es gar nicht gefiel, daß Natascha weder kochen noch überhaupt einen Haushalt führen konnte. Er warf Natascha vor, eitel und faul zu sein. Bei so gegensätzlichen Charakteren mußte es ja krachen. Natascha nahm ihr Sternzeichen zu Hilfe, um den ihren zu beschreiben. Als »Löwe« sei sie eben wie eine Katze, lieb, aber auch reizbar, sanft, aber auch wild – und sehr auf Bewunderung angewiesen. Eitel, ja, warum nicht? Zu ihren Bewunderern gehörten inzwischen auch Wladimir und der Kleine König, dessen Frau seit unserer Rückkehr vor Eifersucht zu kochen schien.

Als Valentin am späten Nachmittag wieder aus seiner Pantui-Narkose aufwachte, konnte er gleich den Blaubeerkuchen mit Schokoladenguß bewundern, den uns Königin Claudia – die trotz ihres Ärgers ein paar Kuchen gebacken hatte – zukommen ließ. In wenigen Minuten hatten wir den halben Kuchen vertilgt. Als aber Valentin mit seiner Bemerkung, Natascha sei zu fett, den Streit neu entfachte, deckte ich den restlichen Kuchen zu und sagte, als ob ich Kinder vor mir hätte, sie bekämen erst wieder etwas, wenn sie mir versprächen, sich anständig zu benehmen.

Wladimir, der Wezdehod-Fahrer, und seine Familie luden uns zum Abendessen zu sich ein. Wir brachten ihn dazu, uns mehr über die Gefahren seiner Arbeit zu erzählen: Einmal schreckte er mit seinem Fahrzeug einen Bären auf. Als das Tier parallel zu ihm dahingaloppierte, beschloß er auszuprobieren, wer von ihnen beiden der Schnellere sei. Auch als der Bär vierzig Stundenkilometer vorlegte, konnte der Wezdehod noch mit ihm Schritt halten. (Wetten, daß er genau bei dieser Gelegenheit seine Stoßdämpfer ruiniert hat!) Als sie den Waldrand erreichten, mußte der Wezdehod anhalten, während der Bär mit unverminderter Geschwindigkeit weitersauste und Wladimir damit beeindruckte, wie er auf seiner Flucht die Bäume zum Schwanken brachte.

Einmal rettete Wladmir einen Hirten, der nicht soviel Glück gehabt hatte, als er einer Bärin mit Jungen in die Quere gekommen war. Der Mann war skalpiert und so aufgeschlitzt, daß man seine Lungen sah. Er stand unter Schock, als Wladimir ihm mit einem Tierarzt, Wodka und der »Goldenen Wurzel« zu Hilfe kam.

Claudias Tante Najun sagte, sie müsse einen Hund opfern, den alten, weißen. Zwar sei derzeit niemand in der Familie krank, aber mit dieser Geste wolle sie ihre Enkelkinder schützen. Das war beileibe keine kleine Geste. Denn die Tschuktschen sind sehr gut zu ihren Hunden, die sie ja vor den bösen Einflüssen der Kalau beschützen. Wer zu seinen Lebzeiten einen Hund grausam behandelt, wird dafür nach seinem Tode von den Hunden bestraft, die an den Pforten der Oberen Welt Wache halten: Sie beißen den Bösewicht oder verweigern ihm den Eintritt, so daß er für immer stirbt.

Mir fiel auf, daß die beschützenden Totems gut sichtbar ausgelegt waren. Ich durfte sie in die Hand nehmen und genau ansehen. In einem Fellbeutel fand ich eine Rentier-Kniescheibe.

»Oh, da haben wir es also hingetan«, sagte Najun erfreut, »es gehört zu einem unserer heiligen Feuerbohrer. Das ist der Griff für den Bohrstock. Die untere Stockspitze wird in die Kerbe im Bauch des Totems gesteckt.« Ich war überrascht, wie genau die Spitze in den Bauchnabel des männlichen Totems paßte. »Um Funken zu erzeugen und damit sie in den Zunder aus trockenem Moos springen, brauchen wir noch diesen Bogen aus Rentiergeweih. Die Ledersehne wird in einer Schleife um den Bohrstock gelegt; damit wird er gedreht. Einer hält das Totem, der andere den Griff, und der dritte bewegt den Bogen hin und her. Der Stock dreht sich so.« Sie und ihre Familie führten mir das Ganze vor. »Das hier ist der *Meldschir-dschir*. Er wird zweimal im Jahr zum Feuermachen benutzt, zuerst, wenn die Rentiere kalben, und dann in der Schlachtzeit.«

Das Feuermachen ist an die Familie gebunden. Der Tschuktsche darf nur mit der Glut, die aus dem Zelt seines Vaters, seiner Söhne oder Enkelsöhne stammt, ein Feuer anzünden. Wer Feuer an andere weitergibt, gibt seine Gesundheit und Lebenskraft hin. Dasselbe gilt für die Weitergabe von Idolen, von Töpfen und vielen anderen Haushaltsgegenständen.

Der Hund, den Najun opfern wollte, wurde nun an einer Leine in die Juranga geführt. Es war eine alte Laiki, die nicht mehr zum Rentierhüten taugte. »Manchmal töten wir den Hund mit einem Messerstich«, sagte Najun. »Den hier werden wir mit dem Speer töten. Normalerweise opfern wir zwei oder drei Hunde pro Jahr, zum Gedenken an die Toten, um die Schlachtzeit zu feiern und, so wie heute, um für die Gesundheit unserer Kinder zu bitten.«

Drei Söhne und sieben Enkel Najuns kamen herein, die Familie wurde langsam vollständig. Dann betrat der vierte Sohn das Zelt, den Speer in der Hand. Aber er mußte noch warten, bis alle anwesend wären. Erst dann würde der Hund getötet, würde ihm der Kopf abgeschnitten und auf eine Stange vor der Juranga gesteckt. Wird das Opfer den Toten dargebracht, muß der Kopf des Hundes nach Westen weisen, nach Osten hingegen, wenn es den Lebenden gilt. Der Körper wird zuerst längs des Rückgrats und dann mit Querschnitten zerteilt; anschließend wird er den Raben zum Fraß hingelegt. An diesem Punkte weigerte sich Natascha, noch weiter im Detail zu übersetzen, weil das allzu ekelhaft sei.

Die Tschuktschen verehren den Raben nicht als Gott (wie die Korjaken), sondern als Mittler zwischen der Unteren und der Oberen Welt. Er kündigt den Menschen den Tod an, wenn er sein »*Kollo-Kollo*« (»der nächste, der nächste«) krächzt. Als ihn tags zuvor ein Rabe so angekrächzt habe, erzählte Jiwtagin, habe er ihm zugerufen: »Dann sei doch du der nächste!« Die Raben geleiten auch die Seelen der Sterbenden zur Oberen Welt. Deshalb wird sie auch nie ein Mensch töten.

Mit der Rabenfütterung würde Najun sicherzustellen versuchen, daß ihre Gebete auch wirklich ihren Bestimmungsort erreichten. Da der Rest der Familie aber immer noch auf sich warten ließ und wir uns mit dem Kleinen König treffen wollten, verabschiedeten wir uns, bevor der Hund den ihm zugedachten Tod fand.

Aus dem, was Direktor Jeprinzow bei unserem gemeinsamen Mittagessen erzählte, konnte ich mir seine Lebensgeschichte ganz gut zusammenreimen: Er wurde von der Schule verwiesen, hatte kein Interesse am Lernen, und als er noch sehr jung war, starb sein Vater. Bis zu diesem Punkt war seine Geschichte der mancher anderer Kamtschatka-Russen sehr ähnlich. Seine Mutter leitete die Traktorenbrigade einer Kolchose auf der Krim. In diesem Betrieb waren auch er, sein Bruder und seine Schwester beschäftigt. Vielleicht hat diese harte körperliche Arbeit damals den Grundstein zu seiner Selbstdisziplin gelegt. Seinen dreijährigen Militärdienst hatte er bei der U-Boot-Flotte abgeleistet, und ich stellte ihn mir im Kommandoturm seines Wezdchods vor. Nach einem Jahr als Offizier kehrte er ins Zivilleben zurück und trat in eine Technische Fachschule ein, aus der er wegen Alkoholismus ausgeschlossen wurde. Die anschließende sechsjährige Ausbildung an einer Tierärztlichen Fachschule absolvierte er dann mit Auszeichnung.

Als Natascha sich durch ihre Flirterei mit Jeprinzow am folgenden Tag weiteren Ärger einhandelte, begriff sie, daß es Zeit sei, der Sache ein Ende zu setzen. Daher schmiegte sie sich demonstrativ und mit einem liebevollen Lächeln an Valentin, als wir zufällig dem Direktor und seiner Frau begegneten. Die beiden Streithähne vereinbarten, die frisch Verliebten zu spielen, und ich fragte mich, welchen neuen Verdruß das wohl provozieren würde. Es besänftigte zwar die Königin, erregte dafür aber die Eifersucht des Kleinen Königs. Mein gutgemeinter Vorschlag, Valentin solle auf Teufel komm raus mit der Königin flirten, um die Karten neu zu mischen, wurde nicht gut aufgenommen.

An einem Abend waren wir bei Jiwtagin zum Essen eingeladen. Es gab Fischsuppe, die wir jedoch mit Teelöffeln zu uns nehmen mußten. Jiwtagin entschuldigte sich für das unpassende Besteck – aber aus seinen Suppenlöffeln habe er Köder zum Angeln gemacht.

Claudia schaute bei uns herein und überbrachte uns eine Einladung ihrer Schwiegermutter Kojan (»Rentier«). Da ich meinen Knöchel jeden Tag ein Stückchen mehr belasten wollte, machten wir uns zu Fuß auf den Weg. Es schneite in dicken Flocken. Bei der Schwiegermutter herrschte rege häusliche Aktivität, die von gutmütigem Schimpfen und Brummeln begleitet wurde. Kojan hängte im Vorratszelt Fleischstreifen zum Trocknen auf und murmelte dabei ständig, das Wetter sei eigentlich zu feucht dafür, während ein Nachbar, der auf einer an die Juranga gelehnten Leiter stand, mit einer rechtwinkligen, aus einem Bärenschulterblatt gefertigten Schaufel den Schnee vom Zeltdach kratzte. Ihr Bruder, der sich gerade ein neues Seil für sein Fischnetz drehte, meinte dazu: »Was soll das, den Fisch zum Trocknen raushängen, wenn man noch den Schnee vom Dach kratzen muß!« Das schien mir ganz die Art von Bemerkung zu sein, die Brüder auf der ganzen Welt machen.

Wir setzten uns neben den Holzofen, um uns zu unterhalten und

Kojan zuzuhören. Sie hatte in den 1930ern, als junges Mädchen, die Ankunft der Russen auf Kamtschatka miterlebt und erinnerte sich noch genau, wie sehr sie sich damals vor deren Pferden und Flugzeugen gefürchtet hatte. Die Tschuktschen hielten diese Flugzeuge für Hexen, die hinter dem Sonnenuntergang wohnten. Sie versuchten sich gegen diese bösen Mächte mit einem Abwehrzauber zu schützen, mit gen Sonnenuntergang gerichteten Tafeln aus Birkenrinde, die sie mit einer Mixtur aus Rentierdarmfett und Hasenhaaren beschmiert hatten. Das hat sie vielleicht vor den schädlichen Einflüssen der Flugzeuge, nicht aber vor der Kollektivierung durch die Russen bewahrt.

Kojan arbeitete damals für ihren Vater als Hirtin. Sie mochte die Arbeit in der Tundra und verliebte sich, als die Zeit gekommen war, in einen jungen Mann. Aber der Vater verweigerte ihr seine Erlaubnis, ihn zu heiraten, und gab sie statt dessen einem reichen alten Mann zur Frau. Ihr Tabun und der des jungen Mannes waren häufig in Kontakt miteinander, und sie konnte ihn nie vergessen. Ihre Liebe zu ihm, sagte sie, sei wie ein Gefühl der Schwerelosigkeit gewesen. »Ausdrücken konnten wir unsere Liebe nur mit unseren Augen. Aber es war, als ob ihr Blick die Seele des anderen berühre. Er hat auch immer mein Lied gesungen.«

Alle Tschuktschen haben ihr eigenes Lied, das sie sich selbst ausdenken und nur dem anvertrauen, dessen Liebe sie gewinnen wollen – ihre Liebeserklärung. Dann sang Kojan mir ihr Lied vor, eine tiefe, langsame Melodie. Nach der ersten Strophe wurde ihre Stimme plötzlich strahlend, klangvoll und stark; aber es schmerzte sie noch immer, von ihrer Liebe zu singen, und ihre Stimme begann zu ersterben, bis sie nur noch ein Flüstern war.

Bei Claudia hatte es lange gedauert, bis sie ihr eigenes Lied entwickelt hatte, aber eines Tages war es dann plötzlich da. Sie hatte damals zwei besondere Verehrer. Der eine war Kojans Sohn Anatoli, und der andere, was mich kaum überraschte, unser Freund Jiwtagin. Zufällig wählten sie für ihre Brautwerbung beide den gleichen Tag, an dem dann aus der einen Richtung der mit dem Segen seiner Eltern versehene Jiwtagin auf seinem Rentierschlitten angefahren kam und aus der anderen Anatolis Verwandte mit dessen Heiratsantrag anreisten. Die letzteren trafen morgens ein, ihre Werbung wurde am Mittag angenommen. Jiwtagin kam erst abends an, und das war einfach zu spät.

»Aber wir sind heute alle glücklich damit. Meistens entwickeln sich die Dinge so, wie es für alle am besten ist«, meinte Claudia zufrieden.

Anläßlich einer Hochzeit opfert man normalerweise ein Rentier. Daß man es von der linken Seite tötet, erklärt teilweise, warum die Tiere bei jeder Annäherung von dieser Seite Angst bekommen. Das Opfertier »sagt das Glück des Paares voraus«: Wenn es ruhig stirbt, wird die Ehe gut; wenn es im Todeskampf um sich schlägt, wird sie qualvoll; und wenn sich das Tier im Sterben an einen anderen Ort schleppt, wird die Frau nicht lange bei ihrem Mann bleiben. Claudias Rentier war ruhig und still gestorben.

Man opfert auch den zwei Himmelsrichtungen, Sonnenaufgang und Sonnenuntergang, und bemalt das Gesicht der Braut und des Bräutigams mit Blut. Dieser Teil der Zeremonie heißt *Alarantu urdschin*, die »Reise aus der Einsamkeit«. Claudia schmierte auf die Schlitten, die Totems und schließlich auf die Feuerstelle Blut. Dort sprach sie auch die rituellen Worte: »Mimeleu hatwarkim. Mögen alle gesund sein.«

Es gibt keinen Brautpreis, wohl aber Geschenke; an dem Festmahl nehmen alle teil. Claudia hat ihre eigenen Rentiere, die auch ihr Eigentum bleiben, wenn sie ihren Mann verläßt. Wenn die Familie Fleisch braucht, tötet der Mann eines von seinen Rentieren; eines der ihren zu schlachten hieße, daß er seine Familie nicht versorgen kann.

Diese traditionellen tschuktschischen Eheschließungen gehören heute genauso der Vergangenheit an wie die alte Sitte, die dem Bräutigam gebot, für seinen künftigen Schwiegervater monate- oder gar jahrelang wie ein Diener zu arbeiten und sich strengen Eignungstests zu unterziehen. Anatoli hatte sich Claudia dadurch erdient, daß er für ihren Vater jagen und fischen ging.

Wenn eine Frau ihren Mann verläßt, darf sie ihre Kinder nicht mitnehmen; sie gehören zur Familie des Vaters. Man glaubt, daß eine frühe Heirat der Gesundheit der Frau schade; wenn ein sehr junges Mädchen ein Kind zur Welt bringt, wird sie »Kalbmutter« genannt. Die tschuktschische Sprache besitzt kein Wort für »Mädchen«; Jungfräulichkeit wird weder erwartet noch gefordert. Aber eine Vergewaltigung ist ein schlimmes Verbrechen. Die Tschuktschen sind nicht promisk, trotz ihres früheren Brauchs, ihre Frauen den Gästen anzubieten. Im Gegenteil, sie schienen mir mehr Moral zu haben als die Russen.

Ein paar Pferde des Königs und einer seiner Männer kamen, um mich zu einem Nachmittagsabenteuer abzuholen. Da Valentin von der falschen Seite aufstieg, fürchtete ich schon, daß er den Humpty Dumpty abgäbe. Aber er versicherte, daß er sehr wohl reiten könne und einmal, bei einer geologischen Erkundungstour, ganze zwei Monate lang durch Sibirien geritten sei. Was er allerdings erst später zugab: Seine sibirischen Pferde waren so alt und steif gewesen, daß sie nie über einen schlurfenden Trab hinausgekommen waren.

So ritten Valentin, ein Tschuktsche namens Kuola und ich aus der Siedlung hinaus. Mein Roß war sehr zottig, schnell und leicht zu reiten. Ich trieb es zu einem langsamen Galopp an und begann den Ausritt zu genießen. Eine schlammige Fahrspur brachte uns zum teefarbenen Atschai-Fluß, der schon zum Teil aufgetaut war und Hochwasser führte. Große Eisbrocken schwammen flußabwärts. Als eine massive Eisscholle hängenblieb, türmten sich hinter ihr knirschend die Mini-Eisberge auf, bis der Damm dann plötzlich brach.

Wir ritten an einem anderen Fluß entlang und kamen zur steil aufragenden Rückseite des Schamanenberges. Als wir uns durch Schneewehen und Büsche einen Weg bahnten, ging es so knapp zu, daß ich die Knie bis zum Widerrist meines Ponys hochziehen mußte. Nachdem wir die Berge umrundet hatten, wandten wir uns nach Atschaiwajam zurück. Valentins Roß verfiel in einen Galopp. Weil ich bezweifelte, daß er es je wieder anhalten könnte, ließ ich auch mein Pony galoppieren, und dann donnerten wir alle drei dahin. Kuola grinste breit, und als ich Valentin überholte, sah ich, daß sein Gesicht vor Erregung leuchtete.

Ein andermal lud Claudia uns zu einer Besichtigung des zwei Kilometer von der Siedlung entfernten Schamanenbergs ein, wo die Tschuktschen noch heute ihre Toten einäschern. Unterhalb des abgeflachten Gipfels gibt es viele Terrassen, auf denen seit alters die Scheiterhaufen brennen und zu Ehren der Toten Sportveranstaltungen wie Ringen und Ballspiele und sogar Kartenspiele stattfinden.

Wenn der Leichnam auf den Scheiterhaufen aus Wacholderzweigen gelegt wird, trägt er ein spezielles Totengewand, das bewußt schlampig genäht ist. Es soll erst in der Oberen Welt eine tadellose Form erhalten. Die Frauen entfernen das Gras, das den Mund des Toten vor den Kalau beschützt hat, und krächzen wie Raben, um die Vögel zu bitten, die Seele des Verstorbenen in den Himmel zu bringen. Dann geht eine aus einem besonderen Holzstück gefertigte Fackel reihum, mit deren Flammen ein Familienmitglied nach dem anderen jeweils an seiner Stelle den Scheiterhaufen in Brand setzt. Alle offenen Flächen waren mit verkohltem Holz übersät. Man hatte auch Gräben gezogen, um eine Ausbreitung der Feuer zu verhindern.

Das Rentieropfer ist, wie nicht anders zu erwarten, ein wichtiger Teil der Zeremonie. Wie Claudia erzählte, mußte sie, weil ihr 1902 geborener Schwiegervater seit Jahren sagt, er sei zum Sterben bereit, auch schon seit Jahren immer wieder zwei Rentiere für sein Totenopfer vorbereiten. Er starb aber nicht, und trotzdem mußten sie geopfert und durch zwei neue Tiere ersetzt werden – bis zum nächsten Mal. Für das Opfer kommen nämlich nur Renn-Rentiere in Frage, die gerade ihre Ausbildung beendet haben.

Verschiedene Stellen waren durch Haufen von Rentierknochen markiert. Die Geweihe, die eigentlich auch hierher gehörten, meinte Claudia, seien auf Drängen des Kleinen Königs leider fortgeschafft und verkauft worden. Für fünfzehn Dollar das Kilo habe man an den eigenen Ahnen ein Sakrileg begangen.

Wir wanderten über die Berghänge, deren morastiger Boden jede Ausbreitung eines Feuers verhindern würde, und stießen auf Überbleibsel früherer Bestattungen, wie eine Schüssel, ein Messer und einen Krug. Die Toten hatten sie auf ihre weite Reise mitzunehmen vergessen. Den Frauen gibt man Nähzeug mit und den Männern

Messer, aber beiden Tee und Essen für unterwegs. Alle geopferten Tiere, sagt man, schließen sich den riesigen himmlischen Herden an, die den Toten gehören. Die meisten Tschuktschen glauben, daß sich über der unsrigen nur eine einzige Obere Welt befindet; wer in einer dieser beiden Welten stirbt, wird in der anderen wiedergeboren. Es gibt aber anscheinend auch Vorstellungen von einem System aus etwa sieben übereinanderliegenden Welten; sie sind durch eine Röhre oder Rutsche, die sich unter dem Polarstern befindet, miteinander verbunden. Aber nur Schamanen und Kalau können sie besuchen. Claudias Ausführungen zu diesen sieben Welten waren etwas verschwommen: »Ich bin mir da nicht ganz sicher«, murmelte sie, »ich muß meine Mutter fragen.«

Früher hatten die alten Leute, die sich zum Weiterleben zu krank oder zu gebrechlich fühlten, das Recht, sich von ihrem ältesten Sohn töten zu lassen. Der Vorschlag mußte von ihnen selbst kommen. Natürlich versuchten ihre Kinder, sie von diesem Gedanken abzubringen. Wenn sie aber auf ihrem Wunsch beharrten, mußte der älteste Sohn ihn ausführen. Die Alten wurden normalerweise erstochen oder erwürgt. Aber die Zeiten haben sich geändert: Claudia erinnerte sich, daß ein Mann, der 1961 seine senile Mutter auf deren Verlangen getötet hatte, später, als die sowjetischen Behörden davon erfuhren, dafür ins Gefängnis mußte.

Als Valentin und ich so umherstreiften, fanden wir die Reste einer Feuerbestattung, die erst vor kurzem stattgefunden hatte: menschliche Knochen und Habseligkeiten, die zum Teil mit frisch abgeschnittenen Wacholderzweigen bedeckt waren, deren Stiele nach Westen, in Richtung Sonnenuntergang, zeigten. Bei der Erkundung anderer kahler Hangstellen förderten wir einige Schulterblätter, Oberschenkelknochen und Rentiergeweihe zutage.

Auf dem Rückweg machten wir bei dem christlichen Friedhof der Siedlung halt. Er wies nur etwa ein Dutzend Gräber auf. Auf den meisten standen Holzkreuze, deren größte mit Rentiergeweihen und Bändern geschmückt waren. Ein paar Holzkreuze waren umgestürzt und verfaulten. Nur fünf trugen einen Namen oder ein Datum.

Da ich meinen Krücken Lebewohl gesagt hatte, stützte ich mich ab und zu auf Valentin, als ich so den Weg entlanghumpelte. Als ich an einer engen Stelle plötzlich mit einem Bein im Morast versank, strömte eiskaltes Wasser oben in meinen Stiefel hinein. Valentin zog mich heraus. Dann wrangen wir meine Socke so gut wie möglich trocken, weil man sich mit nassen Füßen nur zu leicht Frostbeulen holt.

Wir kamen an den Überresten von Najuns Opfergabe vorüber. In den Bäumen krächzten zufrieden die Raben. Die Knochen und das Fell des Hundes waren schon fein säuberlich abgepickt. Der Kopf war von seiner Stange gefallen.

Natascha war von diesem Anblick ganz schockiert: »Diese Tschuktschen sind wie primitive Wilde!«

Jetzt war wohl der Moment gekommen, uns rar zu machen: Die Königin war wütend auf uns, weil Natascha vor ihren Augen erneut mit dem Kleinen König geflirtet hatte. Also kletterten wir am folgenden Morgen mit Wladimir, Jeprinzow, Jiwtagin, sieben Jägern und einer Meute Hunde in den großen Wezdehod, der bereits mit Säcken voll Rentierfleisch und Brot, mit Fellen und dem üblichen Zubehör an Schlitten, Skiern und Schneeschuhen beladen war.

»Wartet, ihr habt die Zwiebeln vergessen. Wir können doch ohne Zwiebeln keine Fischsuppe machen!«

Ich hoffte sehr, mich mal als Rentierhirtin versuchen zu können. Zuerst gab uns aber ein kleinerer Wezdehod, dem wir am Apuka begegneten, eine kleine Schwimmvorführung. Er donnerte mit wirbelnden Ketten das steile Ufer hinunter und schäumte dann wie ein Raddampfer durch den Fluß. Ein Wezdehod erreicht eine Schwimmgeschwindigkeit von zehn Stundenkilometern.

»Der entscheidende Punkt ist«, sagte Wladimir, »daß man von Anfang an einen Winkel von fünfundzwanzig bis dreißig Grad zur Strömung hält. Wenn man gegen den Strom fährt, wird der Antrieb wirkungslos. Dann schlägt das Ding quer und wird von der Strömung umgekippt.«

Ein ungeübter Fahrer hatte einmal in einem ruhigen Fluß einen Wezdehod versenkt, weil er ihn zu langsam zu durchqueren versuchte. »Was wir nachher entdeckt haben, war«, sagte Wladimir ironisch, »daß dieses alte Vehikel ein paar Löcher hatte und sich daher wie ein Sieb mit Wasser füllte und absoff. So blieb dem Fahrer und seinen Passagieren nichts anderes übrig, als durch die Dachluke des Führerhauses auszusteigen und sich übers Eis ins Sicherheit zu bringen.« Aber der Wezdehod vor uns schwamm gut und zog sich sicher aufs Eis hinauf.

Dann war die Reihe an uns. Da unser Gefährt hoch genug war, um diesen Fluß notfalls auch zu durchkriechen, ohne daß wir naß wurden, war es ein ungetrübter Spaß für uns, als es kopfüber in den Strom eintauchte. Als wir halb drüben waren, kletterte er auf eine Eisfläche, die aber durch unser gewaltiges Gewicht vom Ufer losgebrochen wurde und dann, mit uns oben drauf, sehr sacht den Fluß hinabdriftete. Aber solche Bagatellen bringen einen Wezdehod noch lange nicht in Gefahr. Wladimir setzte zurück, die Eisscholle kippte. Dann beschleunigte er und brachte damit das Fahrzeug wieder in den Fluß. Wir ackerten uns bis zum Ufer vor, rumsten dagegen, der Motor soff ab; zurücksetzen, erneuter Anlauf, wieder abgewürgt; aber beim dritten Versuch schafften wir es. Wir waren wieder auf dem Trockenen.

Es war heute um einiges kälter als in der Woche davor. Die Kälte ging mir durch und durch, obwohl ich zwei Paar Socken, zwei Hosen und vier Oberteile übereinander anhatte und über der Kapuze noch eine Pelzmütze trug. Die Temperatur betrug etwa –20°C, d. h. –10°C »normal« plus –10°C Windkältefaktor (bei einer Windgeschwindigkeit von ca. sechsunddreißig Stundenkilometern). Als die Sonne herauskam, hielten wir an, um ein bißchen zu fischen. Jiwtagin lieh mir eine Angelschnur und einen seiner Suppenlöffel-Köder. Ich fühlte plötzlich einen kräftigen Ruck und zog einen fünfzig Zentimeter langen Lachs durch mein Eisloch heraus. Binnen Minuten hatte wir alle ein paar Fische gefangen. Wir brieten sie am steinigen Flußufer. Während der Mittagspause bastelte Wladimir an einem gebrochenen Eisenteil der Raupe herum, auf der der Kleine König derweil sein Nickerchen machte. Die Jäger fischten und ließen es sich wohl sein. Ihre ehemaligen Kavallerie-Gewehre trugen Stempel mit dem jeweiligen Herstellungsjahr: 1933, 1941 und 1943.

Es war neun Uhr dreißig, und die Sonne ging bereits unter, als wir den Tabun fanden, den wir besuchen wollten. Dunkel wurde es erst um elf Uhr. Bald würde hier im Norden die Zeit der »weißen«, der schlaflosen Nächte beginnen. Zum Abendessen blieben uns nur noch ein paar Fische und ein Rest Spaghetti. Keiner hatte eine Gabel dabei, dafür jeder eine andere Idee, wie man die Spaghetti essen könne – mit zwei Zweigen, einem gegabelten Zweig –, von denen aber keine sehr erfolgreich war. Ich kroch rückwärts in die Schlafzone, auf das Gemeinschaftsbett aus Wacholderzweigen, und zog mir ein zusätzliches Paar Fellhosen und eine Mütze an, die man mir geborgt hatte. Wir schliefen alle fünf in einer Reihe, tief in unsere Schlafsäcke verkrochen, die Mützen auf dem Kopf. Ich fror nur an der Nase.

Am nächsten Morgen ging ich mit den Hirten für den Tag zur Arbeit. Wir benötigten zwei Rentierschlitten, damit wir alle von den Jurten zu der Herde kamen. Ich fuhr mit Ilkani (»Kann alles sehen«), der mir die Lektion vier erteilte: die Hände tiefer und die Zugriemen immer schön getrennt halten. Die Schneedecke war meist sehr uneben. Sobald wir im Trab fuhren, hatte ich das Gefühl, in einem Rennboot zu sitzen, das über harte Wellen donnert und abwechselnd die Wellen hinaufschießt und in die Wellentäler hinunterkracht. Wir brauchten eine Stunde bis zu dem Weideplatz. Ich nutzte die Zeit zwischen Ilkanis Lektionen, um ihn nach seinen gefährlichsten Schlittenabenteuern auszufragen.

Das letzte lag erst eine Woche zurück: Als er sich mit seinem Schlitten der Weide näherte und seine Rentiere die Hauptherde sahen, zogen sie plötzlich wie verrückt los, um sich den anderen Tieren anzuschließen. Sie kurvten durch ein steiniges Flußbett, kippten dabei den Schlitten um und schleiften Ilkani hinter sich her. Als er schließlich losließ, stürmten sie in wilder Flucht davon, den umgedrehten, hin und her schleudernden, splitternden Schlitten im Schlepptau. So humpelte er denn, ohne Rentiere und ohne Schlitten, zurück, stöhnte einen Tag lang über seine Blutergüsse und konnte dann wieder seine Rentiere einfangen, die immer noch in ihrem Geschirr steckten und die Reste des Schlittens hinter sich her zogen. Für unsere Fahrt hatte er sich einen neuen geborgt. Ich hoffte sehr, daß es heute nicht zu einer Neuauflage dieses Abenteuers kam.

Die Tiere waren nervös. Ilkani lehrte mich, geduldig mit ihnen zu sein. Sie stockten oft und sahen sich um. Ich schnalzte, damit sie weiterliefen. Sie gehorchten auch, blieben aber bald wieder stehen, manchmal auch, um Schnee zu lecken. Mit Traben war nicht viel, denn Ilkani tat immer noch alles weh. Ilkani ist ein reinblütiger Ewene und war der einzige in der Brigade, der nicht zur Familie gehörte. Er wurde in Atschaiwajam geboren, hat sein ganzes Leben lang in dieser Gegend Rentiere gehütet und wird ob seiner großen Erfahrung geschätzt.

Wir banden die Rentiere an, bevor die Herde in Sicht kam. Danach machten wir uns auf die Suche nach den beiden Hirten, die auf ihre Ablösung warteten, und fanden sie an einem Feuer beim Teekochen. Die Männer erzählten kurz über die vergangene Nacht. Sie hatten noch drei tote Kälber gefunden, damit also bisher insgesamt fünfzehn verloren. Eines der drei Kälber war erfroren, das andere hatten Raben getötet, die ihm den Rücken aufgehackt hatten, und das dritte war bereits tot zur Welt gekommen. Wir würden am Nachmittag auf einen weiteren Kontrollgang gehen. In einem schlechten Jahr können bis zu fünfzig Prozent der Kälber den Raubtieren, der Witterung oder der Unachtsamkeit ihrer Mütter zum Opfer fallen; normalerweise beläuft sich der Verlust auf etwa zwanzig Prozent.

Unsere ersten Aufgaben bestanden darin, nach verirrten Tieren zu suchen und, weil die Herde während der Nacht in ein offenes, weiter südlich gelegenes Tal weitergewandert war, das Tageslager auf die andere Bergseite zu verlegen. Auf den mit Wacholderbüschen bewachsenen Berghängen sahen wir noch überall Muttertiere, die in aller Ruhe ästen und keinerlei Eile zeigten, zu der Hauptherde der weiblichen Tiere aufzuschließen. Um sie herum tollten auf wackligen Beinen ihre neugeborenen Kälber. Sie hatten keine Angst vor uns. Ilkani mußte sie mit Pfiffen und Händeklatschen hinter ihren Müttern herscheuchen. Zwei Drittel der Rentierkühe hatten Nachwuchs.

Wir sahen zu, wie ein weißes Kalb geboren wurde. Ilkani meinte, von weißen Kälbern sei er überhaupt nicht begeistert, weil sie oft Mißbildungen hätten, unterschiedlich lange Kiefer beispielsweise, mit denen sie nicht richtig grasen und kauen könnten. Die Albinos werden deshalb oft gleich nach ihrer Geburt getötet. Und wenn man die männlichen Jährlinge kastriert, nimmt man zuallererst die weißen, damit sie sich nicht fortpflanzen können.

»Für die Zucht wählen wir die größten und besten männlichen Tiere aus. Für uns ist das immer eine leichte Woche, wenn sie die Kühe decken. Dann bleibt die Herde zusammen, die Kühe muhen, und die Bullen werben. Die Männchen fressen fast nichts mehr und magern so ab, daß sie kaum noch stehen können. Aber sie fangen auch an, gegeneinander zu kämpfen. Dann stellt sich ein Bulle in die Mitte der Herde und bellt so lange, bis sich ein Rivale meldet. Bei diesen Kämpfen vergißt die Herde alle Raubtiere um sich herum, und wir müssen noch wachsamer als sonst sein.«

Wir entdeckten ein Rentier, das kein Kalb bei sich hatte – ein Bulle, wie sich herausstellte, der sich in die weibliche Herde verirrt hatte. Der Traum eines jeden Mannes!

Unterwegs sammelten wir Geweihe ein. Die Weibchen werfen das ihre kurz nach dem Kalben ab, die Männchen schon früher. Die alten Stangen werden für die Pantocrin-Produktion gesammelt. Die Hirten bekommen fünfundvierzig Rubel für ein Kilo Geweih. Wer ein Elchgeweih findet, hat besonderes Glück gehabt, denn immerhin kann jede der beiden Schaufeln bis zu zwanzig Kilo wiegen.

Wir fanden keine toten Kälber mehr, als wir im Laufe des Nachmittags die Herde kontrollierten. Loscher, der zweite Hirte, erzählte, der Bergsattel vor uns sei der gefährlichste Ort für die Herde. Er liege an einem Wolfspfad, der zwei Becken miteinander verbinde, in denen die Wölfe ständig jagten. Im letzten Winter hätten sie hundert Rentiere an ein Rudel von neun Wölfen verloren. »Man wird ganz unruhig, wenn man vor lauter Nebel die Herde nicht sieht, aber hört oder fühlt, daß irgend etwas nicht in Ordnung ist. Wenn die Tiere aufgeregt sind, springen sie herum, und dabei werden junge Kälber leicht zu Tode getrampelt.«

Loscher hatte eine sehr musikalische, weiche Sprechweise, ohne die scharf akzentuierten t-d-k-Laute der Tschuktschen. Die Ewenen waren ursprünglich in der Chabarowsk-Region zu Hause, die von den Russen schon lange vor Kamtschatka und der Tschuktschenhalbinsel erobert wurde. Als wir an einem Becken vorbeikamen, wo sie zwei Jahre zuvor einen Eisbären gesehen hatten, erzählte mir Loscher eine komische Eisbärengeschichte. Und die ging so: Im Vorjahr besuchte eine Eisbärin mit ihrem Jungen Atschaiwajam. Die Mutter blieb in der Nähe des Flusses, das Junge jedoch wagte sich in die Siedlung hinein. Da kam eine alte Frau auf Krücken die Straße entlanggehumpelt. Sie hatte einen großen weißen Hund, der ihr an diesem Tag ständig zwischen die Beine gelaufen war. Schon wieder! Sie schlug mit einer Krücke nach ihm, wurde aber durch ein warnendes Knurren belehrt, daß sie nicht ihren Hund, sondern das Eisbärenjunge vor sich hatte. Auf einmal, so erzählten Passanten, habe sie ihre beiden Krücken fallen lassen und sei wie der Blitz nach Hause gerannt.

Als wir am späten Nachmittag mit Pfiffen und sanften Aufmunterungen die Herde ein bißchen weiter nach Süden trieben, bewölkte sich der Himmel, wurde die Luft eisig kalt. Um acht Uhr abends schlotterten wir in der gnadenlosen Kälte. Die Ablösung war noch nicht gekommen. Wir hatten den Wezdehod durch unser Fernglas zwar schon vor einiger Zeit ausmachen können, aber da stand er unbeweglich an einem Hang, mit tüpfelkleinen Figuren davor, die emsig an einer seiner Raupen arbeiteten. Die Kette war zweifelsohne richtig gebrochen, denn immerhin brauchten die drei Tüpfelchen etwa sechs Stunden für die Reparatur. Eines dieser Tüpfelchen war unsere Ablösung.

Auf dem Heimweg überließ ich Ilkani die Zügel, da wir einige steile Abfahrten zu bewältigen hatten und meine Füße so kalt waren, daß sie zum Bremsen nicht mehr taugten. Außerdem waren unsere beiden Rentiere jetzt schwer zu lenken. Sie witterten die weibliche Herde, zogen seitwärts statt vorwärts und versuchten umzukehren. Der Schlitten wurde herumgedreht und begann zu kippen. Wir lehnten uns beide auf die Bergseite hinüber und gruben jeder den rechten Fuß in den Schnee, um den Schlitten wieder aufzurichten. Die Rentiere rempelten einander an, Ilkani verfluchte sie laut und zog dem widerspenstigen Tier eins über den Rumpf. Es sprang nach vorn, und schon rasten sie weiter bergab. Dann trabten sie auf dem Talboden eine endlose, kalte Stunde lang nach Hause.

Am nächsten Tag brachte Jiwtagin mir bei, wie man ein Lasso wirft. Er organisierte die Zählung der männlichen Tiere, wozu man sie erst einmal zusammentreiben mußte. Die tschuktschische Art, ein Lasso aufzurollen, scheint das genaue Gegenteil der korjakischen zu sein. Man legt zuerst eine große Schlinge, dann eine kleine, mit dem Metallring am Ende, und darauf konzentrische, immer kleiner werdende Schlingen. Das aus Lederriemen geflochtene, geschmeidige Lasso hatte eine Schlinge aus Walroßhaut, die zur Erhöhung der Wurfgenauigkeit wie ein immer dünner werdender Zopf geflochten war. Normalerweise bekommt hier jeder Junge, sobald er alt genug ist, von seinem Vater so ein Lasso. Die Lassos für den Winter sind aus Leder, die für den Sommer aus einem Seil, das in der Feuchtigkeit nicht verrottet.

Jiwtagin erklärte mir die unterschiedlichen Fangtechniken für still stehende bzw. sich bewegende Rentiere. Im ersten Fall wirft man die Schlinge hoch über den Kopf des Tieres, so daß sie sich ihm beim Herabfallen um den Hals legt. Im zweiten Fall muß man vor das Tier zielen, damit es in die Schlinge hineinläuft. Ein auf den Boden gestelltes Geweih fing ich beim dritten Versuch, aber bei sich bewegenden Zielen hatte ich keinen Erfolg.

Die etwa zweihundertköpfige männliche Herde, deren Weideplatz sich in den Hügeln hinter dem Lager befand, in entgegengesetzter Richtung zu dem der weiblichen, wurde nun auf den Platz vor unseren Zelten getrieben. Die Hirten wollten sechs Renn-Rentiere herausfangen. Wir waren eine schwache Truppe, die nur aus vier Lassowerfern bestand sowie aus den vier Hirten, die die Herde zusammenhalten mußten. Die acht Männer ließen die Tiere im Kreis gehen, hielten sie ständig in Bewegung, während sie besprachen, welche sechs sie sich vornehmen sollten.

Um ein bestimmtes Tier zu fangen, teilt man die Herde und jagt dann kleine Rudel von Rentieren zwischen den beiden Gruppen hindurch. Die Lassowerfer stellen sich beiderseits dieses Korridors auf und werfen ihre Schlinge alle nach demselben Tier. Die ersten vier Würfe gingen daneben. Dann legte sich eine Schlinge um den Hals eines weißen Rentiers, das aber so lange gegen das Lasso kämpfte, bis es riß. Durch das ständige Hinundhergejage wurden die Tiere ganz wild. Sie griffen beim Traben so weit aus, daß sie über dem Boden zu schweben schienen. Als nun das weiße und ein dunkelbraunes Rentier durch die Gasse hetzten, flogen die Lassos wieder durch die Luft. Ein Hirte erwischte mit seiner Schlinge das dunkle Rentier am Geweih. Aber da alle wußten, daß es abbrechen würde, wenn er zu stark zog, warfen auch die anderen blitzschnell ihr Lasso nach dem Braunen – und bekamen seinen Vorderlauf in die Schlinge. Als die Männer das Tier zu Boden rangen und ihm ein Seil um den Hals legten, grunzten sie selbst wie Rentiere, um es zu beruhigen. Plötzlich brach ein Rudel aus und flüchtete ein Tal hinauf. Zwei Hirten rasten hinter ihnen her. Über einen Mangel an Bewegung konnten sich die Männer heute wirklich nicht beklagen. Die Herde gehorchte den Pfiffen der übrigen Hirten, wendete und strömte zurück, außer etwa zehn Tieren, die in Richtung Fluß galoppierten.

»Holt den Hund!« schrie jemand. Sofort wurde eine Laiki von der Kette gelassen. Sie schoß wie ein Blitz davon, um, so gekonnt wie jeder englische Schäferhund, den Ausreißern in die Flanke zu fallen.

Bevor die Zählung begann, beschloß Jiwtagin, einige unerwünschte männliche Tiere zu kastrieren. Sie wurden eins nach dem andern aus der Herde herausgefangen, wobei aber noch zwei Lassos dran glauben mußten. Es brauchte drei Männer, um ein Tier zu Boden zu werfen, und zwei, die es festhielten, indem sie sich auf seinen Körper setzten, während Jiwtagin mit den Zähnen die einleitende Operation vornahm. (Wenn man den Hodensack mit dem Messer aufschneidet, heilt die Wunde nicht so schnell.) Dann drückte er die Hoden heraus und drehte sie ab.

»Wir können im Lauf von zwei Tagen tausend Rentiere kastrieren«, vertraute mir Jiwtagin zwischen zwei Bissen an. »Obwohl meine Zähne dem überhaupt nicht mehr gewachsen sind.«

Ein Schwarm Wildgänse flog in V-Formation über uns hinweg. Sofort ließen die Hirten ihre Lassos fallen und fingen an, wie glückliche Gänse auf guter Weide zu schnattern und zu schreien:

»A-honk, a-honk, a-honk!« Aber diese Gänse da ließen sich nicht zum Narren halten und heranlocken.

Der letzte Teil der Übung war die Zählung der Rentiere. Dazu ließ man sie, wie beim Zusammentrieb, in kleinen Rudeln im Kreis laufen und versuchte, jeweils in Fünfergruppen abzuzählen. Ich kam auf insgesamt 205, Valentin auf 209 und Jiwtagin auf 217.

Um drei Uhr nachmittags schirrten wir zwei Paare frisch eingefangener Rentiere an. Ich sollte das eine Gespann lenken, Loscher nahm das andere. Unser Ziel war Mirdschepin, ein drei Fahrstunden entfernter Weiler, der aus nur einer Hütte und einem Banjo bestand. Mein Start war nicht sehr stilgerecht, ich kollidierte mit dem Schlitten meines Begleiters. Die Rentiere versuchten durchzugehen. Ich grub meine Absätze in den Schnee, stieß mit dem Fuß gegen etwas Hartes, flog in die Luft und landete auf dem hinteren Ende des Schlittens, viel zu weit hinten, um von dort aus lenken zu können. Ich versuchte mich nach vorn zu ziehen, hatte aber beide Hände voller Zügel. Ich versuchte meine Füße wieder auf den Boden zu bringen und im Sitzen nach vorn zu hoppeln, aber der Schlitten fuhr jetzt so schnell, daß ich fast hinten runtergefallen wäre.

Die Rentiere änderten abrupt die Richtung, fast hätte es wieder ein Unglück gegeben – aber nein, der Ruck schleuderte mich nach vorn auf den Fahrersitz, die Zügel hatte ich immer noch in den Händen, und plötzlich war die Situation wieder normal. Während der nächsten Stunde fuhren wir das Tal hinab. Meine Tiere waren sehr aufgeregt. Das eine war der weiße Bulle, der das erste Lasso zerrissen hatte. Er lief auf der rechten Seite, als mein Handtier; das andere soll ja nur ziehen und wird nicht direkt gelenkt. Das linke, das goldbraun gefärbt, jung und klein war, gebärdete sich wie toll in seinem Geschirr und zog wie ein Verrückter, mit hocherhobenem Kopf und weitgeöffnetem Maul.

Das letzte Stück unserer Reise war großartig. Der Schnee war seidenweich, das Gespann gehorchte und war mit Feuereifer bei der Sache. Als die Tiere dann müde wurden, munterte ich sie mit dem Ruf auf, den mir Lenin beigebracht hatte, als ich seine Hunde lenkte: »*Tschuar, Omnitzah, Periot.*« Wir waren alle müde, als wir schließlich Mirdschepin erreichten und die Rentiere zum Weiden anbanden. Aber das Dampf-Banjo war wirklich ein heißes Vergnügen.

Am nächsten Tag traf ich Kirilow, den Jäger. Er lud mich ein, mit ihm einige Tage in einer leerstehenden Hütte oben im Rentiertal zu verbringen. Es wurde eine fröhliche und vergnügte Zeit. Wir halfen den Hirten eines nahen Lagers bei der Ausbildung der Rene und lebten im ruhigen Rhythmus täglicher Schlittenexkursionen, zu denen wir jedes Rentier anspannten, das sich in unserem Lasso verfing. Wir waren auch viel zu Fuß unterwegs, um nach verirrten Tieren zu suchen und die seenbekränzten Hügel zu erkunden, die zu einem aus sieben Bergen gebildeten Halbkessel führten. »Zu Fuß« hieß normalerweise »mit Schneeschuhen«. Ohne sie war es eine furchtbare Plackerei. Man brach bei jedem Schritt durch den verharschten Schnee und, mit ein bißchen Pech, auch gleich in die »Luftlöcher« durch, die in der Schneedecke über schnellfließenden Flüssen und Bächen lauerten. Wenn man fällt, hört man auf einmal das Wasser tosen. Bei einer dreistündigen Wanderung auf einem Fluß brach ich so oft ein, daß ich durch die Adrenalinstöße wie berauscht war, die ich jedesmal bekam, wenn die Schneedecke nachgab und meine Füße den Halt verloren.

In der Nacht konnte ich das Hufgeklapper der umherziehenden Herde und das Bellen der angeketteten Hunde hören. Des Nachts war es immer noch kalt genug, um das Wasser in unserem Eimer gefrieren und jedes feuchte Kleidungsstück so hart und steif wie Karton werden zu lassen. Aber die Pflanzen wußten, daß der Frühling nahte. Die Büsche begannen ihre Zweige zu recken und ließen dabei ihre Abdrücke im Schnee zurück. In der kristallenen Luft bekamen alle Geräusche eine neue Qualität, eine besondere Intensität: das zarte Klirren der Eissplitter, die über einen gefrorenen Fluß schlittern, ebenso wie der gewaltige Knall sich spaltendender Eisdecken. Dann war da noch die gestochene Schärfe aller Umrisse, das Filigran der schmelzenden Ströme und die bleichgrünen Tiefen der Schatten.

Strahlender Sonnenschein. Einen schöneren Tag als diesen hätte es für unseren Angelausflug an einen nahegelegenen See nicht geben können. Wir waren zu siebt und wollten mit vier Schlitten fahren. Ein Hirte namens Vasili nahm seine Freundin samt Baby mit. Ich würde allein fahren – meinen Fahrkünsten vertraute hier wohl keiner. Man gab mir zwei verspielte braune Rentiere, und dann sprangen wir alle im selben Augenblick auf unsere Schlitten und rasten los. Der Kampf um die Führung hatte begonnen.

Sobald die Tiere in weiche Verwehungen kamen, versanken sie bis zum Bauch im Schnee. Ich mußte dann blitzschnell bremsen, damit sie vom Schlitten nicht überfahren wurden. Während der ersten Stunde gab es keine größeren Aufenthalte. Meine Rentiere wollten die anderen überholen, aber ich bremste sie ab, hielt sie auf dem zweiten Platz. Als das Gelände rauher wurde, gestaltete sich die Sache etwas haariger.

An Wolodjas Schlitten brachen ein paar Streben. Meine Tiere stürzten in eine Schneeverwehung, die so tief war, daß mir meine Konkurrenten helfen mußten, sie wieder herauszuziehen. Wir legten in schneller Fahrt einen Kilometer nach dem anderen zurück. Als wir durch bergiges Gelände fuhren, mußten wir uns zwischen Wacholderbäumen einen Weg suchen. Dann ging es im Trab bergab und in eine Reihe von Becken hinein, die durch Bergkämme voneinander getrennt waren. Als wir den letzten Kamm überwanden, kam der See oder vielmehr eine große Schneefläche in Sicht, die ringsum von Bergen umgeben war.

In einigen Seen dieser nördlichen Wildnis hausen angeblich urzeitliche Monster. Das vom Tschajur-See soll einen kleinen Kopf, einen langen, glänzenden Hals und eine Rückenflosse haben. Es ähnelt damit in bemerkenswerter Weise seinem schottischen Gegenstück im Loch Ness und war auch schon Objekt einiger ergebnisloser wissenschaftlicher Untersuchungen. Ich fing an meinem Eisloch jedenfalls keine Monster, aber auch keine Fische. Um uns die guten Geister gewogen zu machen, beschlossen wir, ihnen ein Opfer darzubringen. Ich gab ein Bonbon, andere ein bißchen Baumwollfaden und ein paar Streichhölzer. Tewlelkot nahm das alles zum Seeufer mit, schnitt sich einen Zweig mit drei Zinken ab und reihte unsere Gaben am Stiel des Zweiges auf. Tewlelkot war der einzige von uns, der einen Fisch fing.

Die Rückfahrt wurde zu einer Art *Grand National*, einem dreistündigen Hindernisrennen über Wacholderäste und Eisrinnen. Pausen legten wir nur ein, um all denen wieder an Bord zu helfen, die mit ihrem Schlitten umgestürzt und in hüfthohen Schneewehen steckengeblieben waren. Kungtos Rentiere keuchten mir in die Ohren, hatten ihre Schnauzen auf meiner Mütze, brannten darauf, mich niederzumachen, bis sie im Tiefschnee und Wacholdergebüsch ins Straucheln kamen.

Eine Zeitlang lag ich an der Spitze, wurde aber überholt, als ich in einem Wacholdergestrüpp langsamer wurde. Die aus dem Schnee ragenden Zweige bildeten federnde Hindernisse, über die unsere Schlitten nur widerstrebend holperten. Sobald ich das Dickicht hinter mir hatte, versuchte ich schneller zu fahren. Nun ging es zu einer steilen Uferböschung hinab. Wie nahmen sie im Galopp, unten gerieten die Kufen in eine Furche, der Schlitten sprang in die Luft, schleuderte, schoß wieder in die Höhe, aber alles noch in tadellosem Stil. Meine Hauptsorge war der Fluß, der sich vor uns abzeichnete. Alle vier Schlitten waren in einer Linie und gingen den Fluß mit hohem Tempo an. Der erste brach ins Eis ein, Gott sei Dank nicht allzu tief. Ich übersah ein paar hohe Wurzeln, klatschte ins Wasser, trieb meine Rentiere brüllend und schreiend voran, die denn auch bald die Böschung hinauf und über das abgetaute alte Gras und Unterholz polterten. Als nächstes kam eine seitlich geneigte Rutschbahn. Da brachten wir unsere Schlitten nur drüber, indem wir ein Bein als eine Art Steuerruder nachschleifen ließen. Tewlelkots Schlitten stürzte um. Aber er sprang sofort hoch und richtete ihn wieder auf – all das in einer einzigen Bewegung. Noch ein letztes Stück Eis, und die Zelte waren in Sicht. Eine Ziellinie gab es nicht. Es war ja auch kein ernsthaftes Rennen gewesen, wir hatten immer angehalten, um den anderen zu helfen; es gab keine Gewinner und keine Verlierer. Aber noch Tage danach fühlte ich mich von dieser wunderbaren Fahrt wie berauscht.

Weil die Zeit gekommen war, um die männlichen Tiere wieder zu den weiblichen zu treiben, brachen wir das Lager ab. An diesem Abend spielten wir ein Spiel: Wer kann mit dem Lasso ein Geweih fangen, das an einem langen Stock hin und her schwingt? Die Hirten schafften das bei drei Versuchen einmal. Ich schaffte es hingegen, den Mann einzufangen, der den Stock drehte. Als die beiden Herden wieder vereinigt waren, begann das Abzählen von neuem. Jiwtagin kam auf 968.

Die Kälber sahen noch jung und wacklig aus, wie sie da so herumsprangen. Jeden Tag wurden noch mehr geboren. Ich sah ein Muttertier mit zwei Babys, die beide einen Tag alt waren. Zuerst dachte ich an Zwillinge, wurde aber eines Besseren belehrt, als sie das eine zu ihrem Euter stupste und das andere mit Geweihstößen beiseite scheuchte. Dann führte sie ihr eigenes Kalb hinweg und überließ den zweiten Säugling seinem Schicksal. Wenn wir das verlassene Kalb berührten, würde seine Mutter es nicht mehr annehmen. Es saß da und blökte. Dieser Winzling würde wohl sehr laut und lange nach seiner Mutter blöken müssen, damit sie ihn fände.

Nun würde die Herde ihre zwei Monate lange Wanderung zur Küste beginnen. Ich aber machte mich mit dem Wezdehod auf den Rückweg nach Atschaiwajam. Es wurde eine geruhsame Reise, mit gelegentlichen Pausen, um Enten oder ein paar der vielen Gänse zu jagen, die jetzt in den hohen Norden unterwegs waren, und einen schnellen Rotfuchs zu verfolgen, auf den alle schossen, den aber keiner traf.

8 Mammutjagd

Mir waren Gerüchte über tiefgefrorene Mammuts zu Ohren gekommen, die man ganz in der Nähe gefunden habe. Als ich der Sache nachging, lernte ich einen alten Mann kennen, der angeblich fünfzehn Jahre zuvor in der Region von Atschaiwajam einen Mammutstoßzahn entdeckt hatte. Zweieinhalb Meter sei der lang gewesen, behauptete er, und zu schwer, um ihn allein nach Hause zu schleppen. Deshalb habe er ihn irgendwo unterwegs liegen gelassen – und seither sei er verschwunden. Ein anderer erzählte, er sei als Fünfjähriger dabeigewesen, als ein Mann an einem Fluß so einen Stoßzahn gefunden habe. Der habe ihn nach Atschaiwajam gebracht und gegen Wodka eingetauscht. Die Leute sagten: »Er hat das Elfenbein getrunken.«

Unser Mammut sollte in einer steilen Wand liegen, die sich, etwa dreißig Kilometer von Atschaiwajam entfernt, an der Vereinigung zweier Flüsse erhebe. Meiner Karte zufolge gab es an dieser Stelle tatsächlich einen fünf Kilometer langen Talhang, zu dem diese Angaben paßten. Wir würden dort also unser Lager aufschlagen und herauszufinden versuchen, was von dem Urzeitriesen noch übriggeblieben war.

Die ersten beiden Anläufe zu unserer Mammutexpedition scheiterten schmählich. Die Pferde, die man uns versprochen hatte, tauchten nicht rechtzeitig auf. Der Wezdehod, auf den wir ersatzweise zurückgriffen, fuhr auf das falsche Ufer des tosenden Flusses hinab und hatte dann für dessen Durchquerung zuwenig Treibstoff an Bord. Also das Ganze noch einmal von vorn! Der Kleine König tröstete uns mit Kaviar und Alkohol und versprach uns hoch und heilig, daß die Pferde am nächsten Morgen um acht Uhr vor unserer Tür stehen würden. Wir aßen im besten russischen Stil zu Abend und gingen erst um drei Uhr nachts ins Bett.

Ich wachte um neun Uhr morgens mit einem fürchterlichen Kater auf. Der König klopfte laut an die Tür, Valentin und Natascha schliefen tief. Der König schlug vor, das mit den Pferden auf den späteren Vormittag zu verschieben. Ich war einverstanden und ging schnurstracks wieder ins Bett. Bis zum späteren Vormittag war unser fürchterlicher zu einem schrecklichen Kater geschrumpft. Als ich mir aber Valentin näher ansah, hatte ich das Gefühl, daß er noch immer betrunken war.

Dann standen die Pferde wieder vor der Tür, ein quicklebendiger Rotbrauner und ein junger Fuchs für mich und Valentin. Natascha und unser Gepäck begleiteten uns in dem kleinen Wezdehod, der uns auch die günstigste Stelle für unsere Flußdurchquerung zeigen sollte. Am Stromufer angekommen, meinte Valentin, wir sollten besser unsere Watstiefel ganz hochziehen, sehr zu Recht, wie sich zeigen sollte. Es ging steil hinab, das Wasser reichte meinem Pferd bis zum Bauch, dann bis an die Flanken und schließlich bis zur Schulter. Am Hauptflußbett mußten wir den Moment abpassen, da sich in der langen Schlange der schnell dahintreibenden und ständig gegeneinander krachenden autogroßen Eisschollen eine anständige Lücke auftat, und dann schleunigst das andere Ufer ansteuern, um nicht von der nachdrängenden Kolonne erwischt zu werden.

Der letzte Flußarm, den wir zu durchqueren hatten, war tiefer, aber weniger reißend. Als Sascha mit dem Wezdehod den Fluß überquert hatte, bekam er Probleme mit dem Motor und mußte daher zur Siedlung zurückfahren, um ihn zu reparieren. Sehr mit uns zufrieden, aber mit nur ungefähren Richtungsangaben versehen, zogen Valentin und ich weiter.

Der Tundraboden war stellenweise so fest und gut, daß wir in langsamem Galopp reiten konnten; aber über weite Strecken war er derart sumpfig, daß unsere Pferde wie auf einem Schwamm gingen. Diese Permafrostböden sind entweder gefroren oder matschig. Ihre Oberfläche kann nie richtig trocknen, ganz einfach deswegen, weil sie ständig neues Schmelzwasser aus den tieferen Schichten nach oben zieht.

Der Hengst suchte sich geschickt einen Weg durch den Sumpf, von einem Grasbuckel zum anderen, und prüfte schnaubend und mit nach vorn gestellten Ohren, wohin er seine Hufe setzen konnte. Nur einmal trat er daneben und sank bis zur Brust in einen Tümpel ein. Ich hielt mich an seiner dicken Mähne fest, während er wieder herauskletterte.

Irgendwie verirrten wir uns in dem wacholderbewachsenen

Gelände über dem Fluß. Als wir auf der Karte unseren Standort bestimmen wollten, merkte ich, daß ich nicht mehr scharf sehen konnte. Außerdem hatte ich Kopfschmerzen. Wir waren daher sehr erleichtert, als wir an die besagte Einmündungsstelle kamen und entdeckten, daß Sascha und Natascha schon drunten am Kiesstrand waren und angelten. Sascha hatte sechs Fische gefangen, einen für uns gekocht und ein Feuer für das Teewasser angezündet. Ich fühlte mich zu diesem Zeitpunkt so fürchterlich, und mein Kopf dröhnte mir so, daß mir bei dem bloßen Gedanken an Tee und Fisch schon übel wurde. Aber ich riß mich zusammen, trank den Tee, aß ein paar Happen Fisch und begann mich wieder zu erholen. Wir stellten unser Zelt oben am Rand der Steilwand auf und hatten von dort einen großartigen Ausblick über den Fluß. In der Nacht drohte der Wind das Zelt in den Abgrund zu blasen, aber wir ignorierten ihn einfach und fühlten uns am nächsten Morgen wie neugeboren

Aber wo sollten wir suchen? Wenn die gefrorene Tundra im Sommer oberflächlich auftaut, läßt das abfließende Schmelzwasser die Flüsse und Bäche anschwellen. Ihre reißenden Fluten höhlen an jeder Biegung die Böschungen aus und untergraben und erodieren den Boden immer stärker. In jedem Sommer bröckeln die Felswände und Südhänge ein bißchen mehr ab. Mit jedem Erdrutsch, und sei er noch so unbedeutend, rückt der Augenblick ein wenig näher, da sich das Tiefkühlgrab des Mammuts öffnen wird. Aber von der Freilegung einer Stoßzahnspitze bis zum Sichtbarwerden des ganzen Mammuts können Jahrhunderte vergehen.

Wir probierten es zuerst an dem Nebenfluß, da wir an dessen Talwänden drei frühere Flußbettebenen deutlich erkennen konnten. Aber der Boden war dort hart gefroren; wir fanden auch keine frischen Spuren von Erdabbrüchen. Wo wir nur auf scharfkantiges Geröll stießen, war jede weitere Suche sinnlos, denn in einem ehemaligen Flußbett muß es runde Kiesel geben.

Also nahmen wir die Fünfundzwanzig-Meter-Wand knapp unterhalb der Flußmündung in Angriff. Dort fanden wir, sechs Meter unter der Oberkante, eine Schicht aus feinkörnigem Material. Das, so Valentin, sei eine Ablagerung, wie sie sich, wegen der dort niedrigen Strömungsgeschwindigkeit, in der Innenkurve einer Flußbiegung bilde. Die Schicht darunter bestand aus großen Kieseln, stammte also aus einer Periode, in der der Fluß schneller geflossen war und folglich mit seinen in der Strömung wirbelnden Steinen jeden mitgerissenen Knochen pulverisiert hätte. Die Feinkornschicht war also unser bester Tip.

Als Suchort kam aber nur eine frische Abbruchstelle in Frage. Die Mammuts bzw. ihre Reste halten sich ja nur, solange sie tiefgefroren im Permafrostboden liegen. Sobald sie ans Tageslicht kommen und auftauen, werden sie von Aasfressern vertilgt. Frisch aufgetaut ist das Fleisch übrigens auch zum menschlichen Verzehr geeignet.

Wir kämpften uns am Hang entlang und prüften am Schauplatz eines anderen Bergsturzes Stein um Stein. Sibirischen Legenden zufolge lebten die Mammuts wie Maulwürfe in unterirdischen Gängen und gruben sich mit Hilfe ihrer zwei langen Stoßzähne durch den Boden. Stimmt es etwa nicht, daß man sie unter der Erde findet? Das russische Wort *Mamont* bedeutet »Erdtier«. Man glaubte, diese Kreaturen vertrügen das Licht und die Luft nicht und würden sterben, sobald sie an die Erdoberfläche kämen. Das war doch auch der Grund dafür, daß man so viele von ihnen an den Talhängen fand, halb schon über, halb noch unter der Erde – vom Tod überrascht, als sie aus ihrem unterirdischen Königreich ans Tageslicht kamen. Die Erdbeben, sagte man in den betroffenen Regionen, würden von einer Mammutherde verursacht, die sich im Eiltempo durch den Boden wühlten.

»Ist das ein Knochen?« fragte Natascha plötzlich und zog einen fahlen, schweren Gegenstand aus dem Geröll, der so lang wie mein Unterarm war. Wir wurden ganz aufgeregt. Ein paar Augenblicke später sah ich weiter vorn ein seltsames gelbliches Stück zwischen den Steinen. Ein Teil eines Beinknochens? Nach fünfzehn Minuten waghalsiger Kletterei über die steile Geröllhalde, bei der ich bei jedem Schritt ins Rutschen kam, hatte ich mein wertvolles Stück erreicht. Es war ein Knochen, der vom Außenrand bis zur Markhöhle fünf Zentimeter maß, viel zuviel für einen Bären. Ich blieb dort, um ihn auszugraben, während Valentin und Natascha weitersuchten.

Ein Freudenschrei ließ mich hochfahren und zu Valentin hinübereilen, der gerade einen weiteren Knochen freilegte, unser bislang größtes Exemplar. Wir gruben es vorsichtig aus. Es war der Teil eines Beinknochens, einen halben Meter lang, bereits stark verwittert und rissig, aber an einem Ende wie zu einer Gelenkpfanne erweitert und mit einer gut sichtbaren Markhöhle. Auch wenn er nur schlecht erhalten war, freute ich mich sehr über diesen beweiskräftigen Fund. Das einzige Problem war jetzt, auf der Geröllhalde immer wieder einen sicheren Stand zu finden. Jeder falsche Schritt konnte hier zu einer jähen Rutschpartie in den tosenden Strom unter uns führen.

Bei einer Fischsuppe inspizierten wir unsere Fundstücke: Die Knochen waren nicht versteinert und außerdem teilweise stark verwittert, je nachdem, wie lange sie schon Wind und Wetter ausgesetzt gewesen waren. Aber es waren echte Mammutknochen, die bis zu einer Viertelmillion Jahre alt sein konnten.

Wieder in Atschaiwajam, aßen wir mit dem Kleinen König zu Abend. Zum erstenmal sprach er ernsthaft über seine Arbeit und das Problem, mehr als die Hälfte seiner landwirtschaftlichen Produktion selbst vermarkten zu müssen. Bei seiner letzten Sitzung vor einem Monat hatte der Volksdeputiertenkongreß in Moskau beschlossen, daß die Sowchosen sich von nun an ihre eigenen Märkte suchen sollten. Das Problem der unerschwinglichen Transportkosten hätten sie aber nicht gelöst.

Drei Jahre zuvor hatte Jeprinzow versucht, eine kleine Konservenfabrik auf die Beine zu stellen. Er baute einen Schuppen, der die Arbeiter und Maschinen aufnehmen sollte, und fand auch ein amerikanisches Unternehmen, das an einem Joint-venture interessiert war. Die notwendigen Maschinen und Geräte machte er ebenfalls in Amerika ausfindig; sie sollten 250 000 Dollar kosten, und zwar in Devisen, nicht in Rubel. Daher verlangte er von seinen Leuten, ihm verstärkt Produkte zu liefern, die sich gegen harte Dollars oder Yen verkaufen lassen. Dazu zählt vor allem Pantui, für die Pantocrin-Produktion. Leider führte der gute Preis, den er deshalb für Geweihe bot, zur Entweihung der Gräber auf dem Schamanenberg. Als die Sowchose auf einem internationalen Bankkonto 50 000 Dollar angesammelt hatte, wurden durch neue russische Gesetze alle derartigen Konten eingefroren, so daß sie nicht mehr über dieses Geld verfügen konnte. Die Staatskassen seien leer, jedenfalls was Dollars und andere Devisen angehe; Gorbatschow habe sie für Prestigeprojekte ausgegeben. Das Abkommen mit dem amerikanischen Unternehmen platzte, weil es in Rußland keine Bankgarantien zum Schutz ausländischer Investitionen gebe. Die Maschinen und Geräte seien bereits verpackt und versandbereit gewesen, aber nie abgeschickt worden.

Erst in dieser Woche sei noch eine Gruppe russischer Händler eingetroffen, erzählte Jeprinzow. Sie kauften Kaviar und Pelze, bezahlten aber mit billigem Wodka. Mir war bei meiner Rückkehr aufgefallen, daß die ganze Siedlung betrunken schien. Ich fragte nach seiner chronischen Rubelknappheit an den Zahltagen der Rentierhirten.

»Oh, das Problem haben wir nun schon seit über einem Jahr«, erwiderte er. »Wir geben ihnen Schecks. Aber die sind praktisch wertlos, außer als Gutscheine in den Kollektivläden, die sie ihrerseits für ihre Einkäufe benutzen. Richtiges Geld gibt es heute kaum noch.«

Es fiel mir schwer, dieses Land zu verlassen; ich hatte hier viel erlebt und viele Freunde gefunden. Inzwischen war die Landebahn so schnee- und eisfrei, daß der winters eingesetzte Hubschrauber durch ein kleines Flugzeug abgelöst werden konnte. Als ich um elf Uhr morgens zur Piste kam, war der Flugpreis bereits doppelt so hoch wie bei Tagesbeginn. Der Pilot wünschte mir einen guten Morgen; das Futter seiner Mütze zeigte eine nackte Frau.

Das halbe Flugzeug war für Eier reserviert. Man hatte einige Sitze ausgebaut, und auf dem freien Platz stapelten sich jetzt Eierkartons. Der Kleine König schenkte mir zum Abschied einen Eimer voll Kaviar, der Wezdehodfahrer Wladimir ein Rentiergeweih und Jiwtagin seine Schneeschuhe.

Außer mir waren noch drei Passagiere an Bord. Das Flugzeug hob so steil ab, daß der Stapel mit den vierhundert Eiern sich bedrohlich nach hinten neigte. Wir sprangen alle auf, als er zu kippen begann, und schafften es auch, das Gros der Schachteln festzuhalten und eine größere Katastrophe zu verhindern. Aber ein paar Eier waren zerbrochen und ließen schleimige Rinnsale durch den Gang ins Heck des Flugzeugs fließen.

Meinen Sitz hatten sie offensichtlich auch ausbauen wollen. Jedenfalls hatten sie damit angefangen, es sich dann aber anders überlegt, irgendwie aber vergessen, ihn wieder auf dem Boden festzuschrauben. Ich war nicht angegurtet, aber glücklicherweise wurde es kein unruhiger Flug.

»Was gibt es Neues in Korf?« fragte ich Tatjana. Keine Skandale, kein Mord; die meisten Männer seien auf der Enten- oder Gänsejagd, denn die Zeit der Vogelzüge habe begonnen. Ich ging zum geologischen Büro und Museum, um mir einen Mammutstoßzahn anzusehen, den man hier in der Region gefunden hatte. Er war zwei Meter lang, aber sehr verwittert.

Seit meinem letzten Besuch waren in der geologischen Abteilung einhundertzwanzig Stellen abgebaut worden; in der nächsten Woche sollten noch mehr gestrichen werden. Der Laden war geschlossen, um mit einer neuerlichen Preiserhöhung zurechtzukommen. Tatjana rechnete aus, daß die Preise für bestimmte Güter wie Brot und Streichhölzer seit meiner Ankunft auf Kamtschatka um über tausend Prozent gestiegen waren. Der Preis für ein Kilo Zucker beispielsweise war von achtundsechzig Kopeken auf zwölf Rubel hochgeschnellt.

Tatjana half mir, mit meinen beiden Korfer Bekannten, die ich beim letztenmal vergeblich gesucht hatte, Kontakt aufzunehmen: mit dem Piloten Juri und Valeri, meiner Hubschraubercrew bei der Palana-Musik-Tour vor drei Monaten. Sehr zu meiner Freude konnte Tatjana den schneidigen Juri ausfindig machen, und sie kamen alle noch einmal zum Flugplatz.

Ich freute mich nicht auf Petropawlowsk und auf die Adieus. Natascha war reifer geworden; ich hoffte, sie würde Glück und Zufriedenheit finden. Und Valentin? Er sagte zu mir: »Dir verdanke ich ein paar der aufregendsten Augenblicke meines Lebens. Ohne dich hätte ich nie erfahren, wie man sich auf dem Rücken eines galoppierenden Pferdes fühlt. Und dann dieses Rentier-Rennen! All die Orte, die wir besucht haben, und die Dinge, die wir getan haben – das hätte ich mir vorher nie träumen lassen. Ich danke dir.«

Es sickerte durch, daß Valentin sich standhaft weigerte, sich für die Arbeit bezahlen zu lassen, die er für mich geleistet hatte. Ich sagte, das sei doch lächerlich, konnte ihn aber nicht umstimmen und sprach daher mit seinen Agenten. Die meinten, sie wollten mit dem Geld ein Geschenk für ihn kaufen, eine neue Hi-Fi-Anlage, über die er sich bestimmt freuen würde. Bei dem Gedanken an seine treuen Dienste war ich tief gerührt.

Was er nach meinem Abflug als allererstes machen wollte und mußte: seinen Gemüseacker umgraben. Er war spät dran und hatte noch einiges zu tun, bis sein Stück Land bereit war. Die anderen waren schon beim Pflanzen. Die Ausfallstraßen von Petropawlowsk wurden durch zahllose Autos verstopft, die Dachträger hoch beladen mit Holzpfählen, Himbeersträuchern und Gartengeräten. Jedes Gefährt, das aufgetrieben werden konnte, war im Einsatz. Um die, die bereits den Geist aufgegeben hatten, standen Trauben verzagter Menschen, die versuchten, sie wieder in Gang zu bringen. An den Straßenrändern hatten sich fliegende Händler mit ihren Autos installiert und verkauften aus dem Kofferraum pflanzfertige Setzlinge und Pflanzen. Es war nicht mehr zu leugnen: Der Frühling hatte begonnen.

Als ich wilden Knoblauch für das Abendessen sammelte, fand ich ein paar Schneeglöckchen, die erste Blume des Jahres. Der Boden war schon fast schneefrei. Die Bäume schlugen aus. Es war Zeit für mich, nach Hause zurückzukehren.

REISEN, MENSCHEN, ABENTEUER

Gerta Ital
Der Meister, die Mönche und ich
Eine Frau im Zen-Buddhistischen Kloster
ca. 352 Seiten,
9 s/w-Fotos
ISBN 3-89405-102-7

Broughton Coburn
Aama
Eine Pilgerreise in den Westen
320 Seiten, 1 s/w- und 13 Farbfotos
ISBN 3-89405-091-8

Christine Cerny
Tempel, Kulte, Pharaonen
Eine Ägyptenreise durch Vergangenheit und Gegenwart
213 Seiten, 34 s/w-Fotos,
1 Karte
ISBN 3-89405-088-8

Carmen Rohrbach
Botschaften im Sand
Reise zu den rätselhaften Nazca-Linien
176 Seiten, 28 s/w-Fotos,
2 Karten
ISBN 3-89405-103-5

SIERRA

REISEN, MENSCHEN, ABENTEUER

Carmen Rohrbach
Der weite Himmel über den Anden
Zu Fuß zu den Indios in Ecuador
208 Seiten, 37 Fotos, 2 Karten
ISBN 3-89405-048-9

Hjalte Tin/Nina Rasmussen
Traumfahrt Südamerika
Auf dem Motorrad und mit Kindern von L.A. nach Rio
320 Seiten, 45 Fotos, 3 Karten
ISBN 3-89405-033-0

Burkhard Schäck
Die Panamericana auf dem Motorrad
Von Alaska bis Feuerland
240 Seiten, 39 s/w-Fotos, 2 Karten
ISBN 3-89405-075-6

Carmen Rohrbach
Inseln aus Feuer und Meer
Galapagos – Archipel der zahmen Tiere
219 Seiten, 41 s/w-Fotos, 1 Karte
ISBN 3-89405-027-6

SIERRA